AF417055

LAS HUELLAS DE DARWIN EN LA ARGENTINA

LAS HUELLAS DE DARWIN EN LA ARGENTINA

Héctor A. Palma

Palma, Héctor Aldo
   Las huellas de Darwin en la Argentina / Héctor Aldo Palma.
– 1a ed . – Ciudad Autónoma de Buenos Aires : Héctor Aldo
Palma, 2016.
   ISBN 978-987-42-0996-2
   1. Época de Rosas. 1829-1852. 2. Historia Argentina. 3. Historia
de la Ciencia Argentina. I. Título.
   CDD 982

Compaginado desde TeseoPress (www.teseopress.com)

Índice

1

La metáfora evolucionista en el siglo XIX

1. Los distintos Darwin y la complejidad del "darwinismo".

Evaluar el trabajo de Charles Darwin (1809-1882) y sus repercusiones no es tarea sencilla, no sólo por sus implicancias científicas, culturales y filosóficas, lo cual ya de por sí amerita estudios de enorme complejidad y alcance, sino también porque esas repercusiones han dado origen a variadas y contradictorias opiniones, sin contar con que, seguramente debe ser el científico sobre quien más se ha escrito.

Si dejamos de lado por ahora la breve pero magnífica autobiografía que el inglés escribiera solo para uso privado de sus hijos y que luego de su muerte uno de ellos publicara, las biografías disponibles se interpelan entre sí. Hay estudios psicológicos importantes como el que realiza Howard E. Gruber (1974) que analizó con toda minuciosidad los cuadernos de notas y la correspondencia de Darwin (además de los textos científicos publicados), para tratar de determinar los momentos en que Darwin va concibiendo los principales conceptos e ideas de su teoría. Además. Gruber trata de explicar, en términos del contexto y con mucha y variada documentación respaldatoria, ciertos reparos que Darwin tenía en publicar su libro más importante. Algo más especulativa es la interpretación psicoanalítica de Phyllis

Greenace (1963), que le diagnostica a Darwin una profunda neurosis, aunque, llamativamente, reconoce la escasa influencia de esta patología en la obra del naturalista. También hay biografías más descriptivas y formales y bien documentadas, como la clásica de J. Huxley y H. Kettlewell (1965) o noveladas como la de I. Stone (1980).

Además hay interpretaciones sociológicas que minimizan el papel del científico y lo ubican como un mero traductor biológico del laissez faire del siglo XIX, posición compartida tanto por el biólogo E. Radl (1909) como por el historiador J. Bernal (1954). Sostienen que la repercusión casi inmediata de la teoría de Darwin se debió a que reflejaba (y daba, además, apoyo ideológico) a las ideas del liberalismo inglés de su época y lo signaron como el inspirador y justificador biológico de las más funestas intervenciones de los Estados poderosos en su aventura imperialista. Es relativamente fácil encontrar cierta correlación entre ambas circunstancias, pero se trata de una lectura exageradamente simplificada de la historia, por tres razones: en primer lugar, otorgar un excesivo y decisivo peso a esa circunstancia desmerece injustamente el enorme mérito científico (tanto teórico como referido a la monumental recolección de datos y observaciones) del trabajo de Darwin, reconocido repetidamente por sus pares; en segundo lugar porque no tiene en cuenta el hecho también abundantemente documentado de que debió enfrentar una enconada oposición de algunos sectores científicos y sobre todo de sectores conservadores religiosos, curiosamente y sobre todo, en aquel aspecto de la teoría que más aparece como funcional a la versión liberal gladiatoria de la sociedad (la selección natural); y en tercer lugar porque se trata de una versión demasiado conspirativa y lineal de la historia, sin matices, y que pretende establecer relaciones causales –entre la ciencia como producto y el contexto histórico- algo forzadas y deterministas.

Como si lo dicho fuera poco, además de lecturas psicologistas y sociologistas, abundan las que podríamos denominar historiográfico-epistemológicas que ponen el acento, algunas, en las continuidades con científicos anteriores devaluando el aporte darwiniano, y otras marcando el gran mérito inigualable del inglés (véase Alvargonzález, 1996).

Por el lado de los primeros, de los continuistas, hay tres elementos que suelen blandirse como argumentos. En primer lugar el conocido episodio en que Alfred R. Wallace (1823-1913) le envía una carta a Darwin, en 1858, pidiéndole su opinión sobre una idea que había tenido a propósito del origen de las especies. Sorprendentemente, Wallace proponía una explicación increíblemente similar a la de Darwin y a la cual había llegado, obviamente, en forma independiente. Luego de eso, Darwin prepara un breve resumen de su trabajo y lo lee, junto con el de Wallace en la Linnean Society of London en 1858 y al año siguiente publica su obra más importante: On the Origin of Species by Means of Natural Selection or the Preservation of Favored Races in the Struggle for Life, conocido más comúnmente como El Origen de las Especies (en adelante El Origen). Este episodio, y otros de descubrimientos independientes, sirven de ejemplo a los que suelen argumentar que las ideas y teorías científicas no son más que el resultado o el reflejo de determinaciones sociales. Por eso, dos o más científicos, de manera independiente, pueden arribar a las mismas conclusiones. No avanzaré en dilucidar la cuestión, sobre la cual mucho se ha escrito. Solo mencionaré que el término "darwinismo" fue acuñado por Wallace para dar nombre a un libro en que explicaba la teoría de la evolución, reafirmando, de paso, su renuncia a la copaternidad de la teoría y el reconocimiento, muchas veces hecho explícito, de la prioridad no solo cronológica sino epistémica de Darwin.

Estas líneas de análisis también reivindican a los evolucionistas predarwinianos como Jean Baptista de Monet caballero de Lamarck (1744-1829), al propio abuelo de Darwin, Erasmus Darwin (1731-1802), a Georges Louis

Leclerc, conde de Buffon (1707-1788) y Johann Wolfgang von Goethe (1749-1832). Incluso, suelen mencionarse como antecedentes más precisos de la idea de Darwin, aparecidos mucho antes de 1859. En primer lugar un trabajo de 1818 de W. Ch. Wells, titulado "An Account of a female of the white race of mankind parts of whose skin resembles that of a negro, with some observations on the causes of the differences in color and form between the white and negro races of man" y luego, un apéndice de la obra de Patrick Matthew (1790-1874), de 1831, "On Naval Timber and Arboriculture". El texto de Wells es asombrosamente claro:

> "Aquellos que se dedican a la mejora de los animales domésticos, cuando se encuentran individuos que poseen, en mayor grado que otros, las cualidades que buscan, aparean un macho y una hembra, después seleccionan a sus mejores crías como paridoras y sementales, y continúan actuando de este modo hasta llegar tan cerca de sus objetivos como la naturaleza lo permita. Pero lo que en este caso ocurre por artificio, parece ocurrir, con la misma eficacia, aunque más lentamente, en la naturaleza, en la formación de las variedades humanas, adaptadas al país que habitan." (resaltado nuestro).

Como quiera que sea, una idea esbozada en unas pocas páginas en un apéndice de un libro sobre construcción naval y arboricultura, y una breve mención circunstancial en un trabajo sobre patología de la piel, muestran claramente el poco valor que sus autores le han dado para explicar procesos de la envergadura del origen de la diversidad biológica en el planeta. Más allá de las casualidades y similitudes, en ciencia no se trata solo de la idea, sino de relacionarla claramente con una amplia base empírica, comprender su alcance, ubicarla en el contexto más amplio de los saberes acerca de la naturaleza y vislumbrar sus posibilidades en prospectiva.

2. El Origen de las Especies

La publicación de *El Origen* en 1859, una de las dos grandes obras de Darwin, cambió no solo la biología, sino nuestra forma de ver el mundo. Algunos años después Sigmund Freud (1856-1939) señalaría, con poca modestia, que la humanidad había soportado tres heridas "a su ingenuo amor propio":

> "(…) esta afrenta se asocia al nombre de Copérnico, aunque ya la ciencia alejandrina había proclamado algo semejante. La segunda (…) se ha consumado en nuestros días bajo la influencia de Darwin, Wallace y sus predecesores, no sin la más encarnizada renuencia de los contemporáneos. Una tercera y más sensible afrenta, empero, está destinada a experimentar hoy la manía humana de grandeza por obra de la investigación psicológica; esta pretende demostrarle al yo que ni siquiera es el amo en su propia casa, sino que depende de unas mezquinas noticias sobre lo que ocurre inconscientemente en su alma".

Pero la primera es, en buena medida, una construcción de los historiadores pues en su momento se trató de una discusión entre unos pocos especialistas y, en el fondo, no habla de la condición humana. La tercera[1], que Freud se atribuye a sí mismo no acabó teniendo el fundamental y universal papel que su autor creyó y pasó a ser un aporte parcial al conocimiento de la psiquis humana. La verdadera herida narcisista fue la segunda- la de Darwin-, al "reducir a la nada el supuesto privilegio que se había conferido al hombre en la Creación, demostrando que provenía del

---

[1] Gould (1987) señala una suerte de cuarta herida narcisista a partir de Darwin y, sobre todo la pelontología posterior y la posibilidad de datar la antigüedad de la Tierra con cierta precisión y fiabilidad: el descubrimiento del tiempo profundo y su correlato, la toma de conciencia de que la insignificancia de la presencia del homo sapiens en los últimos 100.000 o 200.000 años sobre un planeta de 4.000.000.000 de años y un Universo que casi cuadruplica esa cantidad.

reino animal y poseía una inderogable naturaleza animal". Por eso la teoría darwiniana de la evolución resulta también el punto clave de una revolución cultural y antropológica y se ubica en el centro de una compleja y extendida trama de consecuencias extraordinarias, refractaria a cualquier lectura simplista.

"Darwinismo", por su parte, es una expresión que ha adquirido una inusitada polisemia. Mayr (1991) encuentra nueve usos distintos del término "darwinismo" a lo largo de diferentes periodos: como "la teoría de la evolución de Darwin"; como sinónimo de "evolucionismo"; como "anti-creacionismo"; como una "antiideología"; como "seleccionismo"; como "evolución variacional"; como el "credo de los darwinistas"; como una "nueva visión del mundo" y como una "nueva metodología". Aquí podría agregarse el concepto equívoco de "darwinismo social", sobre el que volveremos luego.

Esta polisemia no es artificial sino que responde al tratamiento de una cuestión que adquiere múltiples dimensiones y que resulta inédita en la historia de la ciencia por sus implicancias filosóficas y antropológicas. Y esto resulta así porque la teoría de la evolución biológica se ubica en la trama de los saberes en un punto clave: es una teoría de las ciencias naturales, pero resulta un fundamento insoslayable para decir algo sobre lo que somos los humanos, nuestras conductas, nuestra forma de organizarnos y, sobre todo sobre nuestra autoconciencia.

3. El evolucionismo (social)

Pero también la idea de "evolución" es sumamente compleja en sí misma. El siglo XIX es un siglo evolucionista, la metáfora de la evolución resulta el marco de comprensión de los fenómenos naturales y sociales. El concepto "evolución" refiere, entonces tanto al cambio social e histórico como a la evolución biológica. Probablemente, dado que el primer aspecto ha caído en el olvido y el descrédito en el campo de las ciencias sociales y solo queda en pie la evolución biológica, se caiga en el error de comenzar a desenredar el ovillo conceptual desde el análisis del darwinismo, cuando habría que partir del análisis de la complejidad de la idea de evolución, sobre todo porque las distintas formas de entenderla hay tensiones y diferencias, cuando no contradicciones.

Es bastante corriente el error de suponer que el evolucionismo social decimonónico era simplemente la adaptación de las ideas del evolucionismo biológico, especialmente de Darwin, al estudio de las instituciones sociales y al decurso de las culturas. Una muestra obvia de este error es que las obras principales que contribuyeron a consolidar la idea del evolucionismo social son anteriores a la publicación de la teoría de Darwin en 1859, incluso algunas obras que aparecieron poco después, claramente no abrevan en la evolución biológica y son resultado de estudios anteriores e independientes. Más allá de esto, la cuestión de fondo atañe a la complejidad de la metáfora evolucionista en los distintos campos y abordajes.

El sentido de *evolución* ligado a la premisa del progreso, estigma de la modernidad, cobra en el siglo XIX una fuerza inusitada y omnipresente y se transforma en una de las grandes metáforas articuladoras de la realidad social. Autores clásicos como G.H. Hegel (1770-1831), A. Comte (1798-1857) y K. Marx (1818-1883) (a quienes pertenecen respectivamente los párrafos que siguen), por señalar a los más importantes, se expresan inequívocamente en un sentido evolucionista.

"El principio de desarrollo supone también la existencia de un germen latente del ser- una capacidad o potencialidad- que lucha por realizarse. Esta concepción formal encuentra existencia efectiva en el espíritu, que tiene la historia del mundo como teatro propia, posesión privativa y esfera de su realización. No es propio de su naturaleza el agitarse de aquí para allá entre el juego superficial de accidentes, sino que es propiamente el árbitro absoluto de las cosas, completamente inconmovible a las contingencias que, por cierto, aplica y manipula para sus propios fines." (citado en Nisbet, 1976, [1985, p. 161][2])

"El verdadero espíritu general de la dinámica social consiste, pues, en concebir cada uno de los estados sociales como resultado necesario del precedente, y el móvil indispensable del siguiente, de conformidad con el axioma de Leibniz: el presente está preñado de futuro. En este aspecto, el objeto de la ciencia es descubrir las leyes que gobiernan esta continuidad." (citado en Nisbet, 1976, [1985, p. 161])

"Ningún orden social desaparece antes de que se hayan desarrollado todas las fuerzas productivas que puede albergar, y las nuevas y superiores relaciones de producción jamás aparecen antes de que las condiciones materiales de su existencia hayan madurado en el seno de la vieja sociedad." (citado en Nisbet, 1976, [1985, p. 161])

Sea como el desarrollo de la razón, como el pasaje por los tres estadios (religioso, metafísico y positivo) sea como la lucha de clases a treaves de distintos modos de produccion donde subsisten explotadores y explotados, la metáfora evolucionista aparece por detrás de distintas ramas del saber y no solo en teorías estrictamente filosóficas o sociológicas en los estudios de la estructura y funcionamiento de la sociedad contemporánea, sino también en los abordajes de las culturas pasadas, y sobre todo para explicar la relación contemporánea entre las distintas culturas. El antropólogo L. W. Morgan (1818-1881) formuló una teoría de la evolución social que subrayaba la importancia de los factores tecnológicos en la sociedad y sus cambios. Creía en la existencia de etapas evolutivas definidas, por las que han de pasar los hombres en todas las culturas. Sostenía que la humanidad había pasado por periodos similares porque las necesidades humanas en circunstancias análogas han

---

2   En las citas textuales se señala el año de edición original y, cuando corresponde y entre corchetes, el año de la versión en castellano y la página correspondiente de donde fue extraída.

sido las mismas así como el funcionamiento de la mente es uniforme a través de las diferentes sociedades humanas. Ha tenido gran influencia su periodización del avance cultural en tres etapas: salvajismo, barbarie y civilización. Decía Morgan:

"Cuando es innegable que una parte de la familia humana ha existido en un estado de salvajismo, otra parte, en un estado de barbarie y todavía otra en un estado de civilización, parece igualmente que estas tres condiciones distintas están conectadas entre sí en una secuencia de progreso tan natural como necesaria. Es más, esta secuencia ha sido históricamente confirmada con respecto a toda la familia humana, hasta la categoría alcanzada por cada rama, respectivamente, se hace probable por las condiciones en las que se manifiesta todo el proceso, y por el avance conocido de diversas ramas de la familia a través de dos o más de estas condiciones" (Morgan, 1877, p. 3)

En el mismo sentido se expresaba otro antropólogo evolucionista, E. Tylor (1832-1917):

"(...) la tesis que me atrevo a defender- dentro de unos límites- es simplemente esta: que el estado salvaje representa en cierta medida una condición primitiva de la humanidad, de la que se ha desarrollado o evolucionado gradualmente la cultura superior, mediante procesos que siguen funcionando regularmente lo mismo que antaño (...) Que la tendencia de la cultura ha sido similar a lo largo de la existencia de la sociedad humana, y que podemos juzgar justamente con base en su curso histórico conocido cuál puede haber sido su curso prehistórico, es una teoría que goza claramente de derecho de prioridad como principio fundamental de la investigación etnográfica." (Citado en Timasheff, 1977, p. 71)

Pero el nombre más asociado a la utilización del evolucionismo como modelo explicativo general de las sociedades, es el de Herbert Spencer (1820-1903), un pensador un tanto olvidado hoy, pero de enorme influencia en la segunda mitad del siglo XIX. La base de la teoría sociológica de Spencer es, no obstante, un evolucionismo metafísico, es decir una concepción más amplia acerca del mundo evolucionista. También formuló una metáfora organicista de la sociedad llegando a la *identificación*, para ciertos fines, de la sociedad con un organismo biológico. Aseguraba que la sociología llegaría a ser ciencia únicamente cuando advirtiera que las transformaciones experimentadas durante el crecimiento, la madurez y la decadencia de una sociedad siguen los mismos principios que las transformaciones experimentadas por agregados de todos los órdenes, inorgánicos y orgánicos. Para Spencer la metáfora organicista surgía de profundas analogías entre los organismos biológicos y sociales. Primero, tanto la sociedad como los organismos se diferencian de la materia inorgánica por un crecimiento visible durante la mayor parte de su existencia. Un niño crece hasta llegar a ser hombre, una pequeña comunidad se convierte en una gran ciudad, un pequeño Estado se convierte en un imperio. Segundo, así como las sociedades y los organismos crecen de tamaño, también aumentan en complejidad y estructura. Aquí Spencer tenía presente, no tanto la comparación del desarrollo de una sociedad con el crecimiento de un organismo individual, sino la afinidad del desarrollo social con una sucesión evolutiva de la vida orgánica. Los organismos primitivos son simples, mientras que los organismos superiores son muy complejos. Tercero, en las sociedades y en los organismos la diferenciación progresiva de estructura va acompañada de una diferenciación progresiva de funciones. Cuarto, la evolución crea para las sociedades y para los organismos diferencias de estructura y de función que se hacen posibles unas a otras. Quinto, así como un organismo vivo puede ser considerado como una nación de unidades que viven individualmente, así una nación de seres humanos puede ser considerada como un organismo. Debe notarse que, aunque Spencer participaba del clima evolucionista ya mencionado, su "evolucionismo" biológico es predarwiniano.

En un texto titulado *The Principles of Psychology* y *Social Statics*, define, su ley de la evolución en un párrafo bastante oscuro:

"La evolución es una integración de la materia y una disipación concomitante de movimiento, durante las cuales la materia pasa de la homogeneidad indefinida e incoherente a una heterogeneidad definida y coherente, y el movimiento que subsiste sufre una transformación paralela."

Básicamente expresa la tendencia de lo homogéneo o uniforme a hacerse heterogéneo o multiforme, considerando que se trata de una tendencia necesaria del universo en su conjunto y en todos sus sistemas, tanto en los sistemas celestes como en los organismos y las sociedades. La idea dominante, entonces, en la obra de Spencer es que a través de los tiempos ha habido realmente evolución social y que la misma se ha dirigido de lo uniforme a lo multiforme, es decir mediante formas progresivas.

Ahora bien, más allá de la heterogeneidad de detalles autores y áreas disciplinares que han echado mano de la metáfora evolucionista para explicar el funcionamiento de las sociedades humanas, algunos rasgos constantes subyacen para todos ellos:

1. El cambio es direccional y se da en una secuencia determinada, aunque, obviamente, ninguno de los autores evolucionistas establece plazos para esos cambios. Nisbet (1976) sostiene que se puede definir el cambio en este sentido evolucionista como "una sucesión de diferencias en el tiempo dentro de una identidad persistente". Ni la mera sucesión de diferencias o el mero paso del tiempo, ni mucho menos la persistencia podrían caracterizar la evolución social, pero sí los tres aspectos en conjunto. Por ello mismo,

2. Se identifican las etapas o periodos que se postulan *a priori* como indicadores de esa misma evolución. Pero esta sucesión no es un mero agregado o mero cambio sino

que cada etapa contiene elementos que explican las características y la aparición misma de etapas posteriores. Para estos autores (herederos de la Ilustración, etnocentristas y modernos, al fin de cuentas) cada etapa incluye y supera a la anterior en una línea claramente progresiva,. Las posibilidades de decadencia o degeneración, es decir de una inversión o estancamiento del proceso, son contemplados como posibilidad, pero siempre resultan una ruptura del orden de lo real y un peligro contra el que hay que luchar. Los alertas sobre la decadencia, el estancamiento y la degeneración son frecuentemente utilizados como banderas políticas.

3. El cambio obedece a leyes naturales y, en ese sentido es inmanente. Es decir que no hay ninguna invocación a agentes trascendentes o, al menos, transita todo por una explicación secularizada. Ello explicaría no sólo los cambios progresivos sino también la acción humana para que determinados sucesos interrumpan o lentifiquen los procesos.

4. El cambio es continuo, no en el sentido de omnipresente o constante, sino como una gradación de pasos dentro de una serie única en un orden genealógico y no meramente estructural o taxonómico.

4. La teoría darwiniana de la evolución

La teoría darwiniana de la evolución biológica difiere sustancialmente de la evolución social más allá de compartir algunos aspectos generales como el cambio, y el carácter natural e inmanente de los procesos. La matriz evolucionista darwiniana elimina –al menos en principio- la idea de progreso, direccionalidad y pasos predeterminados en el desarrollo del mundo natural y con ello toda una milenaria concepción teleológica de la naturaleza.

Una buena manera de entender esta diferencia surge de la reticencia inicial de Darwin por el uso de la palabra "evolución" (*evolution*) para designar al cambio orgánico. En cambio, designaba al proceso evolutivo como "descendencia con modificación" y el término "evolution" no aparece en las cinco primeras ediciones de *El Origen*, sino recién en la sexta y definitiva, cuando el sentido que tiene en su teoría ya había sido suficientemente difundido y aclarado. Estas precauciones se relacionaban con otros usos y acepciones corrientes del término. El ya mencionado evolucionismo general o social, pero también el uso en la embriología a partir de Albrecht von Haller (1708-1777) que mantenía las connotaciones del evolucionismo general. Haller hacía referencia a los cambios que se producen en el embrión en su desarrollo, según una secuencia fija y en tiempos perfectamente predeterminados, proceso bastante diferente al de la evolución de las especies en la teoría darwiniana y con claras similitudes con la evolución social. Pero, en la biología darwiniana, evolución es la adaptación a ambientes cambiantes, no progreso.

A mediados del siglo XIX el pensamiento evolucionista resultaba paradigmático para comprender y explicar la historia y las culturas humanas, aunque solo había algunos tibios e incipientes antecedentes en biología, como los ya señalados del abuelo de Darwin, Erasmus; las obras de Buffon y, sin dudas la más importante, la de Lamarck publicada en 1809. Con todo, no se trataba más que de intuiciones o especulaciones (algo menos la de Lamarck) y prevalecía la explicación fijista (no evolucionista) acerca de la diversidad y el origen de lo viviente según la cual dios habría creado a las especies tal cual son en la actualidad. No es extraño. Es la más razonable desde el sentido común, básicamente por tres razones que surgen de la experiencia cotidiana: la armonía, organización y estabilidad del mundo viviente con sus infinitas, exquisitas y sutiles formas de adaptación de los seres vivos en su entorno; la repetición permanentemente del ciclo en que los seres vivientes dan lugar a otros seres vivientes semejantes de generación en generación, al menos en términos del registro histórico humano que apenas recoge los últimos cuatro o cinco mil años, un instante en términos evolutivos. En este sentido, el fijismo decimonónico sostenía la *invariabilidad* de las especies y la *independencia* entre ellas. No era posible que de una especie pudieran surgir otras. Se concebía las especies de un modo tipológico o esencialista, es decir como un tipo ideal o esencial y las diferencias entre los individuos concretos como desviaciones menores y secundarias sobre el tipo común. Además, las teorías científicas fijistas eran compatibles con el pensamiento religioso estándar porque independencia e invariabilidad de las especies implican, a su vez, aceptar su aparición como un acto de *creación especial*. Fijismo implica creacionismo (aunque no a la inversa). Se trata del conocido y antiguo argumento del diseño, retomado por el teólogo William Paley (1743-1805), en *Teología natural*, publicado medio siglo antes que *El Origen*. Argumenta Paley que si nos encontráramos con un sistema complejo, por ejemplo un reloj tirado en el desierto, deberíamos suponer que o bien siempre estuvo allí –cosa inverosímil- o bien que fue concebido y construido intencionalmente por un relojero, es decir un creador inteligente. Del mismo modo, si se piensa en organismos evolucionados y complejos habría que concluir que un dios creador e inteligente los habría concebido y creado. Es, con algunos retoques secundarios, el mismo argumento que hoy defienden los nuevos creacionistas que hablan de la *teoría del diseño inteligente*, sobre la que más adelante volveremos. La teoría de Darwin viene a romper con el fijismo-creacionismo fuertemente instalado y a superar otras propuestas evolucionistas anteriores.

Las hipótesis centrales que definen la teoría de Darwin son dos: el *origen común de los seres vivientes* y la *selección natural*. Para Darwin afirmar que las especies evolucionan no significa tan sólo que cambian, sino también que las especies actuales derivan de otras antecesoras, algunas de las cuales (la mayoría) han desaparecido, hasta llegar quizá, si se retrocediera lo suficiente en el tiempo, a un único antepasado común para todos los seres vivos. Todas las formas vivientes tienen, según este modo de ver, un origen común. Dice en la Conclusión de *El Origen*:

> "(…) los animales descienden, a lo sumo, de cuatro o cinco antepasados, y las plantas de un número igual o inferior. La analogía puede llevarme un paso más allá, es decir que todos los animales y las plantas descienden de algún prototipo (…)"

Se puede entender la idea del origen común, apelando a la metáfora del *árbol de la vida*. Imagínese un árbol frondoso en el cual cada ramita que llega hasta la parte más alta del árbol constituye una especie actual; las ramitas y ramas que no llegan hasta la parte más alta del árbol son especies y grupos de especies extinguidos. Si se desciende por el árbol (ese es el trabajo de los paleontólogos) se va hacia atrás en el tiempo, y la porción del tronco que se encuentra a ras del suelo representa el momento del origen de la vida (este árbol metafórico no tiene raíces, o en todo caso, las raíces son los elementos inanimados que componen los seres vivos). Cualquier rama se relaciona con otra a través de una rama de nivel inferior. En los casos de ramas que se encuentran muy próximas hay que ir muy poco hacia abajo (hacia atrás en el tiempo) para encontrar la rama que las conecta, es decir la especie que es el ancestro común, mientras que para aquellas ramas que se encuentran más alejadas hay que ir mucho más abajo (mucho más atrás en el tiempo) para encontrarlo. Y en los casos más extremos habrá que ir probablemente hasta el principio del tronco, al ancestro común de todos los seres vivientes. Concretamente, puede decirse que cualquier par de especies tiene un ancestro común si se va hacia atrás en el tiempo lo suficiente.

El padre de la taxonomía, el sueco Karl von Linné (1707-1778) había publicado en 1735 *Systematica naturae*, con un sistema de clasificación de los seres. Inicialmente firme defensor del fijismo y de la constancia de las especies, Linné fue, no obstante, fundamental para el desarrollo de las ideas evolucionistas, ya que la ordenación de los seres vivos puso de manifiesto sus semejanzas y diferencias y si bien ese árbol linneano reconstruía el orden continuo y sin saltos de la naturaleza, supuestamente pensado por dios, dejaba abierta la pregunta clave: el parecido entre especies diferentes –incluso entre algunas muy diferentes en otros respectos- ¿no inclina a pensar que habría algún parentesco de origen entre ellas? El árbol de la vida darwiniano, justamente, no representa tan sólo el orden de lo viviente conforme a criterios de semejanza, sino que se lo debe leer genealógicamente; es decir no como la fotografía de lo que dios imaginó al momento de la creación sino la forma en que, a través del tiempo unas especies fueron derivando de otras. Siguiendo con la metáfora, debe decirse que se trata de una explicación algo simplificada y hoy se discute si se trata de un magnífico e imponente árbol o de un frondoso arbusto, pero esto no lo discutiremos aquí.

Una vez planteado que las especies evolucionan, la pregunta que surge inmediatamente es ¿cuál es el mecanismo por el cual lo hacen y surgen nuevas especies? Para Darwin, el mecanismo principal (aunque no el único, pues también agregó la selección sexual), es la selección natural o "supervivencia de los más aptos" definida como "la conservación de las diferencias y variaciones individuales beneficiosas y la destrucción de las que no lo son". La idea de la selección natural involucra cuatro elementos: la descendencia con variación, la diferencia entre tasa de reproducción y tasa de supervivencia, la lucha por la supervivencia y la herencia de los caracteres ventajosos.

Descendencia con variación: Los individuos de una misma especie no son exactamente iguales entre sí. Se trata de una elemental constatacion empírica, pero mientras que para los fijistas era irrelevante la variación individual, para Darwin resulta fundamental porque es la clave para que haya evolución.

Tasa de reproducción y lucha por la supervivencia: Todas las especies se reproducen a una tasa que siempre excede la capacidad del medio para mantenerlos. De hecho, cualquier especie que se tome en la naturaleza, si sobreviviera toda la descendencia que puede dejar y no hubiera una gran cantidad de individuos que murieran prematuramente, rápidamente invadiría el planeta no dejando lugar para ninguna otra. Por ello hay una proporción variable de esa descendencia que sucumbe antes de llegar a ser adulta (y poder reproducirse) en una *lucha por la supervivencia.* Darwin aplica al mundo biológico ideas tomadas del economista Robert Malthus (1766-1834), quien en su *Ensayo sobre el principio de la población* (publicado en 1798), dice "(...) que la población, si no se pone obstáculos a su crecimiento, aumenta en progresión geométrica, en tanto que los alimentos necesarios al hombre lo hacen en progresión aritmética". Esta diferencia de crecimiento entre el alimento disponible y los comensales origina según Malthus una competencia por hacerse un lugar en la empobrecida mesa.

Herencia de los caracteres: El éxito en esta "lucha" le dará a los que lo logren una mayor capacidad reproductiva, es decir que tendrán descendencia y, en ocasiones más descendencia, con la consecuencia de que los caracteres distintivos (y ventajosos) de los padres, probablemente, prevalecerán en una mayor cantidad de individuos en la nueva generación. Para que haya consecuencias evolutivas, es necesario, de hecho, que los caracteres en juego sean hereditarios.

La selección natural actúa sobre los individuos, pero no tiene sentido alguno para la teoría darwiniana decir que los individuos, como tales, evolucionan. La evolución es el cambio que se produce en la constitución promedio de una población de individuos a medida que se suceden las generaciones. Los individuos sólo sobreviven y se reproducen transmitiendo sus características, o bien mueren antes; las especies o poblaciones evolucionan. La selección natural es un proceso en el cual ciertas condiciones ambientales o del entorno provocarán la muerte o la incapacidad de dejar descendencia de aquellos individuos cuyas características no resulten favorables. Como resultado de este mecanismo la constitución media de la población de organismos va a ir cambiando de modo tal que las formas con variaciones menos favorables se irán haciendo cada vez más escasas, y aumentará la cantidad de los que tengan características que resulten favorables.

La condición de "más apto" –que en ocasiones se ha identificado ideológica y erróneamente como "supervivencia del más fuerte"- siempre es relativa al medio, y no sólo variará de especie a especie, sino también en los distintos momentos, de modo tal que lo que en un momento resultó una característica ventajosa puede representar lo contrario en un contexto diferente. En ocasiones *ser más apto* significa ser más rápido, por ejemplo para escapar de los predadores; en otras necesitar menos alimento, por ejemplo en épocas de escasez; pero también puede ser tener un repertorio de conductas más flexible; ser mariposa clara u oscura según la época; ser resistente al antibiótico A o B según las circunstancias. Para que estas características operen evolutivamente tienen que ser puestas en juego en una condición ambiental dada y representar una ventaja que algunos individuos posean y otros no; es decir que tiene que haber *presión selectiva*, de lo contrario solo serán variaciones y capacidades irrelevantes evolutivamente.

Según Darwin, las nuevas variedades, y eventualmente las nuevas especies, tienen su origen en la supervivencia de las pequeñas variaciones acumuladas a lo largo de las generaciones. Defendió con mucha fuerza la hipótesis según la cual el proceso evolutivo se desarrollaba en forma gradual, pero este *gradualismo* le trajo no pocos problemas, ya que esta nueva relación cambio-tiempo que surgía de los mecanismos evolutivos debía ser compatible con las estimaciones sobre la antigüedad de la Tierra y la estrategia evolucionista debía llevar a probar que la Tierra poseía una antigüedad mucho mayor que la estimada en ese momento. Si bien la creencia en un planeta joven se fue desmoronando a partir de los trabajos paleontológicos y geológicos, a mediados del siglo XIX los científicos no poseían técnicas de datación fiables y precisas[3]. El gradualismo de Darwin estaba en línea con la nueva teoría geológica de Charles Lyell (1797-1875), según la cual la Tierra tenía millones de años, lo cual resultaba indispensable para pensar la evolución, pero además, sostenía que las características geológicas del planeta son el producto de la lenta y continua acción de causas uniformes y no de unos pocos y esporádicos y extraordinarios cataclismos (véase más arriba, nota 1).

Resumiendo, puede decirse que la diversidad de especies a partir de un origen común resulta de la supervivencia y acumulación de variaciones individuales azarosas. El azar no se refiere a que el cambio es caprichoso, sino a que esas variaciones no están relacionadas con los cambios en el ambiente; de hecho las especies pueden extinguirse si esos cambios son muy grandes y no nacen individuos con características que les permitan sobrevivir. No sólo la conformación, sino también la existencia misma de cualquier especie, entonces, no es más que el resultado aleatorio de esta combinación de fuerzas naturales. La inquietante consecuencia, que Darwin no trata en *El Origen*, pero sí lo hace en The *descent of man, and selection in relation to sex,* de 1871 (en la versión encastellano: *El Origen del Hombre*) es que el homo sapiens no sólo proviene de ancestros no humanos, sino que la propia existencia de la Humanidad es aleatoria en la historia de la vida en el planeta. Estos aspectos referidos al contenido mismo de la teoría, más el fundamental hecho de que Darwin inaugura, definitivamente, un modo

---

[3] Mientras la antigüedad de la Tierra fue un problema para Darwin, no lo era para los creacionistas. San Isidoro, en el siglo VI, por ejemplo, sostuvo que la creación del mundo había ocurrido en 5210 a. C. El arzobispo inglés James Usher, por su parte, reveló que la cración habóa ocurrido en el año 4004 a. C. Por su parte el Dr. John Lightfoot, director del St. Catherine´s *College* de Cambridge, llegó a la conclusión de que la fecha precisa fue el miércoles 18 de junio de 4004 a.C. a las 9 de la mañana aunque otros sostenían que el magno acontecimiento tuvo lugar el 25 de octubre.

de proceder que rehúsa la apelación a causas sobrenaturales para explicar la existencia misma de la diversidad y de la especie humana, nos enfrenta con las consecuencias antropológicas fundamentales de la teoría de la evolución.

5. Evolución y pensamiento teleológico en la biología

Puede afirmarse que la consecuencia científica, filosófica e ideológica del darwinismo ha sido la superación, en el mundo de lo viviente, del pensamiento teleológico, es decir de la idea según la cual todos los procesos del mundo y el mundo mismo tienden a cumplir con una finalidad que le es propia y natural, una meta final. Se trata de un punto de vista muy antiguo, rastreable hasta el mundo griego cuando menos, en el cual adquiere su forma filosófica más elaborada y perdurable por siglos, en el pensamiento aristotélico de las cuatro causas. Entremezclado con el cristianismo, el pensamiento teleológico, concibe la marcha del mundo como el plan predeterminado de dios, en el cual la aparición de la Humanidad correspondería al punto culminante y más alto de la creación. Incluye el ingrediente del progreso, expresado en la *scala naturae* o escala de la perfección (Lovejoy, 1936) que reflejaba la creencia en una progresión ascendente en la disposición y funcionamiento de los entes naturales. Con la teoría darwiniana de la evolución, el pensamiento teleológico que había encontrado su límite en el mundo físico de los objetos con el mecanicismo en el siglo XVII, también era expulsado del mundo biológico, para escándalo del pensamiento religioso.

Sin embargo, la discusión incluye aristas variadas, no sólo porque el lenguaje común nos tiende continuamente trampas conceptuales y ontológicas sino porque las explicaciones conforme a fines o metas son, en sí mismas, bastante complejas y de diversa índole. La palabra *telos*, que se encuentra en la raíz de *teleología*, designaba en el pensamiento aristotélico el tipo de procesos resultantes de la llamada *causa final*. El *telos* de una semilla, por ejemplo, es hacerse árbol. Sin embargo, cuando se habla de procesos tendientes a una finalidad se suelen decir cosas diferentes.

Siguiendo la caracterización que hace Mayr (2004), en primer lugar se encuentran los procesos *teleonómicos*, aquellos que deben su dirección hacia objetivos en función de un programa desarrollado:

"La conducta (…) dirigida a finalidades se halla ampliamente difundida en el mundo orgánico; por ejemplo, la mayor parte de las actividades vinculadas con la migración, la búsqueda de alimento, el cortejo, la ontogenia y todas las fases de la reproducción se caracterizan por esa orientación a fines (…)es quizá el rasgo más característico del mundo de los organismos vivientes." (Mayr, 2004 [2006, pág. 45])

La clave de los procesos *teleonómicos* es la existencia de un programa[4] genético, es decir un conjunto de instrucciones o información codificada que controla los procesos (o conductas) dirigiéndolos a un objetivo. Pero hay tipos diversos de programas. Los que determinan instrucciones completas (como por ejemplo los que controlan la conducta instintiva de los insectos y de los invertebrados inferiores). Los incompletos, es decir los que pueden incorporar información externa mediante aprendizaje u otras experiencias anteriores (la mayoría de las conductas de los humanos y otros animales que sobre una gama de patrones de respuestas posibles pero limitadas, permiten opciones diferentes); en estos casos queda claro que el programa no dispara en los organismos el despliegue de acciones y conductas preformadas completamente, sino un proceso que se reajusta en función de las continuas perturbaciones internas y externas. Mayr agrega un tercer tipo de programa que llama "somático":

---

4   Sobre la noción de "programa" véase también Jacob (1970), Fox Keller (1995) y Monod (1970)

"(...) por ejemplo cuando un pavo real macho se pavonea ante una hembra, sus movimientos de despliegue no se hallan directamente controlados por el ADN en los núcleos de sus células, sino más bien por un programa somático de su sistema nervioso central. Este programa neuronal, por cierto, fue registrado durante el desarrollo bajo control parcial de instrucciones provenientes del programa genético. Pero es ahora un programa somático independiente" (Mayr, 2004 [2006, pág. 78])

Un segundo tipo de uso del término "teleológico", el menos problemático sin duda pero justamente por eso el más trivial, está referido a la *conducta intencional de organismos con estados de conciencia.* Sobre todo los humanos (y, muy probablemente otros animales) realizan muchas de sus acciones con un propósito perfectamente definido, con intenciones y con plena conciencia de sus actos e incluso diseñan estrategias para sus logros.

Un tercer tipo de procesos teleológicos son los rasgos que contribuyen a la *adaptación.* Se trata sin embargo, de una evaluación errónea, y predarwinista, del mundo biológico. Procede de la creencia en una teleología cósmica y los rasgos que proveen la armonía y adaptación habrían sido originados por alguna fuerza teleológica de la naturaleza. El acento puesto en el orden, la armonía y la (aparentemente) perfecta adaptación de los seres vivientes con relación a los otros seres vivientes y a su entorno, que maravillaban al sentido común de los hombres desde la antigüedad, empalmaba muy bien con las creencias religiosas. Esta creencia resulta en gran medida un legado de la teología natural, con su creencia en que dios habría otorgado una utilidad a cada rasgo. Pero a partir de Darwin, la biología considera que estos mecanismos cuyo resultado *a posteriori* –nunca establecido *a priori*– es la adaptación, son sólo el resultado de la variación evolutiva, derivada de la producción de gran cantidad de variaciones en cada generación desacopladas de otros cambios en el medio ambiente circundante, y la supervivencia estadística de los individuos que quedan tras la muerte de los menos aptos.

Finalmente hay una forma más abarcativa de pensamiento teológico – la *teología cósmica*- cuya eliminación por parte del pensamiento darwiniano, provocó la oposición más acérrima e inclaudicable por parte del cristianismo. Como ya se ha señalado, según el punto de vista teológico, todos los cambios en el mundo se debían a una fuerza interna o a una tendencia hacia el progreso y hacia una perfección cada vez mayor. A partir de Darwin, los cambios en la historia del mundo biológico serían concebidos como el resultado de la acción de leyes naturales. Incluso la aparente tendencia a la perfección que el intelecto humano se siente tentado a inferir cuando se comparan individuos de especies muy simples con los recientemente evolucionados mamíferos se explica perfectamente desde una legalidad natural ciega. Señala Mayr:

> "Hay algo que queda claro: la selección natural aporta una explicación satisfactoria del curso tomado por la evolución orgánica y torna innecesario apelar a fuerzas sobrenaturales y teológicas. Y quienes aceptan que en la evolución ha tenido lugar un avance o progreso no lo atribuyen a fuerzas o tendencias teológicas, sino más bien a la selección natural" (Mayr, 2004 [2006, pág. 86])

Los tres primeros tipos de procesos (teleonómicos, conductuales y de adaptación) sólo son teleológicos en apariencia y pueden perfectamente ser explicados por causas naturales y no hay necesidad de involucrar en ellos causas sobrenaturales. El cuarto tipo (la teleología cósmica) simplemente no existe porque la selección natural opera en cada individuo y en cada generación sin ningún objetivo externo ni de mediano o largo plazo. Los individuos simplemente sobreviven y se reproducen, o mueren y, a veces, se extinguen y sólo la reconstrucción retrospectiva (digamos, la que realiza el paleontólogo) mediante un relato histórico unificador puede generar la ilusión de que hay una meta o una direccionalidad.

Algunos señalamientos en esta misma línea. La teoría de la evolución, y justamente por las características que se acaban de describir, es incapaz de predecir, en un sentido relevante, el futuro de las distintas especies o familias de especies y este ha sido el objeto de una crítica, ilegítima desde luego, a su cientificidad. En segundo lugar, la escala temporal de la evolución se mide en cientos de miles o millones de años, de modo que cualquier transformación humana en los tiempos culturales –digamos en el orden de los cientos de años- de ningún modo puede esperar explicaciones en los tiempos biológicos[5]. Otra cuestión, no menor pero en general no tenida en cuenta, de las diferencias entre evolucionismo biológico y evolucionismo social, es que la teoría de Darwin rompió con la concepción de especie habitualmente llamada tipológica (o esencialista) para constituirse en una concepción estadística o, más propiamente, poblacional. La evolución en sí misma y la especie se define no por unos rasgos característicos (un tipo ideal) sino por la presencia estadística de ciertos rasgos en un grupo biológico. En cambio la teoría social decimonónica, más allá de notorias diferencias entre autores, mantiene una concepción tipológica y esencialista en la medida en que el sujeto de esa evolución es la clase social, el parentesco, la cultura, la ley, las instituciones, etc.

Como quiera que sea, esta elucidación conceptual, lograda luego de décadas de discusiones, no estaba presente en el siglo XIX y principios del XX y entonces la frontera entre evolución biológica y evolución social se tornaba sumamente borrosa e incluso ha llevado a la construcción e instalación de algunas categorías problemáticas como por ejemplo la de "darwinismo social" muy usada por historiadores y sociólogos. El "darwinismo social" se ubicaría

---

5   Véase, sobre esta apasionante y compleja discusión: Castrodeza, 1989

en el difuso entrecruce de ciencia, ideología y poder en el cual la teoría darwiniana de la evolución (sobre todo la idea de selección natural que, curiosamente, fue relativamente resistida en el campo específico de la biología durante algunas décadas) se solapaba con el evolucionismo sociológico y cultural. Pero se trata de una expresión, cuando menos, equívoca y poco útil historiográficamente para dar cuenta de la relación entre la teoría darwiniana y otras expresiones sociológicas y políticas. Álvaro Girón Sierra, en un excelente trabajo, muestra que el darwinismo no fue simplemente una extensión del programa de Darwin sino más bien "un consenso laxo en torno al concepto de evolución que fue adquiriendo un perfil científico distinto a lo largo de los años"; asimismo, que si bien la obra de Darwin puede estar asociada a los intereses de la burguesía británica en ascenso, "ello no impidió que distintos grupos del más variado perfil ideológico, se apropiaran de la teoría y vocabulario darwiniano para los fines más diversos" y finalmente que la expresión "darwinismo social" es desafortunada "no sólo porque el darwinismo fue social desde el principio, sino porque la pluralidad de lecturas a que dio lugar la obra darwiniana hacen imposible definir a este supuesto darwinismo social como un bloque preciso con fines estables a lo largo del tiempo" (Girón Sierra, 2005, págs. 23-24). Como quiera que sea, el "darwinismo social" no es la extrapolación lineal y simple de un modelo explicativo exitoso en lo biológico al ámbito de las explicaciones sociológicas e históricas, sino que se trata de vinculaciones y entrecruces mucho más complejos.

Por otro lado, resultaría estéril realizar una exégesis minuciosa y vigilante de los escritos de Darwin para luego denunciar en qué sentidos se lo ha malinterpretado o forzado porque, finalmente, los científicos no son nunca ni genios en un mar de ignorancia portadores de la verdad contra todo prejuicio, ni pobres hojas en la tormenta de la sociedad y la cultura, como ya señaláramos más arriba. Las expresiones de Darwin a veces no dejan lugar a dudas sobre su convicción de la inferioridad de algunos seres humanos, sobre todo los que encontrara en su viaje por la Patagonia. Darwin no hace más que aceptar y repetir una creencia más que arraigada en la Inglaterra victoriana con respecto a las desigualdades y jerarquías raciales, creencia milenaria que encuentra en el siglo XIX una nueva y más fuerte fundamentación en la ciencia. Sin embargo, puede decirse que Darwin tenía antes que una actitud de desprecio para con las "razas inferiores", una actitud paternalista, que expresa repetidas veces en su extensa correspondencia y en su *Autobiografía*. De hecho se ha manifestado contra la ignominia que significaba la esclavitud en repetidas ocasiones.

El problema es bien profundo, pues la biología evolucionista, a partir de Darwin, vino a ocupar por su propia índole teórica, un área de intersección entre las llamadas ciencias naturales, en el sentido más estricto, y las ciencias sociales. Esta doble pertenencia de los saberes biológicos se manifiesta en las conexiones directas o indirectas (reales, imaginarias, ideológicas o potenciales) que los trabajos en muchas áreas de la biología establecen con las condiciones sociales de producción, legitimación, reproducción y circulación del conocimiento y con las prácticas y puesta en marcha de tecnologías sociales.

6. La cuestión del "diseño inteligente"

Hoy en las ciencias biológicas se discute el ritmo de la evolucion y la secuencia, la cuestión de la unidad de selección (gen, organismo, especie) o incluso se proponen otros mecanismos además de la selección natural, pero se reconoce la evolución como un hecho y se acumula una, ya a estas alturas podría decirse superflua, evidencia empírica. Sin embargo algunos debates, hijos extemporáneos de los que se iniciaron a mediados del siglo XIX, resurgen continuamente con un lenguaje *aggiornado*, como es el caso de la llamada "teoría del diseño inteligente" que aspira a ser una teoría alternativa a (e incompatible con) la teoría de la evolución. Pero antes de entrar en tema, conviene elucidar algunas cuestiones.

Para que haya una discusión científica tienen que darse cuando menos dos condiciones. La primera es que se dé justamente por los mecanismos institucionales y académicos actuales de la ciencia. La segunda, más conceptual y metodológica, requiere que cuando se propone una teoria alternativa a la más reconocida en una época determinada, ambas deben tener aspiraciones a ser la mejor explicación/teoría sobre la misma cuestión. Por eso mismo, las explicaciones/teorías candidato deben ser conmensurables, al menos en parte, es decir que se refieran a la misma cuestión, que compartan un mínimo de aspectos del problema a resolver, que se expresen en el mismo rango epistemológico (metodológico, de racionalidad compartida, de criterios de aceptabilidad, de base empírica, etc.). Pero, y a pesar de que ninguno de estos aspectos se encuentra presente en el debate (que se da sobre todo en EEUU y algo en Europa) evolucionismo vs. diseño inteligente (en adelante DI), constantemente se vuelve sobre esta interminable polémica, en buena medida resuelta y en buena medida falaz. Ahora bien, el hecho de que una discusión que uno de los interlocutores pretende situar en el plano científico, pero que en realidad se da profusamente en el plano de la opinión pública (basta recorrer los catálogos de las editoriales y los medios masivos de comunicación) lleva a pensar que se trata, más bien, de una disputa político-ideológica. A continuación trataremos de elucidar qué se está discutiendo, cómo y por qué.

El argumento del DI, es similar al antiguo, predarwiniano y bien conocido argumento del diseño que intentaba fundamentar el creacionismo, aunque sus defensores actuales intenten diferenciarse de esas formas pretéritas. William Paley, en los primeros años del siglo XIX, expresaba asi el argumento que ya adelantamos:

"Supongamos que, al cruzar un brezal, diera mi pie contra una piedra y se me preguntara cómo llegó a estar esa piedra allí; posiblemente podría responder que, como no sabía nada que indicara lo contrario, esa piedra siempre ha estado allí; y tampoco sería muy sencillo demostrar lo absurdo de esa respuesta. Pero supongamos que hubiera encontrado un reloj en el suelo, y se me preguntara cómo era que el reloj había llegado a ese lugar; en ese caso jamás se me ocurriría dar la misma respuesta que antes; que por lo que sabía, ese reloj siempre había estado allí" (citado en Dupré, 2003 [2006, p. 78])

El argumento de la complejidad de Paley, tal como está planteado y descartada la respuesta "ese reloj siempre estuvo allí" (por absurda), remite inmediatamente a imaginar un diseñador/ relojero que lo pensó y/o lo construyó. Mucho más si se aplica a esos prodigios de complejidad que son los seres vivientes, concluyendo que debe haber un dios diseñador y creador de los mismos. Paley recoge y expresa un argumento corriente que ya había recibido críticas, como la del siempre lúcido e implacable argumentador David Hume. En *Diálogos sobre la religión natural*, Hume impugna el argumento y, predarwiniano al fin, se dirige básicamente a discutir con la teología. Más allá de la mera impugnación formal por ser un razonamiento por analogía, en este caso basado en semejanzas débiles, y yendo al fondo de la cuestión, Hume diferencia la posibilidad misma de una teología natural (el programa que pretende deducir una teología, es decir la existencia de un diseñador, a partir de los datos del mundo conocido) de la posibilidad de atribuir a esa deidad las características y propiedades del dios cristiano. Sus argumentos son mucho más interesantes, en el presente contexto, para esta segunda cuestión. Suponiendo que alguien haya probado, efectivamente, que existe ese dios diseñador, dice Hume:

"(...) más allá de esta posición, no puede determinar ni una sola circunstancia, y queda luego librado a establecer cada uno de los puntos de su teología con la mayor licencia y fantasía e hipótesis. El mundo, por lo que él sabe, es muy defectuoso e imperfecto si se lo compara con un nivel superior, y fue tan solo el primer ensayo burdo de alguna deidad infantil que luego lo abandonó avergonzada de su pobre desempeño; es la obra apenas de alguna deidad inferior, dependiente, y es objeto del desprecio de sus superiores; es la producción de la vejez y la senilidad de alguna deidad caduca (…)" (Hume, 1779 [1999, p. 63])

El argumento del diseño, entonces, sólo puede ser compatible con el "deísmo", es decir la suposición de la existencia de un dios creador y legislador del universo, pero en ningún caso con un dios personal que entabla una relación con el mundo a través de la revelación o la providencia, o que interviene en la historia humana con milagros y hechos sobrenaturales. El deísmo es compatible con la secularizada ciencia moderna, pero incapaz de dar cuenta de cómo funciona el mundo y, en el mejor de los casos, sirve como psicológica y tranquilizadora cláusula de cierre a nuestra incapacidad fundacional de explicar la existencia misma del mundo. En efecto, así como no se puede deducir ningún detalle de una teología natural a partir del los datos del mundo empírico, la hipótesis del DI no nos puede decir nada acerca de los detalles de este mundo (básicamente construir una ciencia)[6].

Pero, más allá de lo expuesto, lo que está en discusión es si la complejidad del mundo viviente puede llegar a constituirse sobre la base de las leyes y mecanismos de funcionamiento de la naturaleza. El párrafo con el que Darwin cierra *El Origen* (a partir de la segunda edición) resulta ilustrativo y hasta sorprendente a una primera lectura, al desentenderse

---

6   Kant, por su parte, critica el argumento, al que da el nombre de fisicoteológico, por el mismo motivo de fondo con que critica todas las pruebas de la existencia de Dios, esto es, porque representan una búsqueda en vano de lo incondicionado, pero destaca que del argumento en concreto se concluye, todo lo más, la existencia de un "arquitecto del mundo", no propiamente de un "creador del mundo".

del problema del origen de lo viviente –no es su tema de investigación- pero explicar la variación y diversidad como asunto de la naturaleza:

"Hay grandeza en esta concepción de que la vida, con sus diversas facultades, fue originalmente alentada por el Creador en unas pocas formas o en una sola; y que, mientras este planeta ha ido girando según la ley constante de la gravitación, a partir de un comienzo tan sencillo se desarrollaron y están evolucionando infinitas formas, cada vez más bellas y maravillosas" (Darwin, 1859 [2004, p. 480])

A menudo se ha interpretado este párrafo como una concesión de Darwin a un contexto cultural e ideológico adverso, porque la primera frase parece conciliar evolución y creación. Sin embargo, hay una mejor razón teórica y epistemológica: la teoría de la evolución articula dos preguntas o problemas donde antes había sólo uno. La versión creacionista/fijista daba cuenta tanto de la creación, por parte de dios, de la vida así como también de la diversidad. La teoría darwiniana no dice nada acerca del origen de la vida y responde solo a la pregunta por el origen de la diversidad. No obstante, Darwin esboza sin desarrollar la hipótesis del origen natural de lo viviente a partir de lo no-viviente.

Pero más allá de esta forma de divinidad al inicio, hay una incompatibilidad manifiesta[7] entre el dogma cristiano y la biología evolucionista, dado que esta hace una renuncia explícita a las explicaciones sobrenaturales; considera la aparición de la humanidad a partir de ancestros no humanos comunes a otras especies, como el resultado de una historia evolutiva particular y contingente que eliminaba no sólo la creencia en la creación especial (según la cual dios habría creado a cada especie por separado), sino también la idea de un ser humano hecho a imagen y semejanza del

____

7 Muchos autores han tratado este punto, por ejemplo: Dupré (2003); Sober (1993); Kitcher (1993); Mayr (2004); Rosenberg & Mc Shea (2008).

creador, como culminación de la creación con un lugar privilegiado en el universo y, sobre todo, la necesariedad de su existencia misma como parte del plan de dios. Por ello, cualquier intento de conciliación entre ambas conlleva a violentar o bien la evolución o bien la religión, y explica la inclaudicable oposición de los sectores religiosos cristianos a la teoría biológica y los enormes esfuerzos argumentales de los defensores del diseño inteligente (en adelante DDI).

6.1 Bajo el principio de caridad interpretativa

Aquí he considerado que, en lo sustancial no hay diferencias entre el viejo argumento del diseño y el actual DI y que, finalmente no se trata más que de volver sobre el creacionismo. Sin embargo, lo cierto es que los DDI tratan de distanciarse del creacionismo e intentan presentarse como una hipótesis científica alternativa. Concedamos por un momento que esto es así y echemos mano de una suerte de principio de caridad interpretativa y metodológica, asimétrica por cierto con relación a las actitudes de los DDI, para analizar el estatus científico del diseño inteligente. Digo asimétrica porque los DDI presentando alguna tibia (legítima o no) objeción a la hipotesis de la selección natural aspiran a derrumbar todo el complejísimo edificio teórico del evolucionismo.

Bien, concedamos que, después de todo, puede ser que los DDI tengan razón. Sin embargo, rápidamente resulta claro que mientras que por un lado la teoría de la evolución explica adecuadamente una enorme cantidad de hechos biológicos de distinto nivel, es compatible con el resto del saber concomitante, provee de herramientas conceptuales para un programa de investigación que ya tiene ciento cincuenta años y promete más éxitos, en el cual fueron incorporándose nuevas áreas de conocimiento, por otro lado el DI "sólo define y especifica un aparato teórico en términos tan vagos que lindan con el sinsentido, y explica apenas la presencia de un orden o estructura, sin hacer referencia a un solo detalle de la estructura real que encontramos en nuestro mundo" (Dupré, 2003 [2006, p. 87]. La teoría de la evolución es la mejor explicación disponible porque proporciona una minuciosa correlación entre el aparato teórico y los fenómenos a los cuales se aplican. El enorme corpus teórico de la ciencia (la teoría de la evolución, la geología, la paleontología, la biología molecular, la genética de poblaciones, la bioquímica, etc.) se apoyan mutua y constantemente, más allá de algunas lagunas, detalles y discusiones menores. En este sentido el argumento del DI, es completamente trivial y, en todo caso, sería solo una vaga hipótesis para afirmar que, dado que en el mundo hay un cierto orden, es posible que el mismo surja de algún diseñador inteligente. Se trataría de una "falacia de apelación a la ignorancia", es decir concluir algo sobre el desconocimiento de otra cosa; en términos algo más suaves puede decirse que hay una suerte de sobreinferencia, es decir obtener una conclusión con elementos completamente insuficientes[8]. Ni una sola determinación parcial se explica de ese orden que surge del argumento del DI. De modo tal que el DI resulta totalmente insuficiente para la razón humana (porque la razón humana siempre está ávida de conocer más y mejor el mundo que la rodea), además de poco interesante, porque al no explicar nada de lo contingente es inútil para seguir indagando. Rosemberg *et al* (2008, p. 152) expresan algo parecido acerca de la cientificidad del DI aunque, más benévola y condescendientemente, y dejando de lado que el diseñador pudiera ser el dios cristiano o bien un desconocido extraterrestre, sostienen que sería aceptable bajo la siguiente pregunta: ¿Cómo ofrecer un enfoque naturalista

---

8   Aunque con conclusiones diferentes, la estructura argumental del DI es similar a la de los vitalismos de principios del siglo XX que oponiéndose a toda forma de materialismo y a reducir la vida a un fenómeno físico-químico o mecánico, defendían la existencia de un principio vital específico que termina siendo una suerte de cualidad misteriosa inexplicable e inhallable (por ejemplo la *entelechie* o *psychoid* de Hans Driesch o el *élan vital* de Henri Bergson).

de los dipositivos funcionales complejos en los casos en que no hay intermedios adaptativos obvios? (*"how to give a naturalistic account of the evolution of complex functional devices in cases where there are no obvious adaptative intermediates"*). Responder a esa pregunta es un problema biológico de suma importancia.

Pero vayamos a un análisis algo más detallado. Entre los DDI se destaca Michael Behe (1996)[9], quien intentó dar una serie de contraejemplos a la idea de selección natural darwiniana. A partir de estos (supuestos o reales) contraejemplos, Behe concluye la existencia de un diseñador inteligente. Las restricciones que nos impone nuestro principio de caridad interpretativa nos obligan a dejar de lado por un momento este exceso de capacidad conclusiva en su argumentación y tratar de entenderlo. Según Behe existen abundantes casos de *complejidad irreductible*, esto es: sistemas biológicos compuestos cuya función básica depende de la coordinación e interacción de sus partes componentes de modo que, si se eliminara cualquiera de esas partes, el sistema dejaría de funcionar por completo. Como un sistema de esas características, según Behe, no podría tener fases funcionales intermedias, su origen no podría haber sido la acumulación de variaciones azarosas sometidas a la selección natural. Behe toma ejemplos provenientes de la bioquímica

---

9   Behe pertenece al *Center for Science and Culture*-fundado en 1996 dentro del *Discovery Institute*- que, en un trabajo de 1998, bajo el título "Estrategia de la cuña" muestra el carácter religioso y político de este grupo al postular como su finalidad: "derrotar al materialismo científico y su destructivo legado moral, cultural y político" y "reemplazar las explicaciones materialistas por la concepción teísta de que la naturaleza y los seres humanos son creados por Dios". El Discovery Institute, a su vez, es una entidad sin fines de lucro que depende de donantes privados, ligada al conservador *Hudson Institute*. El *Discovery Institute* actualmente está presidido por B. Chapman de confesión católica y que ocupó cargos de importancia en el gobierno republicano de R. Reagan. También está ligado a través de algunos de sus miembros con el movimiento dominionista *Christian Reconstruction*, contrario a la tolerancia religiosa y que propugna la subordinación de las leyes civiles a las prescripciones del Antiguo Testamento.

(síntesis de proteínas, el sistema de coagulación sanguínea, el sistema inmunológico) y otros de órganos complejos (el ojo, el flagelo bacteriano y la membrana celular).

"Decir que la evolución darwinista no puede explicar todo en la naturaleza no equivale a decir que la evolución, las mutaciones aleatorias y la selección natural no ocurran. Éstas han sido observadas (…). Estoy de acuerdo en que las pruebas confirman la ascendencia común. Pero la pregunta fundamental aun permanece sin responder: ¿Qué es lo que impulsa a los sistemas complejos a formarse? Nunca se ha explicado de forma detallada, científica, cómo la mutación y la selección natural podrían construir las estructuras complejas, intrincadas, discutidas en este libro. (…) la evolución molecular no se basa en autoridades científicas (…) no hay publicación científica (…) que describa cómo la evolución molecular de cualquier sistema bioquímico real, complejo, ocurre o pudo haber ocurrido" (Behe, 1996, p. 179)

Darwin ya se había preocupado por el tema de los órganos complejos, al que le dedicó un extenso tratamiento en *El Origen* y de hecho en sus cartas expresa cierta perplejidad, sobre todo por el caso del ojo. Seguramente su compromiso fundamental con una evolución gradualista y acumulativa de los cambios, agregado a la inacabada comprensión de ciertos procesos biológico le han impedido dar, en aquel momento, una respuesta más categórica. Pero la teoría de la evolución tiene explicaciones para estos casos. Según Thornhill & Ussery (2000), por ejemplo, hay cuatro maneras en que se dan los cambios: en primer lugar por *acumulación serial directa* (acumulación de pequeños cambios a través de las generaciones), en segundo lugar por *evolución paralela directa* (modificaciones que ocurren en dos componentes y que juntos adquieren una funcionalidad ventajosa o mayor), en tercer lugar por eliminación de la redundancia (cuando hay una mutación en algún elemento del sistema y pasan a tener otra función, otros que eran parte del sistema pierden su utilidad y puede que terminen eliminándose), de modo que el análisis de la funcionalidad en una etapa posterior no se puede comprender si no es tomando en consideración los elementos desaparecidos) y por último por *adopción de una función diferente* (sistemas producidos por cualquiera de los modos anteriores y que, en algún momento determinado, pasan a cumplir una función diferente de la original).

Pero, además de este tipo de explicaciones, referidas básicamente a la selección natural, algunos biólogos como por ejemplo Stuart Kauffman (1993), investigan la posibilidad de cómo los sistemas biológicos complejos se puedan "auto-organizar" a partir de componentes sencillos (como los sistemas reguladores genéticos). Kauffman considera que esa puede ser una forma de generar orden biológico además del orden que resulta de la evolución natural. Y sobre todo que por ese mecanismo de auto-organización química espontánea es altamente probable que hayan surgido organismos autorreproductores (las primeras formas de vida) en los albores del planeta.

Más allá de estas explicaciones científicas, provisorias y conjeturales como casi todas ellas, se puede suponer aún que las explicaciones disponibles en la teoría de la evolucion actual para algunos procesos no sean satisfactorias y que, realmente, los casos señalados por Behe impliquen la necesidad de someter a alguna revisión los mecanismos evolutivos, sobre todo la omnipresencia de la selección natural (cosa que muchos biólogos y paleontólogos, como S. J. Gould por ejemplo, ya han planteado). Aún así sigue sigue siendo ilegítimo el salto inferencial a favor de un diseñador inteligente. Y más aún si se postula un dios particular.

En esto, pienso, sí es necesario sostener una posición de principios irreductible en favor de un programa naturalista de investigación y renunciar a cualquier recurso a lo sobrenatural.

6.2 Algunas consideraciones epistemológicas

Los DDI como Behe, que tienen algún acceso a circuitos científicos y académicos son muy pocos. La discusión, en cambio, se da en otros niveles como los de la comunicación pública de la ciencia, en el sistema educativo y en otros circuitos más informales en los cuales el argumento creacionista es más explícito. Los actores involucrados, entonces, son variados en cuanto a filiación (ideológica, política y religiosa) y virulencia militante. Hay grupos fundamentalistas (católicos y protestantes) bien organizados, sobre todo en EEUU y Europa; por otro lado se encuentra la posición oficial de la iglesia católica expresada desde el Vaticano; a ello hay que agregar la presión no explícita sobre el sistema educativo y mediático en países como la Argentina que viene a suplantar a una discusión ausente. La (necesaria) diferenciación de este complejo panorama excede, obviamente, los objetivos de estas páginas. En cambio, explicitaré algunas de las estrategias básicas utilizadas por los DDI/creacionistas basadas en una serie de malentendidos de diversa naturaleza.

En muchos casos se atribuye cierta insuficiencia de la teoría de la evolución para dar cuenta del origen de lo viviente en sí mismo, lo que hoy se conoce como *biogénesis* o el salto de la materia inanimada a lo viviente, en algún momento remoto de la historia del Universo. Efectivamente, hablando en sentido estricto, la teoría de la evolución no da cuenta del origen de lo viviente. Simplemente porque es (sólo) una teoría sobre el origen de la diversidad a partir de presuponer la existencia de lo viviente, bajo las condiciones operantes en el planeta Tierra. Las teorías sobre el origen de lo viviente responden a otro problema. Ya nos hemos referido más arriba a esta cuestión.

Las críticas de los DDI/creacionistas a la teoría de la evolución, se basan principalmente en tres argumentos (aislados o combinados entre sí): señalar que es "sólo" una teoría; remarcar la ausencia de pruebas a favor y exacerbar los debates internos de la biología evolucionista como prueba de debilidad de la teoría. Digamos algo sobre cada una de ellas.

Es habitual señalar que la teoría de la evolución es "tan sólo" una teoría, esperando con eso o bien rebajarla a la categoría de mera especulación, creencia no justificada o dogma, o bien para ponerla a la par del creacionismo. A decir verdad, la teoría de la evolución es una teoría en el mismo sentido que lo es la tectónica de placas, la biología molecular, la física relativista o la cuántica. Se trata de programas de investigación – algunos más consolidados que otros- con una importante base empírica, que sostienen algunas hipótesis básicas –bien fundamentadas- y que contienen además áreas de intensos debates, algunos de los cuales quedarán saldados en el futuro, otros perdurarán y se agregarán, probablemente, otros nuevos. Quizá inclusive es posible que esas teorias o buena parte de ellas queden descartadas en el futuro porque el conocimiento cientifico es provisorio, conjetural y revisable, lo cual lejos de significar una debilidad, constituye su fortaleza. La que lo protege del dogmatismo. Sobre este punto vale la pena marcar ciertas asimetrías. En efecto, mientras los creacionistas por un lado pretenden denostar de este modo el estatus epistémico de la teoría exigiéndole certezas que ninguna teoría puede proveer, por otro lado y luego de señalar algunas lagunas (supuestas o reales), concluyen la existencia de un dios diseñador/creador. En algunos casos, incluso, concluyen la existencia del dios cristiano. Remito a la crítica de Hume, más arriba.

Con respecto a la supuesta ausencia de evidencias a favor de la teoría de la evolución, hay que decir que las pruebas disponibles distan mucho de ostentar la pobreza y fragilidad que los DDI intentan mostrar. La descendencia con variación y la relación entre diferentes clases biológicas son hechos poco menos que incontrastables, salvo si uno profesa cierto escepticismo extremo y fundamentalista. Hay evidencias anatómico/funcionales que confirman la relación existente entre estructuras, y, por tanto el origen común, como por ejemplo la estructura ósea de los miembros superiores de los mamíferos que cumplen, sin embargo, funciones diferentes (el ejemplo clásico del ala del murciélago, la aleta de la ballena y el brazo humano). También hay evidencias anatómicas (series anatómicas de estructuras, sistemas, aparatos y órganos; homologías entre estructuras y órganos; analogías entre estructuras y órganos; estructuras y órganos rudimentarios o vestigiales y estructuras y órganos atávicos). Existen también evidencias taxonómicas y de la embriología comparada. A nivel molecular todos los organismos comparten las mismas relaciones entre la secuencia de ADN y la estructura de los aminoácidos, cuyo conjunto y proporción están condicionados por el ADN. También existe la evidencia de los fósiles que permite fechar y por tanto establecer secuencias de organismos que cambian sus formas a medida que se acercan al presente y a formas conocidas. El esquema de descendencia es coherente con el esquema de relación que indica la comparación fisiológica. Aquí vale la pena una breve digresión. El problema de la (supuesta) *incompletitud del registro fósil* era algo que desvelaba a Darwin, quien le dedicó extenso tratamiento en *El origen* pues, según se decía, había "huecos" en los cuales no aparecían los registros intermedios entre una especie y otra. Darwin lo atribuyó con buen criterio a la dificultad de que se preservaran a lo largo de millones de años esos huesos u otras formas fosilizadas. Sin embargo, más allá del esfuerzo de Darwin, existe más que abundante evidencia fósil que apoya la teoría de la evolución y lo que muestra ese registro es, justamente, una prueba fuerte a favor de la evolución. En verdad, lo que constituiría una sólida evidencia en contra de la evolución sería el descubrimiento de algún fósil ubicado en un estrato geológico equivocado. Como dijo J. B. S. Haldane cuando le pidieron que nombrara un hallazgo que pudiera desacreditar la teoría de la evolución: "¡Fósiles de conejo del período Precámbrico!". No se ha descubierto ningún fósil anacrónico de ningún tipo. Esta supuesta incompletitud del registro fósil y una comprensión errónea de la teoría evolutiva puso de moda, a fines de la época victoriana en Inglaterra y parte del siglo XX, la cuestión del "eslabón perdido" en referencia a un supuesto eslabón vital entre los humanos y otros primates. El malentendido consistía en tratar de encontrar un espécimen de morfología intermedia entre el humano moderno y, por ejemplo, el chimpancé. Lo cierto es que esto no es posible, aunque sí existen numerosos fósiles intermedios que vinculan a los humanos modernos con los ancestros que tenemos en común con los chimpancés. La búsqueda de ese eslabón perdido se convirtió en un tópico de la vulgarización científica e incluso del trabajo científico y se puso de moda a fines de la época victoriana en Inglaterra y continuó vigente durante el siglo XX. Esta equívoca relación entre primates y humanos aún persiste en el recurrente uso de ilustraciones que muestran una serie de figuras que van desde un mono (chimpancé generalmente) hasta una figura de hombre moderno pasando por varias figuras intermedias (un mono que se va irguiendo) y que sugiere una evolución lineal y, sobre todo progresiva, entre monos y hombres. El *affaire* del "hombre de Piltdown", un cráneo falsamente considerado ese eslabón perdido fue una de las consecuencias tragicómicas de esa idea[10].

No hay científicos reconocidos que cuestionen la teoría de la evolución en general y la relevancia de la selección natural en el proceso evolutivo. No obstante, y como no podía ser de otra manera, existen debates internos de relativa intensidad acerca del grado en que la selección natural puede explicar por sí sola todo el proceso. Algunos han propuesto agregar otros mecanismos como el ya citado Kauffman con la auto-organización. También hay debates acerca de qué es lo que se selecciona, es decir cuál es la unidad de selección (genes, organismos individuales o poblaciones). Está creciendo la perspectiva que incluye el análisis del

---

10 Véase Trocchio, 1993.

desarrollo ontogenético como elemento clave a la par de la evolución (el llamado programa Evo-Devo). También se discute sobre el ritmo de la evolución, si es gradual o si, por el contrario (como sostienen Gould y Eldredge) los cambios evolutivos se producían en rápidas y violentas eclosiones, seguidas de periodos de relativa estabilidad o estasis o si, finalmente, no hay un solo patrón y los linajes adquieren dinámicas propias. Estas discusiones han sido usadas por los DDI/creacionistas para reforzar el punto de que la teoría de la evolución es controvertida aun a partir de sus mismos exponentes. Lo cierto es que se trata de debates que se dan en el marco de la evolución. Quejándose de esta utilización indebida de los debates internos, señala Kauffman:

"Los académicos tienen plena libertad de interpretar como quieran el trabajo de sus colegas, pero yo quiero distanciarme de la forma en que usan mi trabajo sobre auto-organización y selección los científicos de la creación y la teoría del Diseño. Mi trabajo sobre auto-organización indica que el orden espontáneo de los sistemas simples puede ofrecer una segunda fuente de orden en biología, además de la selección natural. Mi argumento no implica que el principio darwiniano de descendencia con modificación que lleva al frondoso árbol de la vida sea inválido. Tampoco implica que la selección natural no sea un proceso crítico de la evolución. Implica que ciertas formas de orden de sistemas complejos, como la conducta ordenada de las redes reguladoras genéticas y el surgimiento de redes autorreproductoras, colectivamente autocatalíticas, son mucho más probables de lo que pensábamos. Debido a que estos argumentos indican que la probabilidad de tales sistemas complejos es más alta de lo que suponíamos, van contra la teoría de Diseño, que se basa en el argumento de que tales sistemas complejos son tan improbables que hay que inferir que hubo un Diseño. Si estoy en lo cierto, eso no se puede inferir". (Cita del website del National Center for Science Education: www.ncseweb.org).

Otro de los evolucionistas frecuentemente citados es el paleontólogo S. J. Gould, autor junto con N. Eldredge de la teoría del equilibrio punteado. Su discusión sobre el ritmo y la secuencia evolutiva, en oposición a la versión gradualista tradicional, es presentada por los creacionistas como signo del agotamiento de la teoría de la evolución, provocado desde uno de sus más acérrimos defensores. Gould se ha expedido repetidamente sobre este punto[11] explicando reiteradamente el enorme malentendido epistemológico en que se basan estas consideraciones. Incluso ha participado en los tribunales norteamericanos explicando la teoría de la evolución en algunos de los tantos fallidos intentos de los creacionistas por ganar la batalla legal para enseñar la *ciencia de la creación* en igualdad de condiciones con la teoría de la evolución.

Una variante de las discusiones, algo menos pretenciosa en cuanto a la posibilidad de socavar científicamente el darwinismo, surge de los intentos de presentar la discusión darwinismo/creacionismo como un caso, particular pero fundamental, de la discusión más amplia entre ciencia y religión, suponiendo de hecho que hay una reconciliación posible entre ambas. Incluso destacados evolucionistas como S. Gould y filósofos de la biología como M. Ruse lo han intentado, aunque sin conceder nada a aquellos que pretenden hacer una lectura literal del Génesis. La conclusión de Ruse es que no existe verdadera contradicción entre darwinismo y cristianismo y que incluso en algunos aspectos tales como la ética podrían llegar a complementarse. Algo parecido concluye Gould (2007) al señalar que se trata de dos esferas (dos *magisteria*) de pensamiento radicalmente diferentes. Mientras el *magisterium* de la ciencia se ocuparía de cómo son las cosas, el *magisterium* de la religión se ocuparía de la ética y del significado de la vida. Esta escisión de incumbencias es avalada incluso por muchos intelectuales

---

11 Véase, por ejemplo, Gould (1983)

católicos que, curiosamente y por ello mismo critican los esfuerzos de los DDI por intentar dar una explicación científica de lo que es una cuestión de fe[12].

Por el contrario, R. Dawkins y J. Dupré (aunque difieren en muchos otros respectos) sostienen que hay un punto previo y es que el darwinismo socava la única razón plausible para creer en la existencia de dios.

6.3 El estatus de la discusión, sistema educativo y comunicación pública de la ciencia

El debate con el DI no es científico sino que se ubica en la esfera político-ideológica porque los DDI, en verdad, aspiran a ganar espacio en la enseñanza y en la opinión pública. Los continuos embates, sobre todo en EEUU, por ganar, a través de la batalla legal, un espacio en el sistema educativo son una muestra de ello. El primer caso famoso fue el del Prof. John Scopes quien en el estado de Tenessee, en el año 1926, transgredió una ley del año anterior que prohibía enseñar "cualquier teoría que negara el relato de la creación divina del hombre como cuenta la Biblia", así como también "que el hombre ha descendido de órdenes inferiores de animales". El prof. Scopes fue condenado a pagar una multa muy pequeña, pero, este hecho determinó la exclusión de los temas evolutivos en los libros de texto de los EEUU hasta la década del '60. Las peripecias judiciales de la teoría de la evolución en los EEUU son bastante extensas. El peso cultural en la relación entre evolucionismo y creacionismo comenzaba a cambiar pero los creacionistas

---

12 Véanse, por ejemplo, los enormes esfuerzos argumentales y sutilezas semánticas expuestos en el Congreso llevado a cabo en la universidad de Notre Dame, en enero de 2009 (Evolution and Intelligent Design) en: http://reillyreports.nd.edu/. Asimismo, la provocadora posición del papa Benicto XVI, al señalar que, dada la abrumadora evidencia que provee la naturaleza acerca del diseño y la creación, lo verdaderamente racional es la fe y lo irracional es creer que la existencia de humanos es el resultado de un proceso evolutivo aleatorio.

no cesaban en sus intentos y así, en 1981, el gobernador del estado de Arkansas aprobó por Decreto-Ley el tratamiento equilibrado de la "Ciencia de la Creación" y la Ciencia de la Evolución. Según esta ley, los profesores de biología del Estado, debían dar un tratamiento similar en tiempo y forma a las ideas evolucionistas y a la llamada "ciencia de la creación" que no es, ni más ni menos, que una interpretación literal del relato del génesis. Merced a los esfuerzos llevados a cabo por la *American Civil Liberties Union*, argumentando que el relato bíblico poco tenía que ver con los modelos científicos de explicación, en 1982, el juez Oberton rechazó la ley de tratamiento equilibrado sosteniendo que la ciencia de la creación era una forma de introducir la enseñanza de la religión en las escuelas públicas. Finalmente en 1987, un fallo de la Corte Suprema de Justicia de los EEUU determinó la inconstitucionalidad de la enseñanza de la ciencia de la creación.

En 2005 también hubo un intento en Italia, por parte de su Primer Ministro Berlusconi, de suprimir la teoría de la evolución de los primeros años de la enseñanza media y también en ese año una avanzada del presidente de los EEUU, G.W. Bush, para introducir la enseñanza del creacionismo en las escuelas.

Más allá de que la Suprema Corte de los EEUU se ha expedido en contra, lo cual hace que todos los intentos conduzcan con seguridad al fracaso, los continuos embates por reinstalar la enseñanza del creacionismo parecen tener como expectativas reales de máxima, agitar la discusión en el ámbito de la opinión pública y provocar algún nivel de autocensura. La estrategia, tanto de los DDI, como de otros grupos, sobre todo católicos, consiste no tanto en ganar un debate que no tiene entidad, sino más bien, agitar una discusión que los tenga por interlocutor.

En la Argentina el panorama es más desalentador. No tanto porque no se da ese debate, cosa que algunos científicos consideran auspicioso, sino, sencillamente y salvo excepciones, porque hay una ausencia notoria de la cuestión de la evolución en los institutos de formación docente y por consiguiente en los establecimientos de enseñanza primaria y media (tanto privados confesionales como en muchos de los del Estado) a despecho de que aparezca como parte del currículo en los documentos oficiales. Diversas razones explican esto. Por el lado de los docentes, la coerción directa, la autocensura o el desconocimiento. Al mismo tiempo, la mayoría de los textos de enseñanza primaria y media (que en buena medida resultan los organizadores de los programas de las asignaturas) cuando abordan la cuestión lo hacen de manera excesivamente escueta que no se condice con la importancia fundamental de la evolución en biología y en lugar de usar la evolución como eje vertebrador de la asignatura, aparece en alguna sección de menor relevancia como un tema más; no abordan las consecuencias antropológicas y culturales; o bien lo hacen de manera equívoca con expresiones y gráfica que aluden a la creación en términos religiosos; reforzando también equívocamente el carácter de que se trata (sólo) de una teoría; o bien mediante versiones lavadas y extemporáneamente adaptacionistas a partir de la enseñanza de cuestione ecológicas. Debido a la enorme presencia de la iglesia católica en el sistema educativo, bajo multiples formas el problema no emerge como tal. Asi se reflejaba el problema en 2009 en el periódico más importante de Argentina:

> "Cecilia Barone, del periódico del Consejo Superior de Educación Católica, asegura que en los colegios católicos "normalmente se da", aunque cómo lo da cada profesor y escuela es otro tema. "En general se dan también otras teorías como las del proceso de creación a partir de Dios y el plan divino: en biología se da a Darwin y los otros, en clase de catequesis. Aunque a veces la profesora de biología explica que hay más de una teoría, la de Darwin se da". Viviana Dorfman, de Bamah (La casa del educador judío), plantea una situación parecida. "Las escuelas judías presentan por la mañana la currícula oficial y por las tardes las materias judaicas. Pero dentro de las escuelas hay distintas modalidades que tienen

que ver con que la población sea más o menos religiosa, y ahí seguramente tenés diferencias en torno de la teoría de la evolución"[13].

Según el mismo artículo algunos aceptan por un lado la situación aunque, por otro, esgrimen razones absurdas para dar cuenta de la ausencia de la evolución en las escuelas:

"Para Melina Furman, directora académica del posgrado de Enseñanza de las ciencias de FLACSO y coordinadora del programa Ciencia y tecnología con creatividad, el tema pasa fundamentalmente por la formación docente. "Acá no hay tanta controversia religiosa como en EEUU pero la evolución se *enseña poco porque algunos docentes no están preparados en el tema* (resaltado mío, habría que indicar cuál es la razón para esta falta de preparación), se sienten inseguros y muchas veces lo dejan para *el final de año* (y nunca se llega a tiempo, resaltado mío). Una de las dificultades es que *el pensamiento evolutivo es antiintuitivo* (SIC)".

Señalar que la dificultad del pensamiento evolutivo radica en su carácter antiintuitivo resulta muy llamativo. ¿Hay algo más antiintuitivo que pensar que la Tierra se mueve vertiginosamente de dos formas simultáneamente; o algo más antiintuitivo que la fuerza de gravedad; o la estructura del átomo? Habitualmente se atribuye el problema a la deficiente formación de los docentes, pero no se modifica en lo más mínimo la formación de los mismos. Las razones son políticas y hay que buscarlas, como se decíe más arriba, en la enorme capacidad de lobby de los sectores religiosos dentro del sistema educativo. La realidad es que en provincias enteras de la Argentina no se enseña evolución, en los institutos de formación docente (una enorme porción de ellos confesionales, pero también en los oficiales) o bien

---

13 Clarín (11-2-2009): "A doscientos años de su nacimiento Darwin sigue generando polémica."

no se enseña o bien se enseña como una parte más de la biología, cuando, en palabras de Th. Dobzhansky: "Nada en biología tiene sentido si no es a la luz de la evolución".

Relativamente conocido fue el episodio que se suscitó a mediados de la década de los '90 del siglo pasado en la Argentina con relación a los cambios introducidos en los Contenidos Básicos Comunes, es decir el contenido de los planes de estudio para los estudiantes adolescentes y niños de acuerdo a la Ley Federal de Educación, vigente en ese momento. Por presión de grupos religiosos de la Iglesia católica se introdujeron cambios como por ejemplo la eliminación de toda referencia a la educación sexual, la sustitución del concepto de "género" por el de "sexo" y la exclusión de los nombres de Lamarck y Darwin. El párrafo que incluíacontenidos de la teoría de la evolución originalmente expresaba: "Introducción a la teoría de la evolución. Presentación de las posiciones de Lamarck y Darwin, el mecanismo de la selección natural y el proceso de extinción de las especies, conexión entre las contribuciones hechas por las ciencias naturales y otras ofrecidas por las ciencias sociales para permitir la comprensión de cómo los individuos participan tanto en la extinción y la conservación de las especies". Fue suplantado por: "Presentación de los mecanismos de la evolución de las especies, *las teorías* que los explican y el proceso de extinción de las especies, en relación con los aportes científicos de diferentes campos de la ciencia para entender la participación humana como parte del ecosistema, en los procesos de extinción de especies, la conservación y preservación". Nótese la exclusión de los simbólicos nombres de Darwin y Lamarck y del concepto de *selección natural* y la vía libre para introducir otras "teorías".

En el último capítulo de este libro se volverá sobre esta discusión en clave del tratamiento que se le da en el periodismo científico. Aquí, para finalizar, diré una vez más que se trata del intento de grupos religiosos de ganar, y en algunos casos mantener, la presencia en el sistema educativo y en la opinión pública. Los DDI/creacionistas intentar sostener un debate que del otro lado no tiene interlocutor, porque los científicos y especialistas (salvo excepciones) no intervienen por no reconocerle legitimidad. Los científicos suelen ignorarlos incluyéndolos en ese difuso conjunto que apresuradamente denominan "pseudociencia". Aunque queda claro que el DI/creacionismo no reúne requisitos mínimos de cientificidad, no se trata a mi juicio, de un expediente adecuado por varias razones: porque tal descalificación sólo desnuda una concepción epistemológica e ingenuamente aristocrática y refiere más que nada al poder simbólico y real de la ciencia para administrar socialmente los discursos; porque no hay (ni puede haberla) una definición unívoca *a priori* sobre la racionalidad y la cientificidad; porque una caracterización sociohistórica sobre la cientificidad de algunas posiciones está sujeta a la relatividad y provisoriedad del caso; finalmente, y sobre todo, porque descalificar al interlocutor mediante estas categorías más que discutibles no descalifica a sus argumentos. Al mismo tiempo, este ausentamiento legitima, por omisión, la presencia en el espacio público (incluido el sistema educativo) de una disputa artificial. Por ello, los científicos y especialistas, si reconocen su responsabilidad en esos espacios, enfrentan el dilema ético-político de intervenir o no en el debate, aunque éste sea desde el punto de vista teórico, completamente estéril.

2

Darwin en la pampa argentina

Las expediciones de las potencias europeas hacia distintas zonas del mundo, muchas de las cuales incluían también objetivos científicos, y los consiguientes relatos de esos viajeros, comienzan ya en el siglo XVI. Las epopeyas de James Cook[1] (1728-1779) y Alexander von Humboldt[2] (1769-1859) son las más famosas pero no las únicas.

Muchos de esos viajeros[3] visitaron América del Sur en general, y la zona de la actual Argentina en particular, en los siglos XVII, XVIII y XIX. Nicolás Mascardi (1625-1673) recorrió los Andes meridionales entre 1662 y 1670. Uno de los más conocidos fue Félix de Azara (1746-1821) quien realizara diversos viajes entre 1781 y 1801, frecuentemente citado por Darwin. Por la misma época Alejandro Malaspina (1754-1810) recorría las costas patagónicas en una expedición que tenía por objeto realizar estudios de oceanografía, geología, flora, fauna, climatología, etc., de las posesiones españolas. Según J. Babini (1986), junto con Darwin, el viajero más importante por estas tierras ha sido Alcides d'Orbigny (1802-1857), también frecuentemente citado por Darwin y reconocido por éste como el viajero

---

1   En 1768 comenzó una serie de viajes por Tahití, Nueva Zelanda, el Antártico y Nueva Caledonia. Murió a manos de unos nativos en las islas Sandwich. Darwin hace referencia a él en repetidas ocasiones en su *Diario de Viaje*.

2   Alexander F. H. von Humboldt era, en época de Darwin el viajero más famoso y reconocido. De hecho Darwin, según señala en sus cartas, se había sentido halagado y a la vez sorprendido cuando Humboldt manifestó deseos de conocerlo y mucho más cuando, luego, habló muy bien de él.

3   La bibliografía sobre Darwin y los viajeros por Argentina se encuentra relevada exhaustivamente en Santos Gómez, S. (1983).

57

más importante después de Humboldt. Orbigny recorrió los países de América del sur desde 1826 hasta 1833 y luego publicó *Voyage dans L'Amerique méridionale*, que abarca la geología, la paleontología, la botánica, la zoología y la antropología argentinas.

1. El viaje de Darwin

El viaje de Darwin, a bordo del *H.M.S. Beagle* al mando del capitán Robert Fitz Roy (1805-1865), duró cinco años aproximadamente, desde el 27 de diciembre de 1831 al 29 de octubre de 1836. Darwin permaneció en distintos puntos del actual territorio argentino aproximadamente un año. Aunque los días de las anotaciones de su *Diario del Viaje*[4] (en adelante *Diario*) no coincidan estrictamente con los episodios relatados cada día (de hecho muchos comentarios están intercalados en un orden no temporal), el "24 de julio de 1833" indica que la expedición zarpó desde Maldonado en el Uruguay con rumbo hacia el sur, y el "10 de junio de 1834", por su parte, relata que a través del estrecho de

---

4   Las experiencias del viaje fueron publicadas en *Narrative of the Surveying Voyages of His Majesty's Ships Adventure and Beagle (1826-1843)*, obra en tres volúmenes editada en Londres en 1939. El primer tomo trata sobre la primera expedición comandada por el capitán Philip P. King entre 1826 y 1830. El segundo comprende la exploración efectuada entre 1831 y 1836 alrededor del mundo bajo el mando de Fitz-Roy en el *Beagle*. El tercer volumen fue escrito por Darwin. Desde entonces ha recibido varios nombres. En el mismo año de 1939 se publicó como obra aparte bajo el título *Journal of Researches into the Geology and Natural History of the Various Countries Visited by H.M.S. Beagle from 1832-1836*. En la edición de 1845 se modificó el orden de las materias en el título y se llamó: *Journal of Researches into the Natural History and Geology of...* El texto definitivo, de 1860, se llamó *Naturalist's voyage round the world*, (Diario del viaje de una naturalista alrededor del mundo). Los párrafos que se transcriben en este capítulo y el siguiente los he traducido directamente del *Journal of Researches* de 1839 y utilizo como referencias para los mismos sólo el número de capítulo y la fecha consignada por Darwin en el original.

Magallanes el Beagle pasó al Océano Pacífico rumbo a la región central de Chile. Prácticamente un año de su extenso viaje, ocho de los veintiún capítulos de su *Diario*.

La forma que los viajeros tenían para difundir sus experiencias era, básicamente, la publicación de las notas recopiladas. Esos testimonios, insustituibles por otra parte, tienen el gran mérito de estar originados en vivencias directas, y se apoyan en la confianza, autoridad y prestigio de quien lo escribe. Darwin elige transcribir sus notas, en general, según el orden cronológico en que fueron tomadas y así, el *Diario* se divide en capítulos que corresponden a las distintas regiones por las que fue pasando, y los comentarios también aparecen consignados con día, mes y año aunque sean anotaciones o reflexiones de tipo general. Sobre el mismo viaje Fitz Roy publica un escrito en el cual utiliza un orden temático y agrega un Apéndice con tablas con mediciones varias, cartas y otros aspectos de interés relacionados con la expedición. Aunque en el trabajo de Darwin se pone el acento en las cuestiones geológicas, paleontológicas y biológicas, no faltan las agudas y a veces extensas y detalladas observaciones socioantropológicas. Fitz Roy, por su parte, describe con gran detalle cuestiones geográficas y meteorológicas aunque también, en ocasiones, desarrolla comentarios acerca de las poblaciones halladas. El capitán Fitz Roy cuenta en su Diario que le pidió al profesor Henslow que le recomendara a alguien para oficiar de naturalista de a bordo, y éste le nombró a Darwin quien, ante el ofrecimiento, aceptó condicionadamente. Pidió tener libertad para alejarse del derrotero de la expedición cuando quisiera (cosa que hizo repetidas veces y por tiempos bastante prolongados) y que se le permitiera hacerse cargo de sus gastos de alimentación.

Darwin enumera, en el primer párrafo de su *Diario*, quizá demasiado escueta y formalmente, los objetivos del viaje del H.M.S. *Beagle*:

"(…) completar el reconocimiento de Patagonia y Tierra del Fuego, comenzado bajo la dirección del capitán King de 1826 a 1830; hacer un estudio de las costas de Chile, Perú y de algunas islas del Pacífico, y efectuar una serie de medidas cronométricas por todas partes del mundo" (*Diario*, Capítulo I)

Describe la nave como un buque pequeño, sólido, de alrededor de 240 toneladas, dotado con seis cañones, reformado de los antiguos bergantines de diez cañones y reconstruido luego de haber estado prácticamente desmantelado. En una carta entusiasmada desde Devonport, del 17 de noviembre de 1831, poco antes de zarpar, escribe Darwin:

"Todos aquellos que están a la medida de opinar, dicen que se trata de una de las travesías más grandiosas que jamás se hayan emprendido. Estamos equipados a lo grande (…) en definitiva, todo es tan próspero como el ingenio humano puede hacerlo" (*Autobiografía*, pág. 268)[5]

El *Beagle*, según la enumeración que hace el propio Fitz Roy, llevaba inicialmente –hubo algunos cambios a lo largo de los cinco años del viaje- además del propio capitán y de Charles Darwin: 13 tripulantes-entre oficiales y sus asistentes-, un médico, un carpintero, siete particulares, treinta y cuatro marineros, seis grumetes, un sirviente de Darwin (Syms Covington, quien lo acompañó en los múltiples viajes a caballo en Uruguay, Chile y Argentina), el reverendo Matthews, el pintor ya reconocido Augustus Earle (que renunció a la expedición en Montevideo y fue reemplazado por Conrad Martens, autor de algunas de las más conocidas pinturas de la expedición, pero que también se reiró de la travesía en 1834, en Chile) y tres indios fueguinos. El capitán Fitz Roy además de marino fue gobernador

---

[5] Las referencias de la Autobiografía corresponden a la versión en castellano: *Charles Darwin. Autobiografía y cartas escogidas*, Madrid, Alianza editorial, 1997. Se trata de la publicación que Francis, uno de los hijos de Charles Darwin, hiciera de la autobiografía escrita para la lectura de su familia y de una selección de cartas, luego de la muerte de su padre.

de Nueva Zelanda, y, en alguna medida, explorador, cartógrafo y meteorólogo. Ya había participado, entre 1826 y 1830, en una expedición anterior también al mando del *Beagle* luego de que King, el capitán designado inicialmente, se suicidara. En aquella ocasión, además del *Beagle* integraba la expedición otra nave, el *Adventure*. En ese viaje anterior había llevado a Inglaterra los tres indios fueguinos que formaban parte de la tripulación en este segundo viaje con la intención de ser devueltos a su tierra natal, y sobre los que volveremos más adelante.

2. La llegada al Río de la Plata

Luego de un periodo relativamente largo en el Brasil, el Beagle llega al Río de la Plata. Los episodios ocurridos al arribar, ilustran la actitud altanera y soberbia del capitán Fitz Roy, en nombre de Su Majestad Británica. Los primeros días de agosto de 1832 el *Beagle* llega a Buenos Aires y genera un incidente relatado por el *British Packet*[6] del 11 de agosto de 1832:

"Dos cañonazos de alerta fueron disparados desde el navío de guardia, fondeado en la rada exterior para que el *Beagle* no entrara a puerto; se dice que uno de ellos fue disparado con bala. El *Beagle*, sin embargo, prosiguió su avance y ancló. Su bote de desembarco fue abordado cerca de la rada interior, por el de inspección, que llevaba al ayudante del puerto a bordo, el cual le ordenó retirarse hasta que se cumpliera la visita sanitaria. El capitán Fitz Roy, que había permanecido en su nave, se negó a aceptar tal inspección y se manifestó considerablemente disgustado por la actitud del navío de guardia, declarando que abandonaría inmediatamente el puerto. De acuerdo con ello, el *Beagle* partió hacia Montevideo"

---

6 El *British Packet* era un periódico en lengua inglesa que publicó, semanalmente, la Cámara de Comercio Británica en Buenos Aires desde 1826 hasta 1858.

Pocos días después de este incidente, el 9 de agosto de 1832, arribado el *Beagle* a la ciudad de Montevideo, el capitán Fitz Roy escribe un comunicado, reproducido también por el *British Packet* del 18 de agosto, que señala:

"(…) el señor Muñoz vino a bordo de la nave S.M.B. Beagle y pidió auxilio para conservar el orden en la ciudad e impedir las tropelías con que amagaba la tropa negra amotinada. Al momento bajé solo a tierra, donde recibí una carta del cónsul general de S.M.B. en la que manifestaba deseos de verme para considerar la protección que podría proporcionar a la propiedad industrial, que creía en peligro. (…) *hice desembarcar 50 hombres bien armados y habiendo permanecido algún tiempo en el muelle* (resaltado mío), acompañé después al sr. Lamas [el jefe de policía], con la tripulación del Beagle, hasta el fuerte. Allí permanecí hasta que se supo que la tropa negra amotinada cuyo número era como de 250 hombres (…) estaban cercados por una fuerza armada como de 500 hombres (…)"

Independientemente de estos incidentes que habrán parecido de poca importancia para la época, la expedición contaba con el apoyo del gobierno de Buenos Aires. Así, el 8 de noviembre de 1832 el gobernador Manuel V. Maza le envía una nota a Fitz Roy en la cual le dice (se transcribe esta carta en castellano exactamente como aparece en el Apéndice al tomo II del viaje, escrito por Fitz Roy):

"Año 22 de la Libertad, y 17 de la Yndependencia.

El Ministro de Relaciones Esteriores que subscribe ha recibido con la mayor satisfaccion la Carta del Puerto de Bahia Blanca, que se ha servido remitirle el Sñr. Fitz Roy, Comandante de la Barca Beagle de S.M.B.

El Ministro agradece al Sñr. Fitz Roy este presente que considera de mucha importancia, y en su consecuencia tiene el placer de incluirle las ordenes que por el Ministerio de la Guerra se libran à los Comandantes politicos y militares de los Puertos de la Republica, para que no le pongan imedimento en sus operaciones facultativas sobre la Costa y si le faciliten los auxilios que puedan serle precisos para este desempeño.

Dios guarde muchos Años al Sñr. Como.'Dn. Roberto Fitz Roy.
MANUEL V. E. MAZA."

Darwin dedica una extensa parte del *Diario* a sus idas y venidas por la actual provincia de Buenos Aires, la zona norte de la Patagonia (realizó varias veces el trayecto entre el río Colorado y Bahía Blanca y luego el trayecto entre Bahía Blanca y Buenos Aires a caballo), el actual territorio uruguayo y una excursión a Santa Fe. Hace referencia a la personalidad y condiciones de Juan Manuel de Rosas (1793-1877), a su relación con los soldados, los gauchos y los indios y analiza también las condiciones de estos personajes de la pampa, a veces describiendo situaciones vividas por él, repitiendo anécdotas y comentarios escuchados de otras personas –algunos de los cuales parecen más mitologías deformadas y magnificadas por la tradición oral que reales– y si bien es un agudo observador, también afloran como no podía ser de otra manera los prejuicios y el imaginario que un joven de poco más de 20 años, hijo de una acomodada familia inglesa podía tener al visitar estas tierras.

3. La llegada al río Colorado. Charles Darwin y Juan Manuel de Rosas

El Beagle llegó el 3 de agosto de 1833 a la desembocadura del río Negro, el "río más importante de toda la línea de la costa, entre el estrecho de Magallanes y el Plata". Darwin llega a la Argentina (o lo que después fue la Argentina) en momentos en que Juan Manuel de Rosas ya es uno de los protagonistas de la vida política y se vislumbraba como el hombre poderoso que llegó a ser. Durante su primer mandato como gobernador de Buenos Aires, de 1829 a 1832, Rosas había obtenido "facultades extraordinarias", el grado de Brigadier y el titulo de "Restaurador de las Leyes", otorgados por la Legislatura. Cuando en 1832, no se le renuevan esas facultades extraordinarias, Rosas rechaza su reelección y se designa gobernador a Juan Ramón Balcarce, que respondía en general a una tendencia más moderada dentro del federalismo, lo cual generó tensiones y rupturas. Se constituyeron dos grupos: los "federales netos" (o apostólicos) y los "lomos negros" (o cismáticos). Rosas decide alejarse momentáneamente de la escena y pasa a encabezar la "Campaña al Desierto", que había proyectado en su gobierno con el objetivo de ampliar las fronteras de la provincia y empujar a los indios más allá del Río Colorado, y terminar así con las continuas incursiones de los malones y robos en las estancias. Mientras tanto su esposa, María de la Encarnación Ezcurra (1795-1838), se encargaría de conducir a sus partidarios en la ciudad.

El proyecto original de Rosas en esta campaña contra los indios consistía en hacer avanzar tres columnas simultáneas: la izquierda u oriental, que comandaría el propio Rosas; la del centro que debía conducir Facundo Quiroga desde Córdoba (fue comandada finalmente por Ruiz Huidobro) y la derecha u occidental al mando de Félix Aldao (originariamente debía ir el general Bulnes por Chile pero conflictos internos en su país se lo impidieron). La única columna que logró cumplir su objetivo fue la de Rosas que partió de Buenos Aires el 22 de marzo de 1833 y acampó a orillas del Colorado, desde donde envió divisiones hacia Choele-Choel, el Río Negro, los ríos Limay y Neuquén. Allí es donde lo encuentra Darwin luego de recorrer a pie y a caballo los 130 kms. que separan el río Negro del río Colorado acompañado, según cuenta, por "mister Harris, un señor de nacionalidad inglesa, residente en Patagones, un guía y cinco gauchos, que marchaban al campamento del ejército con asuntos propios del servicio". Asi relata su encuentro con Rosas, algunas historias sobre el caudillo argentino y consideraciones sobre los indios y gauchos que lo acompañaban.

"El campamento del general Rosas estaba cerca del Río. Consistía en un cuadrado formado por carros, artillería, chozas de paja, etc. Casi todas las tropas eran de caballería, y me inclino a creer que un ejército semejante de villanos seudobandidos jamás se había reclutado antes[7]. *La mayor parte de los soldados eran mestizos de negro, indio y español. No sé por qué razón los hombres de tal origen rara vez tienen buena catadura* [todas las cursivas que aparecen de aquí en adelante en las citas del *Diario* son mías][8]. Pedí ver al secretario para presentarle mi pasaporte. Empezó a interrogarme de manera autoritaria y misteriosa. Por suerte llevaba una carta de recomendación del gobierno de Buenos Aires ["Buenos Ayres" en el original] para el comandante de Patagones. Se la llevaron al general Rosas, quien contestó muy atento, y el secretario volvió a verme, muy sonriente y amable. Establecimos nuestra residencia en el *rancho* [en castellano en el original] o casucha de un viejo español muy curioso, que había servido con Napoleón en la expedición contra Rusia. Estuvimos dos días en el Colorado (...). Mi principal diversión era observar a las familias indias que venían a comprar algunas menudencias al rancho donde nos hospedábamos.

Se supone que el general Rosas tenía cerca de 600 indios aliados. Los hombres eran altos y de fina raza; pero posteriormente descubrí sin esfuerzo en el salvaje de la Tierra del Fuego el mismo repugnante aspecto, procedente de la mala alimentación, el frío y la ausencia de cultura. Algunos autores, al definir las razas primarias de la Humanidad, han separado a estos indios en dos clases; pero no puedo creer que ello sea correcto. Entre las indias jóvenes, o chinas [en castellano en el original], algunas son realmente hermosas. Su cabello era crespo, pero negro y lustroso, y lo llevaban tejido en dos trenzas que bajaban hasta la cintura. Tenían ojos expresivos, tono subido de piel y las piernas, pies y brazos eran pequeños y elegantemente formados; adornaban sus tobillos, y a veces la cintura, con anchos brazaletes de cuentas azules. Nada podría ser más interesante que algunos grupos familiares.

---

7   En el original: "and I should think such a villanous, banditti-like army was never before collected together."

8   Todas las aclaraciones, comentarios y advertencias agregadas por mí, a lo largo de los textos citados, se encuentran entre corchetes.

Una madre con una o dos hijas venía frecuentemente a nuestro rancho, montando siempre el mismo caballo. Ellas cabalgan como los hombres, pero con las rodillas más recogidas y altas. Este hábito quizás provenga de estar acostumbradas a viajar en caballos cargados. La obligación de las mujeres es cargar y descargar los caballos; preparar las tiendas para la noche, y, en suma, como en todas las tribus salvajes, su condición es la de esclavas. Los hombres pelean, cazan, cuidan de los caballos y hacen aparejos de montar. Una de sus principales ocupaciones cuando están en sus viviendas consiste en golpear dos piedras una contra otra hasta redondearlas. Las bolas [en castellano en el original, se refiere a las boleadoras] son un arma importante para los indios para cazar y proveerse de caballos, tomando cualquiera de los que vagan libres por el llano. En las peleas, su primera intención es derribar la cabalgadura de su adversario con las bolas, y cuando éste se encuentra enredado en la caída le da muerte con el chuzo [en castellano en el original]. Si las bolas ["balls" en el original, en este caso] se enredan sólo en el cuello o cuerpo de un animal, a menudo éste escapa con ellas y las pierden. Como el trabajo de redondear las piedras lleva dos días, la manufactura de las bolas es una ocupación habitual. Varios hombres y mujeres tenían sus caras pintadas de rojo, pero nunca vi las bandas horizontales, tan comunes entre los fueguinos. Su principal orgullo es tener objetos de plata, y he visto un cacique cuyas espuelas, estribos y mango de cuchillo eran de ese metal; la cayada y riendas estaban hechas de alambre del grosor de la tralla de un látigo lo que otorgaba una elegancia especial en el manejo de magníficos caballos.

El general Rosas insinuó que deseaba verme, circunstancia que me alegró mucho luego. Es un hombre de extraordinario carácter y ejerce una enorme influencia en el país, la cual parece probable usará para la prosperidad y progreso del mismo[9]. Se dice que posee 74 leguas cuadradas de tierra y unas 300.000 cabezas de ganado. Sus establecimientos están admirablemente administrados y producen más cereales que el resto. Lo primero que le dio gran celebridad fueron las reglas dictadas para sus propias estancias y la disciplinada

---

9   En la edición de 1845, Darwin agrega en una nota al pie: "Esta profecía ha resultado una completa y lastimosa equivocación: 1845."

organización de varios centenares de hombres para resistir con éxito los ataques de los indios. Hay muchas historias[10] sobre el rigor con que hizo cumplir esas reglas. Una de ellas fue que nadie, bajo pena de calabozo, llevara cuchillo los domingos, pues como en estos días era cuando más se jugaba y bebía, y las consiguientes peleas con cuchillo solían frecuentemente ser fatales. Un domingo se presentó el gobernador a visitar su estancia y el general Rosas, en su apuro por salir a recibirle, lo hizo llevando el cuchillo al cinto, como era usual. El administrador le tocó en el brazo y le recordó la ley, por lo que Rosas le dijo al gobernador que sentía mucho lo que le pasaba, pero que le era forzoso ir a la prisión, y que no tenía ningún poder en su propia casa hasta que no hubiera salido. Luego de algún tiempo, el administrador creyó oportuno abrir el calabozo y ponerlo en libertad; pero tan pronto lo hizo, el prisionero le dijo: 'Ahora tú eres el que ha quebrantado las leyes, y por tanto debes ocupar mi puesto en el calabozo'.

Acciones como estas entusiasmaban a los *gauchos* [en castellano en el original], que poseían, sin excepción en alta estima su igualdad y dignidad. El general Rosas es además un perfecto jinete, cualidad con no pocas consecuencias en un país donde un ejército eligió a su general mediante la siguiente prueba: metieron en un corral una manada de potros sin domar, dejando sólo una salida sobre la que había un travesaño tendido a lo largo a cierta altura[11]; se convino que quien saltara desde ese travesaño sobre uno de esos caballos salvajes en el momento que salieran escapando, y sin freno ni silla fuera capaz no sólo de montarle, sino de traerle de nuevo al corral, sería nombrado general. El que así lo hizo fue designado para el mando, e indudablemente no podía menos de ser un excelente general para semejante ejército. Esta extraordinaria proeza también ha sido realizada por Rosas. Por estos medios, y de conformidad con los usos y costumbres de

---

10 Se trata, seguramente, de una de esas historias que forman parte del anecdotario folclórico de personajes importantes, repetidas y exageradas por la tradición oral.

11 El travesaño de madera (en ocasiones era una soga) que unía los dos postes de la entrada de un corral se llamaba "maroma", y el salto desde la maroma era una prueba de destreza bastante habitual entre los gauchos.

los gauchos, se ha granjeado una popularidad ilimitada en el país, y como consecuencia, un poder despótico. Me aseguró un comerciante inglés que en una ocasión un hombre mató a otro, y cuando, al arrestársele, se le preguntó por qué lo hizo, respondió: "Ha hablado irrespetuosamente del general Rosas, y por eso lo maté". En una semana el asesino estaba en libertad. No cabe duda de que esto fue obra de los partidarios del general y no de él mismo. En la conversación es entusiasta, sensato y muy serio. Su seriedad rebasa los límites: escuché a uno de sus bufones (pues tiene dos, como los antiguos barones) referir la siguiente anécdota: "Una vez tenía muchas ganas de oír cierta pieza de música, por lo que fui dos o tres veces a preguntarle al general, que me dijo: "Vete a tus quehaceres, que estoy ocupado!". Volví nuevamente y entonces me dijo: "Si vuelves, te castigaré". La tercera que insistí, se echó a reír. Salí precipitadamente de la tienda, pero era demasiado tarde, pues mandó a dos soldados que me atraparan y me estaquearan. Supliqué por todos los santos del cielo que me soltaran, pero de nada me sirvió; cuando el general se ríe no perdona a nadie, sano o cuerdo". El pobre hombre se mostraba dolorido de sólo recordar el tormento de las estacas. Es un castigo severísimo; se clavan en la tierra cuatro postes, y la persona es atada a ellos por los brazos y las piernas horizontalmente, y se lo deja por varias horas. La idea está evidentemente tomada del procedimiento usado para secar las pieles.

Mi entrevista terminó sin una sonrisa, y obtuve un pasaporte con una orden para las postas del gobierno, que me facilitó de muy buenas maneras. En la mañana partimos para Bahía Blanca, donde llegamos en dos días" (*Diario*, Capítulo IV, 11 de agosto de 1833).

Por su parte, el Capitán Fitz Roy, a propósito de ese encuentro, anotaba en su Diario:

"Él [Darwin] se había encontrado con el general Rosas en el Colorado, que lo trató muy amablemente; y él estaba disfrutando de sus correrías por la playa sin ninguna molestia, el viejo comandante ya no tenía miedo de un "naturalista".

Otro actor de la época, el general Ángel Pacheco, que formó parte de la Campaña de Rosas, escribe a Tomas Guido, el 10 de julio de 1833 desde la zona del río Colorado:

"Una corbeta inglesa ha permanecido por allí bastante tiempo, haciendo reconocimiento por toda la costa, parte de su equipaje ha estado varias veces en Patagones, han fletado Buques Menores, y con pretexto de carreras y otros juego han derramado el oro con profusión, solicitaron los mejores baqueanos del río, tomaron de ellos los conocimientos más minuciosos y han comprado a cualquier precio todas las plantas que se producen allí y hasta los arbustos más insignificantes." (Citado en Walter, 1973, pág. 226).

4. Los indios de la pampa y algunas consideraciones políticas

La permanente referencia de Darwin a la presencia, y sobre todo a la amenaza y riesgo que se corría con los indios al circular por la planicie pampeana, da cuenta del clima de época entre gauchos y soldados. Varias veces relata situaciones, principalmente referidas al trayecto realizado a caballo entre Bahía Blanca y Buenos Aires, en las cuales, si bien finalmente no pareció correr riesgo alguno, se percibe claramente el temor sufrido y la obsesión por un eventual ataque de los indios en una guerra, según Darwin: "perfectamente justificada pues hasta hace poco ni hombre ni mujer ni caballo estaban libres de los ataques de los indios". Veamos algunos episodios relatados por Darwin en relación con los indios:

"Dos días después volví a ir al puerto [de Bahía Blanca]: no muy lejos de nuestro destino, mi compañero divisó a tres personas que cazaban a caballo. Se apeó inmediatamente, y observándolas con atención dijo: 'No montan como cristianos, y nadie puede abandonar el fuerte'. Los tres jinetes se reunieron, y también bajaron de sus caballos. Al final, uno montó otra vez y dio vuelta a un cerro, ocultándose. Mi compañero dijo: 'Debemos permanecer sobre los caballos, prepare su pistola'. Y él echó una mirada a su espada. Yo pegunté '¿Son indios?'. *¡Quién sabe!* [en castellano en el original]. Si no hay más que tres, no importa'. Entonces se me ocurrió que el jinete que desapareció tras de la montaña habría ido a buscar el resto de su tribu. Se lo sugerí, pero, por toda respuesta obtuve '¡Quién sabe!'. Su cabeza y ojos no cesaron ni un minuto de escudriñar el lejano horizonte. Su extraordinaria sangre fría me pareció una broma demasiado pesada, y le pregunté por qué no volvía a casa. Me preocupé cuando respondió: 'Volveremos; pero en una dirección cercana a un pantano, en el que podemos lanzar los caballos a todo galope, y luego usar nuestras piernas; de modo que no haya peligro'. Yo no me sentía tan seguro, y quería que aceleráramos el paso. Pero él me dijo: 'No, mientras no lo hagan ellos'. Galopábamos cuando quedábamos detrás de alguna desigualdad del terreno, pero mientras permanecíamos a la vista continuábamos al paso. Al fin llegamos a un valle, y doblando hacia la izquierda galopamos rápidamente hasta el pie de un cerro; me dio su caballo para que se lo tuviera, hizo a los perros echarse, y luego, gateando sobre manos y rodillas comenzó el reconocimiento. Permaneció en esa posición algún tiempo, y finalmente estalló en una carcajada, exclamando: '¡Mujeres!' ["mugeres" en el original]. Él las conocía: eran la esposa y la cuñada del hijo del comandante del fuerte, que estaban buscando huevos de avestruz. Describí la conducta de este hombre porque actuó bajo la fuerte impresión de que eran indios. Sin embargo, tan pronto como se dio cuenta de su absurda equivocación expuso cien razones por las cuales no podían haber sido indios; pero todas ellas se le habían pasado por alto en su momento. Después de esto seguimos marchando, con toda tranquilidad, hacia un lugar no muy alto llamado Punta Alta, desde donde podíamos ver casi todo el puerto de Bahía Blanca. (…). Pasamos la noche en Punta Alta, y me ocupé en buscar huesos fósiles; el lugar era una perfecta catacumba de monstruos de razas extinguidas". (*Diario*, Capítulo IV, 11 de agosto de 1833).

Para prepararse a iniciar su viaje desde Bahía Blanca a Buenos Aires, Darwin contrató un gaucho para que lo acompañase, pero:

"(...) con alguna dificultad, pues el padre de uno tenía miedo de que viniera y otro que parecía dispuesto a hacerlo me lo describieron como tan tímido, que tuve miedo de contratarlo, porque me dijeron que si llegaba a ver un avestruz a lo lejos lo confundiría con un indio y escaparía volando. La distancia a Buenos Aires es de unas 400 millas [aproximadamente 650 kilómetros], y casi todo el camino por un país deshabitado. (...) Como llegamos por la tarde temprano, tomamos caballos frescos, y con un soldado por guía llegamos a la Sierra de la Ventana ["Sierra Ventana" en el original]. Esta montaña es visible desde el fondeadero del puerto de Bahía Blanca, y el capitán Fitz Roy calcula su altura en 3340 pies [aproximadamente 1.000 metros][12], elevación muy notable en esta parte oriental del continente. No sé de ningún extranjero que antes de mi visita, haya subido a esta montaña, e incluso muy pocos de los soldados de Bahía Blanca sabían algo de ella. (...) Al fin, cuando llegué a la cumbre de la montaña mi desencanto fue extremo al hallar un valle de laderas espinadas tan hondo como la llanura, el cual cortaba la cadena transversalmente en dos y me separaba de las cuatro puntas. (...) Me resolví a descender y, habiéndolo hecho, vi al cruzarle dos caballos pastando, e inmediatamente me escondí entre la alta hierba y empecé a reconocer el sitio; *pero no descubrí señales de indios y procedí cautelosamente a subir la opuesta ladera (...)*". (*Diario*, Capítulo VI, 8 de septiembre de 1833).

"Pasamos la noche en la posta, y *la conversación, como era habitual, versó acerca de los indios.* Sierra de la Ventana fue anteriormente un gran lugar de refugio, y tres o cuatro años atrás hubo allí muchas peleas. Mi guía estuvo presente en una ocasión en que muchos indios fueron muertos: las mujeres escaparon a la cumbre de la montaña y pelearon desesperadamente arrojando grandes piedras, muchas se salvaron". (*Diario*, Capítulo VI, 10 de septiembre de 1833).

---

12 Un pie tiene 30,5cm de largo, puede dividirse en 12 pulgadas y una pulgada tiene 2,54 cm de largo.

"(…) Pronto percibimos por una nube de polvo que un grupo de jinetes venía hacia nosotros; cuando aún estaban muy distantes, mis compañeros reconocieron que eran indios por las largas cabelleras sobre sus espaldas. Los indios usan generalmente una cinta atada a la cabeza, pero nada que la cubra, y sus negras cabelleras cruzando sus rostros atezados, aumentan extraordinariamente su aspecto salvaje. Al fin resultó que era un grupo perteneciente a la amigable tribu de Bernantío, que iban a recoger sal a una salina. Los indios comen mucha sal y sus niños la chupan como si fuera azúcar. Esta costumbre es del todo opuesta a la de los gauchos españoles ["Spanish Gauchos" en el original], que, aunque llevan el mismo tipo de vida, apenas la prueban" (*Diario*, Capítulo VI, 11 de septiembre de 1833).

Darwin hace algunas consideraciones sobre las costumbres y creencias de los indios de la pampa. La que sigue es particularmente interesante:

"Apenas pasamos la primera fuente nos topamos con un árbol famoso, venerado por los indios como altar de *Walleechu* [ídem en el original]. Está situado en un lugar alto de la planicie, y por ello resulta un mojón visible a gran distancia. En cuanto algunas tribus de indios lo divisan, le tributan su adoración a viva voz. El árbol, en sí mismo, es bajo, frondoso y espinoso; en la parte más baja del tronco tiene un diámetro de unos tres pies [aproximadamente 90 centímetros]. Se yergue solitario, y, de hecho, fue el primer árbol que vimos; después encontramos algunos otros de la misma clase, pero no era lo común. Como era invierno el árbol no tenía hojas, pero en su lugar colgaban de sus ramas varias ofrendas como cigarros, pan, carne, pedazos de tela, etcétera. Los indios muy pobres, a falta de otra cosa mejor que ofrendar, sacan un hilo de sus ponchos y lo atan al árbol. Los más ricos suelen echar licores y mate ["maté" en el original] en algún hueco, y fumar expeliendo el humo hacia arriba, creyendo agradar así del mejor modo posible a Walleechu. Para completar la escena, el árbol estaba rodeado con los huesos de caballos sacrificados blanqueados por el sol. Los indios, sin distinción de edad ni sexo, realizan sus ofrendas, creyendo con ello que sus caballos no se cansarán y que ellos serán afortunados. El gaucho que me contó esto, dijo que en tiempo de paz había presenciado la escena de las ofrendas, y que él y otros habían esperado a que los indios se fueran para llevarse las ofrendas a Walleechu. Los gauchos creen que los indios consideran al árbol como al dios mismo; pero me parece mucho más probable que lo consideren un altar. La única razón que puedo imaginar para esta elección es tener una referencia en un lugar peligroso. (*Diario*, Capítulo 4, 11 de agosto de 1833)

Veamos el relato que hace Darwin, en buena medida de segunda mano, de un dramático episodio con los indios y una premonitoria y lúcida evaluación de la situación general:

"Durante mi permanencia en Bahía Blanca, mientras esperaba al *Beagle*, la localidad estuvo en constante excitación por rumores de batallas y victorias entre las tropas de Rosas y los indios salvajes. Un día se recibió la noticia de que en una posta de la ruta de Buenos Aires habían hallado a todos los hombres asesinados. Al día siguiente llegaron 300 hombres procedentes de Colorado, a las órdenes del comandante Miranda. Una gran parte de estos soldados eran indios *mansos* [en español en el original]), pertenecientes a la tribu del cacique Bernantio. Pasaron la noche allí; y resulta imposible concebir algo más bárbaro y salvaje que las escenas de su vivac. Algunos bebieron hasta emborracharse; otros se hartaron de ingerir la sangre fresca de las reses sacrificadas para su cena. (…) Por la mañana partieron para el lugar del asesinato, con órdenes de seguir el *rastro* [en castellano en el original] aunque los llevara hasta Chile. Luego supimos que los indios salvajes habían huido a las grandes *Pampas* [en castellano en el original] y por alguna causa se les había perdido el rastro. Sólo una ojeada al rastro les dice a estos hombres una historia entera. Suponiendo que examinen la huella de un millar de caballos, pronto adivinarán cuántos de ellos iban montados, observando cuántos iban a medio galope; por la profundidad de otras marcas deducirán que algunos llevaban pesadas cargas; por la irregularidad de sus pasos cuántos estaban cansados; por el modo de preparar la comida sabrán si los perseguidos llevan prisa, y por el aspecto general sacarán cuánto tiempo hace que pasaron. Ellos consideran bastante reciente un rastro de diez o quince días, y por tanto, bueno para ser seguido. También me dijeron que Miranda había partido desde el extremo oeste de Sierra Ventana, en línea recta a la isla de *Cholechel* [ídem en el original, se refiere a Choele Choel], situada a setenta *leguas* ["leagues" en el original] de la desembocadura del río Negro; esto es una distancia de 200 a 300 millas a través de una región completamente desconocida. ¿Qué otras tropas en el mundo pueden tener semejante autonomía? Con el sol como guía, la carne de yegua por alimento y el apero por cama, mientras haya un poco de agua, estos hombres podrían llegar al fin del mundo. Pocos días después vi otra tropa de estos soldados con aspecto de bandidos, que partían en una expedición contra una tribu de indios de las pequeñas *salinas* [en castellano en el original], traicionados por un cacique prisionero. El español que trajo las órdenes para esta expedición era un hombre muy inteligente. Me hizo una descripción del último combate en que había estado presente. Algunos indios que habían sido tomados prisioneros, informaron sobre una tribu que vivía al norte del Colorado. Se enviaron 200 hombres, y descubrieron a los indios por una nube de polvo que levantaban los caballos al caminar. El terreno era montañoso y salvaje, y probablemente muy alejado al interior, porque se alcanzaba a ver la *Cordillera* [en castellano en el original]. Los indios, hombres mujeres y niños, alrededor de 110 en número, fueron hechos prisioneros o muertos, porque los soldados la emprendieron a sablazos contra todos los hombres. Los indios se hallaban ahora tan aterrados, que no ofrecían resistencia en masa, sino que cada uno huía como podía, abandonando aun a su mujer e hijos; pero cuando se les daba alcance peleaban como animales salvajes contra cualquier número, hasta el final. Un indio moribundo mordió el pulgar de su adversario y se dejó arrancar un ojo antes de soltar su presa. Otro que estaba herido fingió estar muerto mientras mantenía su cuchillo listo para dar un golpe fatal. Mi informante me contó que al perseguir a un indio éste pedía piedad a gritos, mientras, al mismo tiempo con gran disimulo preparaba las bolas para hacerlas girar sobre su cabeza y golpear a su perseguidor. 'Pero yo le derribé al piso con mi sable, y apeándome luego le corté el cuello con mi cuchillo'. Este es un cuadro muy oscuro; ¡pero mucho más chocante es el hecho de asesinar a sangre fría a todas las mujeres que parecían tener más de veinte años! Cuando le dije que esto me parecía inhumano, me replicó: 'Y ¿qué se puede hacer? ¡Ellos se crían así!'. Por aquí todos están convencidos de que es la más justa de las guerras porque se hace contra bárbaros. ¿Quién podría creer que tales atrocidades podían cometerse en estos tiempos en un país cristiano civilizado? Los niños de los indios se conservan para ser vendidos o donados en calidad de sirvientes, o más bien de esclavos, por el tiempo que los amos pueden hacerles creer que es esa su condición, pero creo que sobre el trato no hay muchas quejas. En la batalla, cuatro hombres escaparon juntos. Fueron perseguidos, uno fue asesinado y los otros tres atrapados vivos. Resultaron ser mensajeros o embajadores de una gran cantidad de indios, unidos en la causa común de defensa junto a la Cordillera. La tribu a la que habían sido enviados estaba a punto de celebrar gran consejo; el festín de la carne de yegua estaba listo y la danza preparada: al día siguiente los embajadores tenían que regresar a la Cordillera. Eran hombres de buena presencia, muy bien proporcionados, de seis pies de altura [aproximadamente un metro y ochenta centímetros], y todos menores de treinta años. Por supuesto que los tres sobrevivientes poseían una información valiosa, y para forzarlos a darla, se los puso en línea. Se interrogó a los dos primeros, que respondieron: 'No sé' [en castellano en el original], y sin más, se los fusiló uno tras otro. El tercero también dijo: 'No sé', y agregó: '¡Dispara; soy hombre, sé morir!'. ¡Ni una sílaba dejaron escapar que pudiera perjudicar la causa de todo su pueblo! La conducta del cacique arriba mencionado fue muy distinta: salvó su vida revelando el plan de guerra y el punto de reunión en los Andes. Se creyó que había, ya listos, 600 o 700 indios, y que ese número se duplicaría para el verano. Los emisarios habían sido enviados a las salinas chicas cerca de Bahía Blanca, a aquellos que, según ya he dicho, había traicionado el mismo cacique. De modo que las comunicaciones entre los indios se extienden desde la Cordillera a la costa del Atlántico. *El plan del general Rosas era matar a todos los rezagados, y después de obligar a los demás a replegarse a un punto común, atacarlos a todos juntos, en el verano, con ayuda de los chilenos. Esta operación debe repetirse por tres años sucesivos. Supongo que se ha elegido el verano para el ataque principal porque en esa época las llanuras carecen de agua y los indios sólo pueden viajar en algunas direcciones especiales.* Para evitar que los indios se escapen al sur del río Negro, vasta región inexplorada, donde estarían seguros, se ha concertado un pacto con los tehuelches: que Rosas les pagará una buena suma por cada indio que maten de los que pasen al sur del río; pero si fallan en esa tarea ellos mismos serían exterminados. La guerra se hace principalmente contra los indios que están cerca de la Cordillera, porque muchas de las tribus de este lado Oriental están peleando junto a Rosas. El general, sin embargo, al igual que lord Chesterfield, piensa que sus amigos pueden convertirse cualquier día en enemigos, por lo cual los ubica siempre en el frente de batalla, a fin de que disminuya su número. Después de haber dejado Sudamérica hemos sabido que esta guerra de exterminio ha fracasado completamente. Entre las muchachas cautivas en el encuentro antes referido había dos españolas muy lindas, que habían sido secuestradas de niñas por los indios y ahora sólo sabían hablar la lengua de éstos. Por su relato, debían haber venido desde Salta, recorriendo una distancia, en línea recta, de unas 1.000 millas [aproximadamente 1600 kilómetros]. Esto puede dar una idea del inmenso territorio en que vagan los indios; sin embargo, a pesar de su gran extensión, *creo que en otros cincuenta años no quedará ni un indio salvaje al norte del río Negro. La guerra es demasiado sangrienta para durar; los cristianos matan a todos los indios y los indios hacen lo mismo con los cristianos.* Es triste ver cómo los indios han cedido ante los invasores españoles. Schirdel dice que en 1535, cuando se fundó Buenos Aires, había pueblos que contenían de 2.000 a 3.000 habitantes. Aún en tiempos de Falconer (1750) los indios hicieron incursiones hasta *Luján* ["Luxan" en el original], Areco y Arrecife; pero en la actualidad han sido expulsado más allá del Salado. No sólo han sido exterminadas tribus enteras, sino que los indios que sobrevivieron se han hecho más bárbaros, y en lugar de vivir en grandes poblados y de emplearse en las artes de la pesca y la caza vagan ahora por las abiertas llanuras, sin vivienda ni ocupación fija. También he oído el relato de un combate que tuvo lugar algunas semanas antes del que he mencionado, en Cholechel. Éste es un importante punto estratégico, por ser un paso para caballos, y, por ello, allí estuvo el cuartel general de una división del ejército. Apenas arribaron allí por primera vez, las tropas hallaron una tribu de indios, de los que mataron 20 o 30. El cacique escapó de una manera que dejó a todos atónitos. Los jefes indios tienen siempre uno o dos caballos reservados para alguna situación de apuro. En uno de esos, un viejo caballo blanco, montó el cacique con un niño hijo suyo. El caballo no tenía silla ni brida. Para escapar de los disparos, el indio cabalgó en un estilo peculiar de esta nación, esto es, con un brazo rodeando el cuello del caballo y con una sola pierna sobre el lomo. Se lo vio así, colgando de un lado, dándole palmaditas al caballo en la cabeza y hablándole. Los perseguidores agotaron todos sus recursos; el comandante cambió tres veces de caballo, pero todo fue en vano. El viejo padre indio y su hijo escaparon y quedaron libres. ¡Qué hermoso cuadro se puede pintar con la imaginación: la figura desnuda y bronceada del viejo con su muchachito cabalgando, como Mazeppa, en el caballo blanco, dejando lejos de ellos a la hueste de sus perseguidores! Un día vi a un soldado hacer fuego con un pedazo de pedernal, que inmediatamente reconocí como un trozo de la punta de una flecha. Me dijo que la había hallado cerca de la isla de Cholechel, y que allí se recogen con frecuencia. Tenía de dos a tres pulgadas de larga [aproximadamente de cinco a siete centímetros y medio], siendo, por tanto, el doble de grandes de las que ahora se usan en Tierra del Fuego; era de pedernal opaco, de color crema; pero la punta y los bordes habían sido rotos intencionalmente. Es bien sabido que los indios de las Pampas no usan ahora ni arcos ni flechas. Creo que debe exceptuarse una pequeña tribu en Banda Oriental; pero estos indios están completamente aislados de los indios Pampas y se parecen mucho a los que habitan en el bosque y viven a pie. Parece, pues, que estas puntas de flechas son reliquias antiguas [Darwin señala en una nota al pie: "Azara ha llegado hasta poner en duda que los indios Pampas usaran jamás arcos y flechas"] de los indígenas, anteriores al gran cambio de hábitos que significó la introducción del caballo en Sudamérica. (*Diario*, Capítulo V)

Había ciertas opiniones generalizadas con relación a la guerra contra los indios. Por esa época el capitán Fitz Roy enviaba estas palabras a sus superiores en una carta:

"En este momento, el ejército de los Provincias Unidas del Río de la Plata ocupa la margen norte [del río Negro], mientras que los infortunados y ahora acosados indios tratan de conservar la posesión de la sur. Una guerra de exterminio parece ser el propósito de los criollos liberales e independientes. Cada indio es su enemigo inveterado; [...] mientras los españoles ocupaban el país, estos indios sureños mostraban la mejor de las disposiciones para con el intruso blanco y lo recibían can lo mayor hospitalidad. A partir de la Revolución (qué sonido glorioso) las hostilidades no hacen sino crecer" (Carta del capitán Fitz Roy, Maldonado, 16 de julio de 1833. Archivos del departamento de Hidrografía, Taunton.)

Otro episodio dramático con relación a los indios es relatado así por Darwin en ocasión de una excursión a caballo a Santa Fe:

"2 de octubre.-Hemos pasado por Corunda [se refiere a la ciudad de Coronda], que, por la exuberancia de sus jardines, es una de las poblaciones más hermosas que he visto. Desde allí a Santa Fe el camino no es muy seguro. La ribera occidental del Paraná ["Parana" en el original], hacia el Norte, deja de estar habitada, y de allí a veces aparecen los indios y sorprenden a los viajeros. Esto se ve favorecido por la naturaleza del terreno, porque en lugar de una llanura con pastos, hay una zona de bosque abierto. Pasamos junto a algunas casas que habían sido saqueadas y luego abandonadas; vimos además un espectáculo que mis guías contemplaron con gran satisfacción y era el esqueleto de un indio con la piel desecada y colgando de los huesos, suspendido de la rama de un árbol" (*Diario*, Capítulo VII, 2 de octubre de 1833)

Darwin también le dedica unas pocas líneas a su gobernador de entonces, Estanislao López, con relación a los indios:

"Santa Fe ["St. Fé" en el original] es una ciudad pequeña, en la que reinan la limpieza y el orden. El gobernador, López, era soldado raso en tiempos de la revolución, y a la fecha lleva diecisiete años en el poder. Esta estabilidad se debe a sus procedimientos tiránicos; la tiranía parece adaptarse mejor a estos países que el republicanismo. La ocupación favorita del gobernador es cazar indios; de poco tiempo a esta parte había matado 48 y vendido los hijos a razón de tres o cuatro libras cada uno". (*Diario*, Capítulo VII, 3 y 4 de octubre de 1833).

Y es justamente a su regreso de Santa Fe, cuando tiene que enfrentar una situación conflictiva del país, la Revolución de los Restauradores del 11 de octubre de 1833, organizada por la Sociedad Popular Restauradora (los "apostólicos") y donde Encarnación Ezcurra tuvo participación activa. Los grupos rosistas hacen un sitio a la ciudad de Buenos Aires que dura varios días. El gobernador Balcarce, sin capacidad de respuesta, el 28 de octubre anuncia su inminente renuncia, que finalmente se formaliza el 3 de noviembre. Darwin llega a Buenos Aires en pleno conflicto, el 20 de octubre, y lo recibe el general Mariano Benito Rolón (1790-1849), que en esos momentos era segundo Jefe del denominado Ejército Restaurador de las Leyes que tenía sitiada a la ciudad. El día 4 de noviembre es nombrado nuevo gobernador Juan José Viamonte, que no contaba con las simpatías de la mujer de Rosas y sus apostólicos, lo que lo llevará a renunciar unos meses más tarde (5 de junio de 1834). La legislatura ofrecerá a Rosas el gobierno que este rechaza por no estar incluidas las facultades extraordinarias. La situación proseguirá inestable desde el punto de vista político, porque el poder real es de Rosas. Se suceden varios ofrecimientos hasta que el 1 de octubre de 1834 asume interinamente Manuel Vicente Maza que era el presidente de la Legislatura. El 16 de febrero de 1835 es asesinado, en Barranca Yaco, el caudillo Facundo Quiroga y la noticia se conoce en Buenos Aires el 2 de marzo. Cinco días después, el 7 de marzo la Legislatura de Buenos Aires designa a Rosas gobernador por 5 años, en lugar de 3, y le otorga la suma del poder público. Asi relata Darwin su arribo a Buenos Aires en pleno conflicto:

"20 de octubre de 1833. Al llegar a la desembocadura del Paraná, y como estaba ansioso por llegar a Buenos Aires, desembarqué en Las Conchas, con intención de proseguir a caballo desde allí. Apenas toqué tierra me encontré con la gran sorpresa de que hasta cierto punto era un prisionero. Una violenta revolución había estallado y todos los puertos habían sido embargados. Me era imposible regresar a mi navío, e ir por tierra a la ciudad. Después de una larga conversación con el comandante obtuve permiso para presentarme al día siguiente con el general *Rolor*[13], que mandaba una división de rebeldes en este lado de la capital. Por la mañana cabalgué hasta el campamento. *El general, los oficiales y los soldados, todos parecían, y creo que en realidad lo eran, grandes villanos*. El general, la tarde antes de dejar la ciudad fue con el gobernador, y con la mano en el corazón dio su palabra de honor de que él al menos permanecería fiel hasta el final. Me dijo el general que la ciudad estaba fuertemente sitiada y que todo lo que podía hacer era darme un pasaporte para el comandante en jefe de los rebeldes en Quilmes. Por lo tanto, tuvimos que dar una gran vuelta alrededor de la ciudad, y a duras penas pudimos conseguir caballos. Me recibieron con cortesía en el campamento, pero me dijeron que era absolutamente imposible darme permiso para entrar en la ciudad. Esto me producía gran ansiedad, porque creía que el *Beagle* partiría del río de la Plata ["Rio Plata" en el original] mucho antes de lo que finalmente lo hizo. Pero, habiendo mencionado las obsequiosas atenciones recibidas del general Rosas cuando estuve en el Colorado, ni la magia misma habría cambiado las circunstancias tan rápidamente como esta conversación. Me dijeron que, aunque no podían darme un pasaporte, si me avenía a dejar el guía y los caballos yo podría pasar, solo, por los puestos de los centinelas. Acepté con el mayor gusto, y enviaron conmigo un oficial para ordenar que no me detuvieran en el puente. El camino, por espacio de una legua, estaba enteramente desierto. Encontré una partida de soldados, que se conformaron con echar una mirada a un antiguo pasaporte mío, y, al fin, con no poca satisfacción, me encontré dentro de la ciudad. Apenas había quejas que

---

13 En el original figura "Rolor", se trataba en verdad del general Mariano Benito Rolón.

pudieran justificar la revolución: pero en una nación que en el lapso de nueve meses (de febrero a octubre de 1820) había sufrido quince cambios de gobierno- cada gobernador, según la Constitución se elegía por tres años-sería absurdo buscar pretextos. En este caso, una partida de setenta hombres, que por ser partidarios de Rosas, estaban disgustados con el gobernador Balcarce, salieron de la ciudad, y gritando por Rosas, levantaron en armas todo el país. La ciudad fue sitiada, sin provisiones, ganado vacuno y caballar; fuera de esto, sólo ocurrían algunas pequeñas escaramuzas, en las que morían diariamente algunos hombres. Los sitiadores sabían bien que impidiendo el suministro de carne tendrían segura la victoria. Puede ser que el general Rosas no tuviera noticias de este levantamiento; pero, según parece, estaba conforme con los planes de sus partidarios. Hace un año fue elegido gobernador, pero rechazó el nombramiento, a menos que la Sala le otorgara poderes extraordinarios. Esto fue rechazado y desde entonces su partido ha mostrado que ningún otro gobernador puede ocupar su lugar. La guerra fue prolongada por ambos bandos hasta que fue posible saber lo que pensaba Rosas. Llegó una nota pocos días después de que yo abandonara Buenos Aires que afirmaba que el general desaprobaba la ruptura de la paz, pero creía que los sitiadores tenían la justicia de su lado. No bien se recibió esta declaración, el gobernador, los ministros y parte de los militares, en número de varios cientos, escaparon de la ciudad. Los revolucionarios entraron, eligieron un nuevo gobernador, y se pagaron los servicios de 5.500 hombres. A partir de estos procedimientos, no fue para nadie un misterio que Rosas habría de llegar con el tiempo a ser un dictador: el pueblo aquí, como en otras repúblicas, tiene una particular aversión por la palabra rey. Después de dejar a Sudamérica hemos sabido que Rosas ha sido elegido con poderes y por un tiempo enteramente opuesto a los principios constitucionales de la república". (*Diario*, Capítulo VII, 20 de octubre de 1833).

Finalmente, Darwin consigue llegar a Buenos Aires en esos días de un clima político sumamente complejo, pero decide marcharse a Montevideo no sin realizar unas apreciaciones sumamente críticas acerca de Buenos Aires y la situación:

> "Una ciudad en estado de sitio [se refiere a Buenos Aires] resulta siempre un lugar desagradable para residir; pero era peor aun en este caso pues se vivía en continua alarma a causa de los ladrones que había dentro. Los centinelas eran los peores de todos, pues por razón de su oficio y portar armas, robaban con una autoridad que los demás no podían imitar".
> (*Diario*, Capítulo VIII).

El periodo (febrero-octubre de 1820) señalado por Darwin como de los "quince gobiernos", se caracterizó, obviamente, por una inestabilidad política muy grande, en especial en la Provincia de Buenos Aires, de allí que la historiografía habla del período de Anarquía que implica la disolución del gobierno nacional y la presencia hegemónica de los caudillos. Para la época no hay nación, ni presidente constitucional. Los mandatos de tres años, en realidad, eran para el gobernador de Buenos Aires. La diferencia que logrará Rosas es que las distintas provincias le confieren al gobierno de Buenos Aires la representación ante las potencias extranjeras. En Junio de 1819 había asumido como Director Supremo de las Provincias Unidas el general Rondeau, que conciente de su debilidad ordena a los distintos jefes militares (San Martín, Belgrano, y otros) que bajen a Buenos Aires con sus tropas. San Martín no accede y el Ejército del Norte se subleva en Arequito el 8 de enero de 1820 por iniciativa del general Juan B. Bustos, quien marcha a Córdoba, donde se lo elige gobernador. Dos meses antes otro de los jefes del ejército del Norte (Bernabé Araoz) se había amotinado en Tucumán y se proclamó director de la "República de Tucumán" (noviembre 1819). Ante esta situación dos caudillos provinciales, Estanislao López (Santa Fe) y Francisco Ramírez (Entre Ríos) se levantan contra el

Director Rondeau, al que derrotan en la Batalla de Cepeda en los primeros días de febrero de 1820. El día 11 renuncia Rondeau y se disuelve el Congreso Nacional, lo que implicó la desaparición de las autoridades nacionales. Cada provincia, por muchos años, se manejó autónomamente y a través de pactos interprovinciales sucesivos se fue buscando la reunificación. (Tratado del Pilar, del Cuadrilátero, de Benegas, Pacto Federal, etc.). Lo cierto es que a partir de Febrero de 1820 y hasta septiembre del mismo año, la provincia de Buenos Aires, experimentará sucesivos y breves mandatos, situación a la que refiere Darwin: Sarratea (17 de febrero al 6 de marzo); Juan R. Balcarce (6 al 13 de marzo); Sarratea (13 de marzo al 30 de abril); Ildefonso Ramos Mejía (2 de mayo al 23 de junio); Sebastián Soler (el 16 de mayo asume en Lujan, el 23 de junio es reconocido gobernador en la ciudad de Buenos Aires y el 28 de junio es derrocado); el Cabildo de Buenos Aires, el 20 de junio ante la renuncia de Ramos Mejía, asume el mando. Ese día, 20 de junio, hubo tres gobernadores: Soler – el Cabildo y Ramos Mejía; Manuel Dorrego (28 de junio al 26 de septiembre, aunque con intermitencias, puesto que es resistido por los caudillos); Carlos de Alvear (se hace elegir por el Cabildo de Luján el día 1 de julio, pero es vencido militarmente por Dorrego); Martín Rodríguez (es elegido por una Junta de Representantes nueva que lo designa como Gobernador Interino el 26 de septiembre de 1820, es desalojado por una sublevación encabezada por el Coronel Pagola el 1 de octubre); Martín Rodríguez resiste y obtiene una ayuda que lo restituirá en el poder el día 5, comenzando un proceso de normalización de la provincia, puesto que gobernará hasta 1824. El factor decisivo fue el regimiento organizado y mantenido por Juan Manuel de Rosas, conocido como "Los Colorados del Monte", que prácticamente era un ejército privado reclutado entre los peones de sus establecimientos ganaderos. A partir de 1820, la influencia de Rosas, no cesará de crecer pues era un representante de los propietarios que reclamaban el fin de la anarquía reinante. No obstante, deberán pasar decenas de años para que pueda volver a constituirse un gobierno nacional, representativo.

5. La vida de los gauchos

La vida miserable de los gauchos y soldados, acosados por los indios, pero poseedores de habilidades y destrezas para la vida en tierras semisalvajes, impresionan vivamente a Darwin:

"La Sierra de la Ventana resulta visible desde una distancia inmensa, y un gaucho me dijo que, cabalgando a pocas millas al norte del río Colorado con un indio, cuando de pronto éste comenzó a hacer un ruido muy fuerte, como el que suelen hacer los salvajes al divisar por primera vez un árbol lejano, mientras ponía la mano en la cabeza y apuntaba con el dedo en la dirección de la sierra. Al preguntarle por la razón de esto, el indio respondió, en mal castellano: 'Primera vez ver la sierra' ["First see the Sierra" en el original]. A unas dos leguas de este curioso árbol hicimos alto para pasar la noche: en ese momento una desafortunada vaca fue divisada por los ojos de lince de los gauchos, quienes se lanzaron en su persecución, y en pocos minutos la enlazaron y la mataron. Teníamos allí las cuatro cosas necesarias para la vida *en el campo* [en castellano en el original]: pasto para los caballos, agua (sólo una charca de agua turbia), carne y leña. Los gauchos se pusieron del mejor humor al hallar todos estos lujos, y pronto empezamos a preparar la cena con la pobre vaca. Esta fue la primera noche que pasé a la intemperie, teniendo por cama el recado de montar. Hay un gran placer en la vida independiente del gaucho al poder apearse en cualquier momento y decir: 'Aquí pasaré la noche'. El silencio fúnebre de la llanura, los perros alerta, y el gitanesco grupo de gauchos haciendo sus camas en torno del fuego, han dejado en mi mente un cuadro imborrable de esta primera noche, que nunca olvidaré". (*Diario*, Capítulo IV, 11 de agosto de 1833).

"¡Qué vida tan miserable parecen llevar estos hombres! Había, por lo menos, 10 leguas desde la posta Sauce y a partir del asesinato cometido por los indios, 20 desde la otra. Se supone que éstos efectuaron su ataque a medianoche, porque muy temprano a la mañana siguiente, después del asesinato, se los vio, afortunadamente, acercarse a esta posta. Pero aquí los soldados huyeron, llevándose todos los caballos, cada uno en una dirección diferente y con todos los animales que podía llevar. (…) Solía pensar que los buitres carroñeros, constantes seguidores del hombre en estas yermas llanuras, mientras permanecían inmóviles en las lomas vecinas, parecían decir con su paciente actitud: '¡Ah, cuando vengan los indios, qué festín nos haremos!". (*Diario*, Capítulo VI, 12 y 13 de septiembre de 1833).

"(…) el gaucho en las Pampas durante meses enteros, no toca otra cosa que carne de vaca ["beef" en el original]. Pero he observado que ellos comen gran cantidad de grasa (…). El Dr. Richardson ha observado también 'que cuando la alimentación ha estado constituida durante largo tiempo por carne magra se siente una necesidad irresistible de tomar grasa, en términos de poder consumirla pura en grandes cantidades, y aun derretida, sin sentir náuseas'; esto me parece un curioso fenómeno fisiológico". (*Diario*, Capítulo VI, 17 de septiembre de 1833).

También en ocasión de su excursión por las islas Malvinas ("Falkland Islands" en el original) Darwin hace nuevamente referencia a las habilidades de los gauchos:

"Por la noche nos cruzamos con una pequeña manada [de ganado vacuno salvaje]. Uno de mis compañeros, de nombre *Santiago* ["St. Jago" en el original], separó muy pronto del grupo una vaca gorda, tiró las bolas, la tiró a las patas; pero no se enredaron. Inmediatamente tiró el sombrero al piso para marcar el lugar donde habían quedado las bolas; mientras a todo galope, preparó el lazo, y, tras una persecución durísima, alcanzó de nuevo a la vaca y la enganchó por los cuernos. El otro gaucho se había adelantado con los caballos de repuesto, de modo que Santiago tuvo alguna dificultad para matar la furiosa bestia. La condujo hasta un sitio llano, adelantándosele siempre que el animal embestía, y cuando no quería moverse, mi caballo, que estaba bien entrenado, galopaba hacia la res por detrás y con el pecho le daba un violento empujón. Pero aun estando el animal en terreno llano no parece tarea fácil para un solo hombre matar una res salvaje aterrorizada. Y no lo sería, en efecto, si el caballo al apearse el jinete no aprendiera pronto, guiado por el instinto de conservación, a mantener el lazo tenso; así, si la vaca o toro se mueven hacia adelante, el caballo avanza con la misma rapidez, y si aquéllos se paran, el caballo sigue tirando, inclinándose a un lado. Pero este caballo era joven y no estaba acostumbrado a contrarrestar la lucha de la vaca. Era admirable contemplar con qué destreza Santiago se movía ágilmente detrás de la bestia, hasta que al fin logró darle el corte fatal en el principal tendón de la pata trasera, después de cual, sin mucha dificultad, le clavó el cuchillo en el comienzo de la medula espinal, y la vaca cayó como fulminada por un rayo. Cortó varios trozos de carne, con piel y todo, pero sin hueso, en cantidad suficiente para nuestra expedición. Entonces volvimos a caballo al sitio en que íbamos a dormir, y tuvimos de cena *carne con cuero* [en castellano en el original] es decir, carne asada con su piel. Es un bocado tan superior a la carne de vaca ordinaria como el venado lo es al cordero. Se puso encima de las brasas un gran trozo circular, sacado del cuarto trasero, con el pellejo hacia abajo en forma de plato, de suerte que no se perdió nada de la substancia. Si algún respetable regidor de Londres hubiera cenado con nosotros aquella noche 'carne con cuero', pronto se habría celebrado en Londres". (*Diario*, Capítulo IX, 16 de mayo de 1834).

Darwin describe con asombro la destreza con que algunos manejan las boleadoras. Señala que las mismas pueden lanzarse, aunque sin demasiada puntería a unas 50 o 60 yardas, es decir unos 45 a 55 metros[14]. Sin embargo, cuando es un jinete el que las arroja, la velocidad del caballo se añade a la fuerza del brazo, y pueden alcanzar con eficacia un blanco situado a unas 80 yardas (algo más de 70 metros). En una nota al pie, Darwin añade:

---

[14] Una yarda equivale a tres pies, es decir unos 91,5 cm

"Como prueba de la fuerza con que pueden ser lanzadas las bolas mencionaré una anécdota ocurrida en las islas Falkland. Cuando los españoles asesinaron a varios de sus compatriotas y a todos los ingleses, un joven español huía a toda carrera; cuando un indio alto llamado Luciano le siguió galopando con su caballo, intimándole que se detuviera, diciéndole que sólo deseaba hablarle. Justo en el momento en que el español estaba a punto de alcanzar el bote, Luciano le arrojó las bolas, acertándole en las piernas con tal fuerza que le derribó, dejándole insensible por algún tiempo. Luciano, después de haberle dicho lo que quería, le dejó escapar. Nos contó que le habían quedado grandes marcas en las piernas, donde se le habían enredado las correas, como si le hubieran pegado con un látigo". (*Diario*, Capítulo VI, 12 y 13 de septiembre de 1833)

6. La gran sequía

Los establecimientos agrícolas y ganaderos de la provincia de Buenos Aires sufrían las consecuencias de dos grandes problemas: las incursiones de los indígenas, con el consiguiente robo de ganado, y las persistentes sequías que asolaban el territorio. Darwin se refiere a la "gran seca" que se extendió, con mayor rigor entre 1827 y 1830, en la cual se estima que murieron más de un millón de vacunos. El 12 de mayo de 1827 señalaba un artículo en *The British Packet*:

"Desde el año 1820, la provincia de Buenos Aires ha padecido una gran sequía, que impidió buenas cosechas de trigo (…) y efectos más o menos perjudiciales en la cría de ganado. (…) Como hasta ahora no se han hecho tentativas para asegurar riegos permanentes por medio de pozos u otras reservas, no puede menos que desearse el auxilio constante de un tiempo favorable"[15].

---

15 Esta noticia transcribe un artículo de "El Mensajero", periódico de la época.

En la edición del 8 de mayo de 1830, *The British Packet* dice:

"La sequía que prevaleció durante esta estación ha causado infinitos perjuicios a las estancias; muchos de los propietarios ordenaron que se sacrificara el ganado, por falta de agua y pasto para alimentarlo, mientras que otros han preferido que corra libremente por el campo durante el invierno. Se nos informa que numerosas zonas, de aquí a Tandil, están totalmente desprovistas de pastos y presentan el aspecto de un desierto arenoso y que las últimas noches de helada perjudicaron severamente los pocos pastizales que todavía existían. Parecería que los elementos se han combinado para acrecentar las penurias del campo (...)".

Y hacia finales de la "gran seca", el 5 de mayo de 1832:

"La lluvia, copiosa y continuada, representaría ahora la mayor bendición que la Providencia podría derramar sobre este empobrecido país, cuyos campos resecos parecen más los desiertos de Arabia, que la fértil Sud América. La mortandad del ganado ha sido terrible, han perecido por miles o por decenas de miles. El lunes por la noche, otra tormenta de tierra envolvió la ciudad y continuó hasta después de medianoche."

A su vez, Darwin escribe:

"Mientras viajaba a través del país recibí algunas impresiones muy vívidas de los efectos causados por una gran sequía, y tal vez el relato de ésta arroje alguna luz sobre los casos en que gran número de animales de todas clases han quedado sepultados juntos. El período comprendido entre los años 1827 y 1832 se llama el *gran seco* [en castellano en el original], o la gran sequía. Durante ese tiempo cayó tan poca lluvia, que no creció ninguna planta, ni siquiera cardos; los arroyos se secaron, y todo el país tomó el aspecto de un camino polvoriento. Así ocurrió especialmente en la parte norte de la provincia de Buenos Aires y la parte sur de Santa Fe. Un gran número de aves, animales silvestres, ganado vacuno y caballar, pereció por falta de alimento y agua. Un hombre me dijo que los ciervos solían meterse en su corral a buscar agua por lo que se vio obligado a cavar para proveer de agua a su familia y que las perdices apenas tenían fuerza para huir volando cuando se las perseguía. La estimación más baja sobre la pérdida de vacunos sólo en la provincia de Buenos Aires es de un millón de cabezas. (…) Los animales abandonaron las estancias, y, encaminándose hacia el Sur, se entremezclaron en grandes manadas, por lo que fue preciso enviar desde Buenos Aires una comisión de gobierno para arreglar las disputas de los dueños. Sir Woodbine Parish[16] me ha dado noticias de otra curiosísima fuente de disputas: como la tierra estuvo seca por el largo lapso señalado, el viento levantó tan enormes cantidades de polvo, que en un país descampado como éste se borraron las rayas y mojones, y la gente no podía señalar los límites de las estancias. Un testigo ocular me contó que el ganado vacuno, en rebaños de millares, se metió en el Paraná, y, al estar exhausto por el hambre, no pudo subirse a los bancos de barro, y así, pereció ahogado. El brazo del río que corre junto a San Pedro estaba tan lleno de cadáveres en putrefacción, que, según me dijo el patrón de un barco, el hedor hacía imposible cruzarlo. Sin dudas, varios cientos de miles de animales perecieron así en el río. Sus cuerpos ya podridos flotaron arrastrados por la corriente, y seguramente, muchos quedaron depositados en el estuario del Plata. Todos los ríos pequeños se hicieron muy salinos, y esto ocasionó una gran mortandad en algunos lugares, pues cuando los animales toman esa agua no se recuperan. He notado, aunque probablemente fuera efecto de un incremento gradual antes que el resultado de la gran mortandad de períodos como este, que el lecho de los ríos menores de las Pampas estaba cubierto con una capa de huesos. No es raro que después siguiera una temporada de lluvias copiosísimas, que causaron inundaciones. Por lo tanto, podemos inferir casi

---

16 Woodbine Parish (1796-1882) fue encargado de negocios en Buenos Aires entre 1825 y 1832. Firmó un Tratado de Amistad, Comercio y Navegación entre Gran Bretaña y Argentina en 1825. Alternaba su trabajo diplomático con la investigación en paleontología y geología. Publicó, en 1839, *Buenos Ayres and the Provinces of Rio de la Plata*, y mantuvo una larga amistad y abundante correspondencia con Darwin.

con gran certeza que algunos miles de esqueletos quedaron sepultados por los arrastres de tierras del año siguiente. ¿Qué pensaría de todo ello un geólogo que viera tan enorme colección de huesos de toda clase de animales y de todas las edades, enterrados así en una espesa masa de tierra, ¿No lo atribuiría a una gran inundación que hubiera barrido la superficie de la tierra, antes que al curso natural de las cosas?"[17] (*Diario*, Capítulo VII, 5 de octubre de 1832).

7. Consideraciones sobre los habitantes del Río de la Plata

En el capítulo VIII del *Diario*, Darwin describe su visita a la Banda Oriental y se explaya en consideraciones generales sobre los habitantes de la región y, como siempre, mantiene cierta ambivalencia en sus juicios.

"Durante los últimos seis meses he tenido ocasión de observar un poco el carácter de los habitantes de estas provincias. Los *gauchos* [en castellano en el original] o campesinos son muy superiores a los que residen en las ciudades. El *gaucho* invariablemente es cortés y hospitalario (…). Es modesto, tanto respecto de sí mismo como de su país, y al mismo tiempo animoso y bravo. Por otro lado, es necesario decir también que se cometen muchos robos y se derrama mucha sangre, El uso constante del cuchillo es la causa principal. Es lamentable escuchar cuántas vidas se pierden por cuestiones triviales. En las peleas, cada uno trata de marcar la cara de su adversario cortándole en la nariz o en los ojos; así, se ven con mucha frecuencia profundas y horribles cicatrices. Los robos son la consecuencia natural del juego, universalmente extendido, exceso de bebida y de la extremada indolencia. En Mercedes pregunté a dos hombres por qué no trabajaban.

---

17 Darwin, convencido de la visión geológica uniformitarista de Lyell, hace estos señalamientos contra el catastrofismo y señala en una nota al pie que "Estas sequías, en cierto grado, parecen ser casi periódicas; me dijeron las fechas de varias otras, y los intervalos eran de unos quince años"

Uno me respondió, muy serio, que los días eran demasiado largos; y el otro, que por ser demasiado pobre. La abundancia de caballos y profusión de alimentos son la destrucción de la laboriosidad. Para colmo, hay una gran cantidad de días feriados y creen que nada puede salir bien si no se empieza con la Luna en cuarto creciente; de modo que la mitad del mes se pierde por estas dos causas. La policía y la justicia son completamente ineficientes. Si un hombre pobre comete un asesinato y es atrapado, será encarcelado y, tal vez, fusilado; pero si es rico y tiene amigos, no tendrá graves consecuencias. Es curioso que hasta las personas más respetables del país favorezcan siempre la fuga de los asesinos. Parecen pensar que los individuos delinquen contra el gobierno y no contra la sociedad. Un viajero no tiene más protección que sus armas de fuego, y el hábito constante de llevarlas es lo que favorece la mayor frecuencia de los robos. El carácter de las clases más elevadas y educadas, que residen en las ciudades, participa, aunque tal vez en grado menor, de las buenas cualidades del *gaucho*; pero temo que tengan muchos vicios de los que él está libre. La sensualidad, la burla hacia toda religión, y una gran corrupción, son cosa común. Casi todos los funcionarios públicos pueden ser sobornados. El director de Correos vendía sellos falsificados. El gobernador y su primer ministro se confabulaban para estafar al Estado. Nadie puede esperar justicia cuando entra en juego el oro. Conocí a un inglés que acudió a la primera autoridad judicial (me dijo que como no conocía las costumbres del país, tembló al entrar en la sala) y le dijo: 'Señor, he venido a ofrecer a usted 200 dólares- valor equivalente a 5 libras esterlinas-si manda usted arrestar antes de tal tiempo a un hombre que me ha estafado. Sé que esto es contra la ley, pero mi abogado (lo nombra) me ha recomendado dar este paso'. El juez sonrió, asintió, le agradeció, y antes de anochecer, el hombre estaba en prisión. Con tan completa falta de principios en los hombres que conducen, y con una infinidad de empleados revoltosos con sueldos de hambre, ¡el pueblo todavía tiene esperanza de que una forma democrática de gobierno triunfe! (*Diario*, Capítulo VIII, 26 de noviembre de 1832).

Sin embargo, y a pesar de esta visión completamente negativa, Darwin no ahorra elogios y vislumbra un buen futuro para esta parte del mundo:

"Al ponerse por primera vez en contacto con la sociedad en estos países, dos o tres rasgos resultan particularmente notables. Las maneras corteses y señoriales, en los distintos aspectos de la vida; el excelente gusto de las mujeres en el vestir, y la igualdad de trato en todas las clases. En el río Colorado algunos humildes tenderos cenaban con el general Rosas. El hijo de un comandante, en Bahía Blanca, se ganaba la vida haciendo cigarrillos, y se ofreció a acompañarme como guía o como criado hasta Buenos Aires; pero su padre se opuso, tan solo por el peligro que correría. Muchos oficiales del ejército no saben leer ni escribir, y, sin embargo, todos se tratan como iguales en sociedad. En Entre Ríos, la Sala se componía de seis representantes solamente. Uno de ellos sólo tenía un comercio, lo que indudablemente no le incapacita para el cargo. Todo esto es lo que desde luego podía esperarse de un país nuevo; sin embargo, la ausencia de verdaderos caballeros resulta algo extraño para un inglés.

Cuando se habla de estos países no debe olvidarse el modo como han sido educados por la impuesta autoridad de España. En general, merece más elogios lo que se ha hecho que censura lo que se ha dejado de hacer. Y no cabe duda de que el excesivo liberalismo de estos países debe llevar al final a buenos resultados. La tolerancia, muy generalizada, hacia las religiones extranjeras; la alta consideración hacia la educación; la libertad de la prensa; las facilidades ofrecidas a todos los extranjeros, y especialmente –como yo mismo puedo asegurar- cualquiera que profese algún interés por la ciencia deberá recordar con gratitud la Sudamérica española. (*Diario*, Capítulo VIII, 26 de noviembre de 1832).

Darwin pasó sólo circunstancialmente por la ciudad de Buenos Aires. Hay que tener en cuenta que el derrotero del *Beagle* no necesariamente fue el derrotero de Darwin quien en muchas ocasiones se separó de la nave para efectuar expediciones a caballo o en otras embarcaciones que se agregaron por momentos a la expedición principal, alcanzando al *Beagle* en puertos ya convenidos de antemano con Fitz Roy. Así describe Darwin la ciudad de Buenos Aires, junto con la dramática escena del matadero en la que un jinete mata a un toro y que, salvando las distancias nos recuerda las terribles escenas de *El Matadero* de Esteban Echeverría:

"La ciudad de Buenos Aires es grande[18], y creo que una de las más regulares del mundo. Todas las calles se cortan en ángulo recto, y las paralelas son equidistantes, las casas reunidas en bloques cuadrados de terreno de idénticas dimensiones, llamados *quadras* [idem en el original]. Además, las casas mismas son cubos huecos, todas las habitaciones dan a un pequeño y ordenado patio. Generalmente sólo tienen un piso, con azotea provista de asientos, muy frecuentada por los habitantes en verano. En el centro de la ciudad está la plaza, con los edificios públicos, la fortaleza, la catedral, etc. También allí tenían sus palacios los antiguos virreyes antes de la revolución. El conjunto general de edificios posee cierta belleza arquitectónica, aunque ninguno de ellos sobresalga en este particular. El gran *corral* [en castellano en el original], donde se encierran las reses destinadas al suministro de carne a la población, ofrece un de los espectáculos más dignos de observar. La fuerza del caballo, comparada con la del toro, causa verdadero asombro; un jinete que haya enlazado las astas de una res puede arrastrarla donde quiera. El animal, abriendo surcos en la tierra con las patas tendidas, se esfuerza en vano por resistir y generalmente, se lanza a toda velocidad por un lado; pero el caballo se vuelve inmediatamente para recibir el golpe, y permanece tan firme que el toro cae, siendo extraño que no se rompa el cuello. La lucha, sin embargo, no es de mera fuerza: la cincha del caballo debe emparejarse con el cuello extendido del toro. De la misma manera, un hombre a pie podría dominar al caballo más salvaje si lo toma con el lazo precisamente por detrás de las orejas. Cuando el toro ha sido arrastrado al sitio en que se le ha de matar, el *matador* [en castellano en el original] le corta con gran precaución los tendones de la rodilla. Luego se oye el bramido de muerte, el

---

18 Darwin asegura que tiene 60.000 habitantes contra 15.000 de Montevideo.

grito más expresivo de agonía feroz que conozco; lo he percibido muchas veces a gran distancia, entendiendo siempre que la lucha tocaba a su término. Todo el espectáculo es horrible y repugnante; el piso está materialmente cubierto de huesos, y los caballos y jinetes empapados de sangre". (*Diario*, Capítulo VI, 20 de septiembre de 1832).

En el capítulo correspondiente a su excursión a Santa Fe, Darwin también expresa una opinión corriente por esa época y una evaluación política:

"¡Cuán diferente habría sido el aspecto de este río si colonos ingleses hubieran tenido la fortuna de ser los primeros en remontar la corriente del Plata! ¡Qué nobles ciudades ocuparían ahora sus riberas! Hasta la muerte de Francia, el dictador del Paraguay, estos dos países debían ser distintos, como si estuvieran situados en lugares opuestos del planeta. Y cuando el viejo y sanguinario tirano tenga que rendir su larga cuenta, el Paraguay será destrozado por revoluciones violentas en proporción con la artificial calma anterior. Ese país tendrá que aprender, como todos los demás estados sudamericanos, que una república no puede ser exitosa mientras no haya en ella un grupo de hombres imbuidos en los principios de la justicia y del honor". (*Diario*, Capítulo VI, 18/19 de octubre de 1832).

En su excursión, Darwin, llegó hasta la ciudad que, en su *Diario* llama "Bajada". En 1649 se había trasladado la ciudad de Santa Fé desde lo que hoy es Cayastá, a su emplazamiento actual. En el largo proceso de mudanza que finalizó en 1660 el sitio denominado primero Baxada de Santa Fe y luego Baxada del Paraná servía para que los viajeros que se dirigían hacia el norte comenzaran su travesía por tierra.

8. La relación con Francisco Muñiz a propósito de la vaca ñata

A propósito de una variedad que denominó como "vaca ñata" (por su hocico aplastado y una leve deformación en la cabeza, y que consideró como una degeneración del ganado vacuno) el científico argentino, Francisco J. Muñiz (1795-1871) entró en contacto con Darwin. Muñiz fue médico y un destacado naturalista. Murió por la fiebre amarilla de 1871 en Buenos Aires donde colaboró con la atención de los enfermos. Desarrolló una extensa labor como médico y fue un activo paleontólogo, descubridor de una gran cantidad de fósiles. Realizó una descripción del ñandú o avestruz americano, distinguiéndolo del africano, y descubrió el "tigre fósil" (*Muñifelis bonaerenses*, hoy denominado *Smilodon bonaerenses*) en 1844. En 1885 Domingo F. Sarmiento (1811-1888) rescata póstumamente su obra y la publica como "Escritos científicos del coronel Francisco J. Muñiz". Darwin entabló con él una relación epistolar relativamente larga a propósito de la vaca ñata y, en febrero de 1847 le escribe: "No puedo adecuadamente expresar cuánto admiro el continuado celo de Vd., colocado, como está, sin los medios de proseguir sus estudios científicos y sin que nadie simpatice con Vd., en los progresos de la Historia Natural". En el *Diario*, dice Darwin:

"En dos ocasiones he encontrado en esta provincia algunos bueyes de una raza curiosísima, llamada *ñata* o *niata* [en castellano en el original]. Por su aspecto exterior parecen guardar con las otras clases de ganado vacuno la misma relación que tienen los bull-dogs o los perros falderos ["bull or pug dogs" en el original] con los demás perros. Tiene la frente muy corta y ancha, y las extremidades nasales vueltas hacia arriba, mientras el labio superior está muy recortado; la mandíbula inferior sobresale de la superior y presenta una curvatura hacia arriba, por lo cual siempre están mostrando los dientes. Las ventanas de la nariz están altas y muy abiertas; sus ojos son muy saltones. Cuando caminan llevan la cabeza baja, sostenida por un cuello corto, y sus patas traseras, comparadas con las delanteras, son más largas de lo común. Sus dientes al descubierto, sus pequeñas cabezas, y sus fosas nasales vueltas hacia arriba, les otorgan un aspecto desafiante y de seguridad en sí mismos, tan ridículo como pueda imaginarse. Después de mi regreso he conseguido un cráneo, gracias a la amabilidad de mi amigo el capitán Sulivan, de la Marina Real Inglesa, y hoy se conserva en el College of Surgeons. D. F. *Muñiz* ["Muniz" en el original], vecino de *Luján* ["Luxan" en el original], amablemente me ha recolectado toda la información que ha podido acerca de esta raza. De lo que él me informa, parece que hace unos ochenta o noventa años, estos animales eran raros, y se conservaban como curiosidades en Buenos Aires. Se cree en general que la raza en cuestión procede del ganado vacuno criado por los indios del sur del Plata, y que entre ellos es un tipo común. (...) Es una verdadera raza y un toro y una ñata producen invariablemente terneros ñatas. Un toro ñata con una vaca común, o viceversa, produce siempre tipos intermedios, pero con los caracteres ñatas muy marcados; según el Sr. Muñiz, existen muy claras evidencias, en contra de lo que creen comúnmente los agricultores para casos análogos, que la vaca ñata cruzada con un toro común transmite sus caracteres peculiares más enérgicamente que el toro ñata cruzado con la vaca común. Cuando el pasto está bastante alto el ganado ñata pace con la lengua y el paladar tan bien como el ganado común; pero durante las grandes sequías, cuando tantos animales perecen, la raza ñata se halla en condiciones desventajosas, y desaparecería si no se la cuidase; porque el ganado vacuno común, así como los caballos, se sostienen recogiendo con los labios palitos y astillas de caña, cosa que los ñatas no pueden hacer bien por no juntarse sus labios, y, consiguientemente, sucumben antes que el ganado común. Este hecho me ofreció un buen ejemplo de lo difícil que es apreciar por los hábitos de vida ordinarios en qué circunstancias, cuando éstas se presentan sólo en largos intervalos, puede producirse la escasez o la extinción de una especie,". (*Diario*, Capítulo VIII, 18 de noviembre de 1833).

9. Darwin y el mate

En el *Diario*, hay algunas pocas referencias concretas al mate y sólo en dos ocasiones relata Darwin haberlo tomado durante su paso por Sudamérica, una en la Sierra de la Ventana y la otra en Chile:

> "Llegué al sitio en que habíamos de acampar al atardecer, y bebiendo mucho mate ["maté" en el original] y fumando algunos cigarrillos ["cigaritos" en el original] me preparé la cama para pasar la noche. El viento era muy fuerte y frío, pero nunca dormí más confortablemente". (*Diario*, Capítulo VI, 8 de septiembre de 1833).
>
> "Cuando anocheció encendimos un fuego bajo una pequeña enramada de bambúes, freímos nuestro *charqui* [ídem en el original] (o carne curada de vaca), tomamos nuestro mate, y quedamos enteramente satisfechos. Hay un encanto indescriptible en pasar así la vida al aire libre. La noche estaba serena y silenciosa. Sólo de vez en cuando se oía el penetrante chillido de la *vizcacha* ["bizcaha" en el original] de la montaña y el apagado grito del chotacabras". (*Diario*, Capítulo XII, 16 de agosto de 1834).

Sin embargo, es de presumir, que haya sido algo común en su periplo por el extremo sur de Sudamérica, pues su hijo Francis lo refiere como un recuerdo vívido de su padre:

> "Sólo en los últimos años se aficionó definitivamente al tabaco, aunque en sus excursiones a caballo por las pampas aprendió a fumar con los gauchos, y le he oído hablar del gran consuelo que suponía una copa de mate y un cigarrillo cuando descansaba después de una larga cabalgata y le era imposible conseguir algo de comer durante algún tiempo" (*Autobiografía*, pág. 188)

10. El "ataque" de las vinchucas en Luján de Cuyo

Un episodio que ha hecho pensar a algunos que quizá los repetidos malestares que tuvo que padecer a lo largo de su vida, profusamente señalados en sus cartas y autobiografía, lo mismo que la cardiopatía por la cual muere, hayan sido ocasionados por un episodio ocurrido durante su viaje, con las vinchucas, transmisoras, hoy sabemos, del Mal de Chagas-Maza. En su breve paso por Mendoza a fines de marzo de 1835, luego de haber atravesado la cordillera de los Andes a caballo desde Chile, Darwin relata lo siguiente:

> "Cruzamos el río *Luján* ["Luxan" en el original], que tiene un considerable tamaño, aunque todavía no se conoce perfectamente su curso hacia la costa del mar [se refiere a la costa del Atlántico], y aun es dudoso si en su trayecto por las planicies no se evapora y desaparece. Dormimos en la villa de Luján [Luján de Cuyo] (…). Durante la noche sufrí el ataque (lo que ocurrió no merece menos que ese nombre), de la Benchuca, una especie de Reduvius, la gran chinche negra de las Pampas. Es de lo más repugnante sentir estos insectos, blandos y sin alas, de cerca de una pulgada de largo, arrastrarse por nuestro cuerpo. Antes de succionar son muy delgados, pero después se redondean y llenan de sangre, y en este estado se los aplasta con facilidad. Uno que atrapé en Iquique (también se los encuentra en Chile y Perú) estaba muy vacío. Puesto sobre una mesa y aunque rodeado de gente, si se le presentaba un dedo, el atrevido insecto sacaba inmediatamente su chupador y atacaba sin vacilar, y si se le dejaba, sacaba sangre. La herida no causaba dolor. Era curioso observar su cuerpo durante la succión, y ver cómo en menos de diez minutos se cambiaba desde plano a redondo como una esfera (…)." (*Diario*, Capítulo 17, 25 de marzo de 1835).

3

Darwin en la Tierra del Fuego

1. Llegada y recepción

Los indios de la pampa habían causado, por sus bárbaras costumbres, gran temor al joven Darwin aunque también elogiara sus condiciones y aptitudes naturales. Pero de los indios fueguinos le impresiona su profunda "inferioridad". Así describe Darwin la recepción brindada y algunas impresiones sobre los fueguinos:

"17 de diciembre de 1832.-Tras haber acabado con Patagonia y las islas Falkland, describiré nuestra primera llegada a Tierra del Fuego. Apenas después del mediodía doblamos el cabo San Diego y entramos en el famoso estrecho de Le Maire. Nos mantuvimos cerca de la costa fueguina; el perfil de la abrupta e inhóspita isla de los Estados ["Staten-land" en el original] se hacía visible entre las nubes. Por la tarde anclamos en la bahía del Buen Suceso. Al entrar fuimos saludados en la forma propia de los habitantes de estas tierras salvajes. Un grupo de fueguinos, ocultos en parte por el enmarañado bosque, se había subido a un pico que salía sobre el mar, y mientras pasábamos saltaron a la parte más alta, y agitando sus andrajosos mantos lanzaron un fuerte y sonoro grito. Los salvajes siguieron el barco, y precisamente al empezar a oscurecer vimos sus hogueras y oímos de nuevo sus gritos salvajes. (…) Por la mañana el capitán despachó un grupo a comunicarse con los fueguinos. Cuando estuvimos a corta distancia, uno de los cuatro indígenas presentes se adelantó a recibirnos y empezó a gritar con gran vehemencia, deseando indicarnos dónde debíamos desembarcar. Cuando estuvimos en la orilla, los fueguinos parecieron alarmarse pero siguieron hablando y gesticulando con gran rapidez. Era, sin excepción, el más curioso e interesante espectáculo que jamás haya presenciado: *imposible imaginar la diferencia que existe entre el hombre salvaje y el civilizado. Es más grande que la que hay entre un animal salvaje y uno domesticado, por lo mismo que hay en el hombre una gran capacidad de perfeccionamiento.* El jefe que hablaba era viejo, y parecía ser el cabeza de familia; los otros tres, hombres jóvenes y fuertes, medían seis pies de altura [1,80 metros aproximadamente]. Las mujeres y los niños no aparecieron por allí. Estos fueguinos son de una raza muy distinta de la *desgraciada y miserable establecida más hacia el Oeste.* Son superiores, parecen tener estrechas afinidades con los famosos patagones del estrecho de Magallanes. Todo su vestido se reduce a una manta hecha de piel de guanaco, con la lana hacia afuera; se la echan sobre los hombros, y no cuidan de que les cubra o no el resto del cuerpo. Tenían la piel de un sucio color rojo cobrizo. El viejo llevaba atada alrededor de la cabeza una cinta con plumas blancas, sujetando en parte sus negros, ásperos y enredados cabellos. Su rostro estaba cruzado por dos anchas barras transversales, una de color rojo brillante, de oreja a oreja, pasando por el labio superior, la otra, blanca como tiza, paralela por arriba de la primera, de modo que coloreaba también los párpados. Los otros dos hombres se adornaban con rayas de polvo negro de carbón. El grupo se parecía mucho a los diablos que salen a escena en obras como Der Freischütz. Sus actitudes eran abyectas, y la expresión de sus rostros, recelosa, sorprendida e inquieta. Luego de haberles regalado alguna prenda escarlata, que inmediatamente se ataron alrededor del cuello, se volvieron buenos amigos. Esto se vio por las palmaditas que el viejo nos dio en el pecho y el tipo de chasquido que hizo, parecido al que hacen las aldeanas para llamar a las gallinas. Di un paseo con el viejo, y esta demostración de amistad se repitió varias veces, terminando con tres golpes que me dio en el pecho y en la espalda al mismo tiempo. Se descubrió entonces el pecho para que yo le devolviera el cumplido, y una vez que lo hice se mostró sumamente complacido. *El lenguaje de este pueblo, según nuestro modo de pensar, apenas puede calificarse como articulado.* El capitán Cook lo ha comparado al carraspeo que se hace al limpiarse la garganta; pero puedo afirmar ciertamente que ningún europeo se limpia la garganta con sonidos tan roncos y guturales. Son excelentes imitadores; de modo que cada vez que tosíamos, bostezábamos o estornudábamos, ellos nos imitaban. Algunos de mis compañeros empezaron a torcer la vista y mirar de soslayo; pero uno de los jóvenes fueguinos (...) hizo gestos más horribles aún. *Podían repetir correctamente toda palabra de lo que les decíamos, y recordarlas por algún tiempo. Nosotros los europeos sabemos lo difícil que es distinguir los sonidos de una lengua extranjera. ¿Quién de nosotros, por ejemplo, sería capaz, de reproducir una sentencia de más de tres palabras, pronunciada por un indio de América? Según parece, todos los salvajes poseen en grado sumo esta capacidad de imitación.* Me han dicho que los mismos hábitos ridículos se observaban entre los cafres y del mismo modo los australianos, son notoriamente capaces de imitar con toda perfección el modo de andar de cualquier persona, hasta el punto de ser posible reconocerla. ¿Cómo se puede explicar esta facultad? ¿Es una consecuencia de tener más ejercitados y agudos los sentidos, carácter común a todos los hombres salvajes respecto de los civilizados?

Cuando nuestro grupo entonó una canción, creí que los fueguinos iban a caerse del asombro. La misma sorpresa les produjo nuestro baile; pero uno de los jóvenes, cuando se lo pedí, no tuvo ningún reparo en bailar un vals. A pesar de estar muy poco acostumbrados a tratar con europeos, conocían y temían nuestras armas de fuego: de ninguna manera aceptaron tomar un arma en sus manos. Pidieron cuchillos, designándolos con la palabra española 'cuchilla'. Explicaron también que los querían, fingiendo tener en la boca un trozo de carne y haciendo como que lo cortaban, en lugar de desgarrarlo". (*Diario*, Capítulo X, 17 de diciembre de 1832).

2. Sobre los tres indios fueguinos

En su primera expedición con el *Beagle* (de 1826 a 1830), Fitz Roy tomó como rehenes a cuatro nativos en Tierra del Fuego, aparentemente en castigo por haber robado uno de los botes balleneros. Les dieron nombres un tanto extraños y peyorativos: Boat Memory (ni Darwin ni Fitz Roy indican su nombre original) que murió rápidamente al llegar a Inglaterra[1], Fuegia Basket (su nombre original en idioma alikhoolip era Yokcushlu, según señala Fitz Roy) y York Minster (su nombre original era El'leparu, también en idioma alikhoolip). A estos tres se agregó un cuarto indio, a quien despectiva y burlonamente, se llamó Jemmy Button (su nombre original en idioma tekeenica era Orundelico), aparentemente por lo que había costado comprarlo (un botón).

En una carta escrita al Capitán King, Robert Fitz Roy relataba el episodio con los fueguinos y expresaba sus intenciones para con ellos en 1830. Cuenta que envió al Sr. Matthew Murray a "Townshend Harbour", en la costa sur-oeste de Tierra del Fuego, con seis hombres, en un bote ballenero, y que la expedición desembarcó en "Cape Desolation" una saliente de una isla pequeña, a unas doce millas de distancia de su destino. Por la noche, algunos fueguinos se acercaron "con la stucia propia de los salvajes" y robaron el barco. Sin medios para regresar ni para comunicar su situación, armaron una especie de canasta con ramas y la lona de la tienda y tres hombres regresaron al Beagle y dieron aviso. Luego de rescatar a sus hombres Fitz Roy inició la búsqueda del barco perdido sin éxito, aunque encontró partes del mismo en poder de algunas familias. Como no había ningún hombre en ese grupo llevaron a bordo a las mujeres y los niños que, al cabo de algunos días ya se habían escapado salvo tres niñas "dos de las cuales hemos restituido a su propia tribu (…), y la otra está ahora a bordo" (la niña que luego llamaron Fuegia Basket). No queda muy claro en qué circunstancia "un hombre fue tomado como rehén por la recuperación de nuestro barco y para que pudiera ser intérprete y guía. Él vino con poca reticencia y parecía indiferente" (se trata

---

[1] Los cuatro fueguinos fueron vacunados en Montevideo y luego a su llegada a Europa, pero al poco tiempo de su llegada a Inglaterra fueron internados en el Royal Hospital de Plymouth, y Boat Memory murió de viruela.

del muchacho que llamaron después Boat Memory). Luego subieron a bordo al que posteriormente llamaron York Minster con el mismo propósito de obtener información. Finalmente subieron a un "muchacho robusto y, a cambio se les dio cuentas, botones y otras menudencias" (se trataba de Jemmy Buttom). Sigue Fitz Roy:

"(…) decidí mantener estos cuatro nativos a bordo, ya que parecían alegres y contentos, y pensé que vivir un corto tiempo en Inglaterra debería producir buenos efectos. Han vivido y se han vestido como marineros y mantienen un excelente estado de salud y son felices. Ellos entienden por qué se han embarcado y esperan con placer conocer nuestro país y también regresar al suyo (…) voy a procurar a estas personas una educación adecuada y, después de dos o tres años, deberán enviarlos o llevarlos de vuelta a su país con elementos útiles para ellos y para mejorar la condición de sus compatriotas que, ahora, son apenas superiores a la creación bruta" (Fitz Roy, 1839, Apéndice, p. 13)

Más allá de las confusas circunstancias en que se embarcó a este grupo de nativos, uno de los hijos del misionero Thomas Bridges (Lucas) que conocía la idiosincrasia de estos grupos, aseguró que ningún nativo hubiese vendido jamás a su hijo "ni siquierea a cambio del HMS Beagle con todo lo que tuviera a bordo" (citado en Chapman 2009, p. 22).

En el viaje siguiente, en el que venía Darwin, fueron traídos de vuelta a América. Pero vale la pena detenerse en algunas de las apreciaciones que hace Fitz Roy en el Tomo II y en su Apéndice de la obra *Narrative of the Surveying Voyages of His Majesty's Ships Adventure and Beagle (1826-1843)*. El libro incluía un Apéndice con tablas de datos diarios de dirección e intensidad del viento, clima, presión, temperatura, temperatura del agua y localidad en la cual se tomaron los datos; los cambios de rumbo y posición durante la travesía; una serie de cartas recibidas y enviadas; informes de viajeros anteriores; extensos vocabularios que incluían listas de palabras en inglés con sus equivalentes en idiomas alikhoolip, tekeenica, fueguino, huilliche y patagónico. Además, Fitz Roy dedica extensos pasajes de su versión del viaje a explicar no sólo las características de los tres indios que iban a repatriar sino también a describir con enorme detalle las costumbres de los indios patagónicos: características antropométricas, frenológicas, armas, obtención de alimento, propiedad, matrimonio, educación de los niños, salud y enfermedad, ceremonias en general y para los difuntos, caciques, supersticiones e ideas religiosas, la guerra, moralidad, disposiciones, cultivos, ocupación de las mujeres, el fuego, canibalismo, etc. Se trata, cuando menos para la época en que fue escrito, de un trabajo antropológico de enorme importancia. Transcribe un extracto del "Diario de Antonio de Viedma, 1783" que Don Pedro de Angelis le había facilitado a Sir Woodbine Parish, quien a su vez se lo facilitó a Fitz-Roy en 1837. En ese diario se hace una descripción completamente detallada de los indios de la Patagonia.

Pero aquí me interesa traer una serie de consideraciones frenológicas que hace Fitz Roy con relación a los tres indios mencionados. La frenología iniciada por el médico austriaco J. Gall (1758-1828) -que la llamó inicialmente "organología"-, estaba dirigida a detectar las zonas del cerebro en las que se encontraban localizadas con cierta precisión las distintas funciones y características humanas, y cuyo desarrollo ocasionaba la hipertrofia de esas zonas que, a su vez, se reproducía en un abultamiento diferencial del cráneo que les recubría. De modo tal que una buena lectura de ese mapa craneano informaba sobre las cualidades morales e intelectuales innatas de los individuos. Gall estableció casi treinta fuerzas primitivas que se podían medir examinando el cerebro, entre las que se encontraban las correspondientes a la reproducción, el amor, la progenie, la amistad, el odio, el instinto de matar o robar, aunque sus afanes estaban puestos en localizar la memoria, a la que consideraba núcleo del funcionamiento cerebral. Se basaba en cuatro principios: 1) Las facultades intelectuales y morales eran innatas. 2) Su ejercicio dependía de la morfología cerebral. 3) Que el cerebro actuaba como el órgano de todas las facultades intelectuales y morales. 4) Que estaba compuesto por muchas partes, como órganos particulares para ocuparse de todas las funciones naturales de los hombres. Un discípulo suyo, J. K. Spurzheim (1776-1832), que inventó el término "frenología", con el que hoy se denomina esta teoría, también diseñó las prácticas médicas asociadas consistentes en diagnosticar pautas de comportamiento de un individuo palpando y analizando las protuberancias del cráneo. La frenología, hoy olvidada, fue ciencia oficial en el siglo XIX. Darwin se refiere a ella en su Autobiografía:

> "Hace unos años [la Autobiografía la escribió en 1876], los secretarios de una sociedad psicológica alemana me pidieron encarecidamente por carta una fotografía, y algún tiempo después recibí las actas de una de sus reuniones, en las que, al parecer, la configuración de mi cabeza había sido objeto de una discusión pública, y uno de los oradores había declarado que tenía la protuberancia de la reverencia desarrollada como para diez sacerdotes" (*Autobiografía*, pág. 72)

Según relata Darwin, Fitz Roy le confesó luego de que entraran en confianza que estuvo a punto de no aceptarlo para el viaje a causa de la forma de su nariz, pues estaba convencido de que una persona con esa nariz no tendría ni la energía ni la decisión suficiente para hacer la travesía. El grado de consecuencias beneficiosas del viaje, es expresado por Darwin de esta manera:

> "El hecho de que mi mente se desarrollara por medio de las actividades que llevé a cabo durante la travesía, adquiere verosimilitud por un comentario de mi padre, que era el observador más agudo que jamás haya visto, escéptico por naturaleza y que estaba lejos de creer en la frenología; al verme después del viaje se volvió hacia mis hermanas y exclamó: ¡Si le ha cambiado hasta la cabeza! (*Autobiografía*, pág. 94)

Fitz Roy reproduce una serie de consideraciones proveniente de un cirujano (John Wilson) acerca de la conformación general de los fueguinos y un par de estudios en casos particulares. Comienzan las referencias de Wilson con una curiosa explicación sobre la conformación general del cuerpo de los habitantes de la Tierra del Fuego:

> "La morfología general de los fueguinos es peculiar, la cabeza y el cuerpo son especialmente grandes, y las extremidades inusualmente pequeñas: pero los pies son anchos aunque cortos. Esta peculiaridad, sin duda, se debe a su modo de vida. En esta gente que hace poco ejercicio, pero que se sienta constantemente amontonada junto a sus canoas o tiendas indias, la sangre, fuente de alimentación, sólo puede circular libremente, y seguramente en mayor cantidad, en la cabeza y el tronco, dada la obstrucción a su paso en las extremidades, debido a su posición doblada. La misma causa, es decir la falta de ejercicio, da su forma a los esquimales y lapones". (Fitz Roy, 1839, Apéndice, pág. 142)

Wilson transcribe los resultados del análisis frenológico de dos individuos fueguinos en los cuales se miden, en primer lugar, las propensiones o inclinaciones como la amatividad[2], concentratividad, combatividad, destructividad, constructividad, adquisitividad y secretividad; luego los sentimientos, como autoestima, veneración, amor a la aprobación por parte de los demás, prudencia, benevolencia, esperanza, firmeza; tercero los "órganos intelectuales" en los cuales se apreciaba la forma, medidas, peso, tiempo, ánimo, comparación, causalidad, imitación, agudeza, lenguaje, ordenatividad, numeratividad, localitividad, coloratividad; finalmente los ángulos facial y occipital. Tambien asegura que en los cráneos de los fueguinos se marcaban fuertemente las propensiones, y que sus "órganos intelectuales" eran igualmente pequeños reconociendo que la

---

2   Utilizo una terminología algo forzada pero es la que se utilizaba en castellano en esa época como puede verse en Cubí y Soler (1852).

destructividad, la secretividad y la cautela son facultades necesarias para un "guerrero salvaje", mientras que los sentimientos más refinados, como la benevolencia, el idealismo, y la conciencia eran pequeños.

A su vez, hacia finales de 1830, Fitz Roy había sometido a los tres indios al examen de un frenólogo cuyos resultados es pecíficos fueron los siguientes:

"YOKCUSHLU, una mujer de 10 años de edad: Fuerte propensión a los afectos. Si es ofendida, se enfurece mucho. Algo de disposición a la astucia pero no al engaño. Manifiesta algo de ingenuidad. No tiene disposición en absoluto a la codicia. Activa obstinación por momentos. Le gusta ser observada y aprobada. Ella mostrará un sentimiento de benevolencia en cuanto pueda. Manifiesta intensos sentimientos hacia un ser supremo. Disposición a la honestidad. Bastante propensa a la mímica y la imitación. Su memoria es buena con relación a los objetos vistos y los lugares, con una fuerte inclinación hacia los lugares en los que ha vivido. No sería difícil hacer de ella un miembro útil para la sociedad en poco tiempo, tan pronto como reciba instrucción.

ORUNDELLICO, un fueguino de quince años: Tendrá que luchar contra la ira, la obstinación, las propensiones animales y la disposición a combatir y destruir. Bastante propenso a la astucia. No es codicioso ni muy ingenioso. Le gusta dirigir y mandar. Muy cauto en sus acciones, aunque le agrada que lo distingan y lo aprueben. Manifiesta intensos sentimientos hacia un ser supremo. Fuertemente propenso a la benevolencia. Se le puede confiar sin peligro el cuidado de propiedades. Su memoria, en general es buena, sobre todo hacia las personas, lugares y los objetos relacionados con los sentidos. Muestra una firme adhesión a los sitios a los que está acostumbrado. Al igual que la mujer [Yokcushlu o Fuegia Basket], está listo para recibir educación y se lo podría convertir en un miembro útil para la sociedad; aunque hace falta gran cuidado, ya que su obstinación podría interferir mucho en esa tarea.

EL'LEPARU, de veintiocho años: Pasiones muy fuertes, particularmente aquellas de naturaleza animal; obstinado, positivo y decidido. Tiene gran afecto por los niños, las personas y los lugares. Disposición a la astucia y a la precaución. Muestra una comprensión acabada de las cosas y algo de ingenuidad. Personalidad dominante y que presta atención al valor de la propiedad. Su fuerte propensión a gustar del elogio y la aprobación, son rasgos de su conducta que deben ser tomados en cuenta. Bondadoso con aquellos que le prestan un servicio. Es reservado y desconfiado. No tiene los fuertes sentimientos hacia la divinidad como sus dos compañeros. Es muy agradecido de los favores pero reservado para manifestarlo. Su memoria, en general, es buena: no encontraría dificultad alguna en la historia natural u otras ramas de la ciencia, si se les enseñaran; pero, dada su enorme terquedad será dificultoso instruirlo y requerirá una gran dosis de humor e indulgencia para llevarlo a que realice lo necesario". (Fitz Roy, 1939, Apéndice, pág. 147)

3. Los "otros" en la mentalidad decimonónica

Con posterioridad, Fitz Roy cuenta que antes de su vuelta a la Tierra del Fuego, estos tres indios fueron recibidos y colmados de regalos por parte del rey Guillermo IV y la reina Adelaida de Inglaterra. Huxley y Kettlewel (1965) señalan en su biografía de Darwin, a propósito de la dramática experiencia:

"Se había reflexionado mucho sobre aquel proyecto. Junto con semillas de repollo, trigo y otras plantas, la Sociedad Misionera [*Church Missionary Society*] había donado medios de equipamiento que consideraba esenciales. Darwin comenta 'la elección de los artículos reflejaba una negligencia y una estupidez imperdonables. Vasos de vino, servicios de té, neceseres de caoba, delicada ropa de cama blanca, sombreros de castor y una interminable variedad de cosas por el estilo'. Aquella falta de imaginación le debió molestar sobremanera" (Huxley y Kettlewel, 1965 [1984, pág. 45])

En la primera mitad del siglo XIX (y por mucho tiempo más) la creencia en las jerarquías raciales era moneda corriente. Darwin, en este sentido, no podía ser la excepción, aunque despreciaba con mucha vehemencia las prácticas esclavistas como aparece en varios de sus escritos y en los testimonios de terceros. El siglo XIX inaugura un abordaje nuevo y sanciona científicamente[3] la antigua convicción de las jerarquías raciales. Pero, además, el discurso racista no sólo reproduce el clásico cuadro estático de las razas superiores e inferiores sino que también incorpora, en clave evolucionista (pero no darwinista, al menos en la primera mitad del siglo XIX), la idea según la cual la historia natural del hombre en cuanto especie biológica, también habría producido la historia cultural de los hombres, de modo tal que esa clasificación de las razas reproducía también los misterios del proceso civilizador al explicar por qué algunas sociedades habrían realizado esa marcha hacia adelante más rápidamente y mejor que otras (véase Hermann, 1997). Este segundo aspecto, que empalma con la idea generalizada de la evolución cultural y que "enriquece" el concepto de mera inferioridad considerada de un modo tipológico y estático, probablemente sea más importante que el primero y expresa con toda claridad la dialéctica decadencia/progreso que explica las interpretaciones acerca de los diversos desarrollos culturales. En este sentido, como ya hemos señalado, el siglo XIX es evolucionista en clave socioantroplógica, que incluye la idea del progreso como elemento central y que considera que el mundo europeo representa el punto más alto de ese progreso.

Pero en la consideración del "otro", de los otros pueblos, sobre todo los pueblos dominados y con menores recursos no solo juega un papel fundamental la ciencia

---

3   El concepto de 'racialismo' (Todorov, 1989) se diferencia del de 'racismo' en que éste hace referencia a una conducta más o menos espontánea y generalizada de rechazo y temor al diferente o al extranjero en general surgida de prejuicios del sentido común, mientras que aquél consiste en la búsqueda de apoyatura en teorías 'científicas'.

biológica, sino también el desarrollo particular de la teoría antropológica para dar cuenta de las diferencias culturales y las costumbres de esos otros pueblos (lenguaje, religión, rituales, etc.). Este complejo proceso cuyo resultado visible es el modo en que Europa conceptualiza y asume a los "otros" surge de la encrucijada de al menos tres grandes fuentes: el llamado "descubrimiento del Nuevo Mundo" que forzó de hecho el enfrentamiento de culturas muy heterogéneas; la fortísima convicción acerca del progreso de la Humanidad que surge de la Ilustración y la aparaición de *El Origen*.

Un aspecto brutal, discriminatorio y vergonzoso de la asimilación de la inferioridad de los indígenas al mundo europeo fue su exposición pública en verdaderos zoológicos humanos. Aunque esa costumbre tiene antecedentes más antiguos (de hecho Cristóbal Colón había llevado indígenas a su vuelta a España), el siglo XIX fue generalizando esta práctica a medida que transcurría. La conocida "Venus hotentote" (su verdadero nombre era Sara Baartman, de la nación nama) fue exhibida en Londres hasta 1815 en que murió. En la década del '70 se generalizaron estas exposiciones. En 1881, 11 fueguinos que habían sido raptados en la zona del Estrecho de Magallanes por un marino alemán, comenzaron a exhibirse en París en el Jardín de Aclimatación, y luego en distintas ciudades alemanas. Como varios fueron muriendo por distintas enfermedades, fueron devueltos a su país, al cual sólo llegaron cuatro sobrevivientes.

También en París, en 1889, y en ocasión del centenario de la Revolución francesa se celebró la Exposición Universal donde se expusieron once indígenas de una familia, en una jaula en condiciones miserables para acentuar el aspecto salvaje. Estas exposiciones se repetían no sin los reclamos de grupos y personas que abogaban por terminar con estas prácticas[4].

---

4   Véase, por ejemplo: Blancel, N. et al (2002); Báez, C.; Mason, P. (2006).

El caso más conocido en la Argentina es el del cacique Modesto Inacayal. Había sido uno de los últimos jefes que resistió la avanzada del Gral. Julio A. Roca. Luego de un ataque a traición del coronel Villegas (con quien tenía buenas relaciones y tratativas de paz en marcha) cerca del lago Nahuel Huapi, Inacayal huyó hacia el sur y resistió tres años. En 1884 se entregó y fue encarcelado en la isla Martín García de la cual lo rescató el perito Francisco José Pascasio Moreno (1852-1919), director del Museo de Ciencias Naturales de La Plata, en reconocimiento a los favores y hospitalidad recibidos por parte del cacique en sus viajes por la Patagonia. Moreno lo lleva al Museo donde muere en 1888 por causas no del todo claras. El secretario de Moreno, Clemente Onelli (testigo presencial) narra en términos épicos y heroicos la muerte de Inacayal:

"Un día, cuando el sol poniente teñía de púrpura el majestuoso propileo de aquel edificio (…), sostenido por dos indios, apareció Inacayal allá arriba, en la escalera monumental; se arrancó la ropa, la del invasor de su patria, desnudó su torso dorado como metal corintio, hizo un ademán al sol, otro larguísimo hacia el sur; habló palabras desconocidas y, en el crepúsculo, la sombra agobiada de ese viejo señor de la tierra se desvaneció como la rápida evocación de un mundo. Esa misma noche, Inacayal moría, quizás contento de que el vencedor le hubiese permitido saludar al sol de su patria".

Sin embargo, la realidad de estos grupos, era más penosa y triste que gloriosa y épica. El diario La Capital, de La plata, del 27 de septiembre de 1887 denuncia que "han muerto en el museo tres indios de las dos familias que allí viven por cuenta del gobierno." Que hacía pocos días había muerto una india y que el cadáver "desollado allí mismo, al objeto de disecar el esqueleto" y no se sabe dónde enterraron el resto. Un día después muere una "indiecita de 7 años" y su cadáver inhumado en el Parque del Museo sin intervención aparente de las autoridades municipales, acta de defunción e intervencion médica alguna. Un día después (un día antes de la nota del diario) murió Inacayal y "a la hora que escribimos (11 a.m.) lo están DESCUARTIZANDO, en el mismo museo, igualmente sin intervención de la autoridad". Pero quizá lo más llamativo sea la respuesta del Director del Museo, Moreno, que, a la sazón había salvado a Inacayal y su familia de la prisión:

> "Respondiendo a las preguntas que el Sr. Comisionado tuvo a bien hacerme ayer en su visita a este museo, tengo el honor de informarle que la causa de no haber puesto en su conocimiento, tan luego de sucedido, los fallecimientos de los indios á que se refiere la denuncia de LA CAPITAL, fue el haber considerado suficiente la autorización verbal que para la disección en el laboratorio de este establecimiento e inhumación en sus terrenos de los restos innecesarios al estudio anatómico de los cuerpos, de los citados indios, había recibido del Sr. presidente del consejo de higiene. Esta autorización fue solicitada a mediados de este mes en revisión del fallecimiento de algunos de los indígenas enfermos y lo hice dado el interés *escepcional* (sic) que para la ciencia antropológica tendrían estas disecciones, por tratarse de los últimos representantes de razas que se *estinguen* (sic) y de las que no se han hecho estudios todavía" (citado en Oldani *et al*, 2011).

Pero veamos cómo describe Darwin la experiencia de la reubicación de los tres indios en sus tierras natales:

> "Durante el primer viaje del *Adventure* y el *Beagle*, entre 1826 y 1830, el capitán Fitz Roy se apoderó de un grupo de nativos, en calidad de rehenes, por la pérdida de un bote que había sido robado, con gran riesgo para un grupo que estaba realizando un relevamiento (...) se los llevó consigo a Inglaterra decidido a educarlos e instruirlos en la religión, a sus expensas. Devolver a estos nativos a su propio país fue uno de los principales motivos que llevaron al capitán Fitz Roy a emprender nuestro actual viaje (...). Los nativos venían acompañados por un misionero, el Rdo. Matthews (...) ahora teníamos a bordo a York Minster; Jemmy Button (cuyo nombre aludía al precio de su compra), y Fuegia Basket. York Minster era bajo, grueso y muy fuerte, de carácter

reservado, taciturno, lento y violentamente apasionado cuando se excitaba; era muy afectuoso con algunos pocos amigos a bordo y era muy inteligente. Jemmy Button era el preferido, e igualmente apasionado; la expresión de su rostro reflejaba su buena disposición. Era alegre, reía a menudo y se compadecía de las desgracias ajenas: cuando el mar estaba picado, yo solía tener pequeños mareos y él venía a verme y me decía con acento apenado: '¡Pobre, pobre amigo!', pero pensar que un hombre pueda marearse después de llevar tanto tiempo en el mar, era demasiado ridículo y generalmente se veía forzado a volver la cabeza para ocultar una sonrisa o una carcajada, y volvía a repetir: '¡Pobre, pobre amigo!' Quería a su patria, y le gustaba elogiar a su tribu y a su país, diciendo que había en él 'muchos árboles'; pero se burlaba de las otras tribus. Aseguraba que en su tierra no había diablo. Jemmy era bajo, grueso y gordo, y muy vanidoso de su apariencia personal; solía llevar siempre guantes, el cabello prolijamente cortado y se incomodaba mucho cuando sus bien lustrados zapatos se le manchaban. Le gustaba mucho mirarse al espejo; un alegre niño indio del río Negro, que tuvimos a bordo algunos meses, muy pronto se dio cuenta de eso y solía burlarse. Jemmy, que estaba siempre celoso de las atenciones dispensadas a este niño, se disgustaba y solía decir, moviendo despectivamente la cabeza: 'Demasiado travieso'. *Cuando reflexiono sobre sus muchas buenas cualidades, me parece admirable, que pertenezcan a la misma raza y participen del mismo carácter que los miserables y degradados salvajes que encontramos aquí por primera vez.* Finalmente, Fuegia Basket era una linda muchachita, modesta y reservada, con una expresión afable, aunque triste a veces y muy rápida para aprender cualquier cosa, y especialmente idiomas. Así lo demostró con el portugués y español, en el corto tiempo que se detuvo en Río de Janeiro y Montevideo, y en su conocimiento del inglés. York Minster tenía celos de cualquier atención que se tuviera con ella; quedaba claro que él estaba decidido a casarse con ella tan pronto como desembarcase. Aunque los tres podían hablar y entender bastante el inglés, era muy difícil obtener de ellos información referente a las costumbres de sus compatriotas: esto se debía en parte a la gran dificultad que tenían en la comprensión de las alternativas más simples. Cualquiera que esté acostumbrado a tratar con niños muy pequeños sabe que rara vez se pueden obtener respuestas seguras a preguntas tan sencillas como la de si una cosa es blanca o negra; las ideas de blanco y negro parecen ocupar alternativamente su mente. Lo mismo pasaba con estos fueguinos, y por eso era generalmente imposible averiguar, a través de preguntas, si habían entendido bien lo que contestaban. Poseían una vista de una agudeza extraordinaria; esto es conocido por los marinos, que por su larga práctica, distinguen mejor los objetos distantes que las personas de tierra; pero tanto York como Jemmy eran muy superiores a cualquiera de los marinos de a bordo; en varias ocasiones dijeron lo que eran bultos confusos que se veían a lo lejos, y aunque todos dudaran, se comprobó que tenían razón cuando se examinaba con el catalejo. Ellos eran concientes de su poder, y Jemmy, después de alguna pelea con el oficial de guardia, solía exclamar: 'Yo ver barco, yo no decir'. ["Me see ship, me no tell" en el original]

Fue interesante observar, cuando desembarcamos, la conducta de los salvajes para con Jemmy Button; ellos inmediatamente notaron la diferencia entre él y nosotros y hablaron mucho entre ellos sobre el asunto. El viejo dirigió una larga arenga a Jemmy, exhortándole, al parecer, a que se quedara con ellos. Pero Jemmy entendió muy poco de su lenguaje, y por otra parte se avergonzaba completamente de sus paisanos. Cuando después desembarcó York Minster le reconocieron de igual modo, y le dijeron que debía afeitarse, a pesar de que no tenía más de veinte pelos en su cara y de que todos nosotros llevábamos la barba crecida y descuidada. Examinaron el color de su piel y la compararon con la nuestra. Cuando uno de los nuestros descubrió su brazo, expresaron la mayor sorpresa y admiración por su blancura, en la misma forma que he visto hacerlo al orangután ["orang-outang" en el original] en los Jardines Zoológicos. Creemos que tomaron a dos o tres oficiales, algo bajos y rubios, aunque con una larga barba, por las señoritas de nuestra expedición. El más alto de los fueguinos estaba complacido de llamar la atención por su estatura. Cuando, para medirse, se pusieron espalda con espalda con el más alto de los que íbamos en el bote, trató de colocarse en un lugar un poco más alto y ponerse en puntas de pie. Abrió la boca para mostrarnos sus dientes y giró la cara, para que la viéramos de perfil; y todo ello fue hecho con tal satisfacción, que indudablemente se tenía por el hombre más hermoso de Tierra del Fuego. Después de nuestra primera impresión de gran asombro, nada podría ser más ridículo que la extraña mezcla de sorpresa e imitación manifestada constantemente por estos salvajes. (*Diario*, Capítulo X, 17 de diciembre de 1833) (…)

25 de diciembre.- (…) Esta parte de Tierra del Fuego puede considerarse como el extremo sumergido de la cadena montañosa ya mencionada. El abra toma su nombre de 'Wigwam' que son algunas viviendas de los fueguinos; pero todas las bahías próximas podrían llamarse así con igual propiedad. Los habitantes, que se alimentan especialmente de mariscos, se ven obligados a cambiar constantemente de residencia; pero regresan cada tanto, como lo demuestran los montones de antiguas conchas, que frecuentemente ascienden a muchas toneladas. Estos montones pueden distinguirse a larga distancia por el color verde brillante de ciertas plantas que, invariablemente, las cubren. (…) El *wigwam* fueguina se parece a una montaña de heno por su forma y dimensiones. Se compone, simplemente, de unas cuantas ramas clavadas en el suelo, techada muy imperfectamente en un lado con algunos atados de hierba y juncos. Hacerla no puede llevar más de una hora, y se utiliza sólo unos pocos días. En Goeree Roads vi un sitio donde había dormido uno de estos hombres desnudos, y apenas había abrigo suficiente para una liebre. Ese hombre, sin duda vivía solo; y York Minster dijo que era un 'muy mal hombre', y probablemente había robado algo. En la costa occidental, sin embargo, los *wigwams* son algo mejores, pues están cubiertos de pieles de foca. Aquí estuvimos detenidos algunos días por el mal tiempo. El clima es realmente muy duro: había pasado el solsticio de verano, y, no obstante, diariamente nevaba en las montañas, y en los valles caían lluvias acompañadas de aguanieve, El termómetro generalmente estaba sobre los 45º [se trata de grados Farenheit, equivalentes a unos 7º centígrados] pero por las noches bajaba a los 38° o 40° [unos 3º o 4º centígrados]. A causa del estado tempestuoso y húmedo de la atmósfera, sin un rayo de Sol que la alegrara, el clima parecía mucho peor de lo que en realidad era. Mientras recorríamos un día la playa cerca de la isla Wollaston, *pasamos junto a una canoa con seis fueguinos, y no he visto en ninguna parte criaturas más abyectas y miserables*. En la costa oriental, según hemos visto, los nativos

tienen mantas hechas de pieles de guanaco, y en el Oeste pieles de focas. Pero entre estas tribus centrales los hombres sólo llevan una piel de nutria o algún trozo de pellejo del tamaño de un pañuelo de mano, que apenas es suficiente para cubrir desde sus espaldas hasta los riñones. Llevan esas pieles atadas con cuerdas cruzando el pecho, y con el viento ondean de un lado a otro. Pero estos fueguinos de la canoa estaban completamente desnudos, lo mismo que una mujer adulta que los acompañaba. Llovía copiosamente, y el agua, junto con las salpicaduras del mar, les caía por todo el cuerpo. En otro fondeadero, no muy lejano, una mujer que daba de mamar a un niño recién nacido vino un día al costado del barco, y permaneció allí por pura curiosidad, ¡mientras la nieve caía y se acumulaba en su desnudo seno y sobre la piel desnuda del niño! *Estos pobres desgraciados se habían detenido en su crecimiento; sus horribles rostros estaban embadurnados de pintura blanca; sus pieles eran sucias y grasientas; el cabello, enmarañado; las voces, discordantes, y sus gestos, violentos. Viendo tales hombres, cuesta creer que sean criaturas semejantes a uno y habitantes del mismo mundo. Es común preguntarse qué placeres puede ofrecer la vida de ciertos animales inferiores; pero ¡más razonable sería hacer la misma pregunta con respecto a estos bárbaros! Por la noche, cinco o seis seres humanos, desnudos y protegidos apenas contra el viento y la lluvia de este clima tempestuoso, duermen en la tierra húmeda, hechos un ovillo, como animales.* Siempre que hay bajamar, en invierno o en verano, de noche o de día, ellos deben dedicarse a sacar mariscos de las rocas; y las mujeres bucean en busca de erizos de mar, o bien se sientan pacientemente en sus canoas, y con una cuerda de pelo sin anzuelo de ninguna clase, sacan pececillos. Cuando se mata una foca o se descubre el cadáver flotante y en putrefacción de alguna ballena, es una fiesta, y esa miserable comida se acompaña con bayas y hongos insípidos. Frecuentemente pasan hambre: oí al señor Low, patrón de un barco y muy bien relacionado con los nativos de esta región, contar la situación en que se hallaron 150 fueguinos de la costa occidental, desnutridos y angustiados. Una sucesión de temporales impidió a las mujeres recoger mariscos en las rocas, y a los hombres salir en sus canoas a cazar focas. Un pequeño grupo de estos hombres salió una mañana, y los otros indios le explicaron a Low que iban a hacer un viaje de cuatro días en busca de alimentos. A su regreso, Low fue a su encuentro y los encontró excesivamente cansados, pues cada hombre iba cargado con una gran pieza cuadrada de una ballena pútrida, con un agujero en el medio, a través del cual metía la cabeza, como lo hacen los gauchos con sus ponchos o mantas de abrigo. Tan pronto como la grasa fue llevada a un wigwam, un viejo la cortó en lonjas y, musitando sobre ellas, las puso al fuego por un minuto y las distribuyó entre el famélico grupo, que durante este tiempo guardó el silencio más profundo. El señor Low cree que siempre que es arrojada a la playa alguna ballena los nativos entierran grandes trozos en la arena para utilizarlos en épocas de hambre; y un muchacho nativo, que teníamos a bordo, halló una vez uno de estos depósitos. *Las diferentes tribus, cuando están en guerra, son caníbales.* De dos testimonios similares, y completamente independientes, el del muchacho señalado por el Sr. Low, y el de Jemmy Button, *es realmente verdad que cuando en invierno los aprieta el hambre matan y devoran a las ancianas, antes de matar a sus perros.* El muchacho, interrogado por el Sr. Low acerca de por qué hacían eso, respondió: 'Los perros atrapan nutrias, y las viejas no'. *El muchacho describió el modo que tienen de matarlas, sujetándolas sobre el humo, hasta que se asfixian; él imitaba sus chillidos como una broma, y señalaba las partes de sus cuerpos consideradas mejores para comer. Si es horrible una muerte así, a manos de amigos y parientes, ¡todavía parecen más espantosos los temores de las ancianas cuando el hambre comienza a apretar! Me contaron que a menudo huyen a las, montañas; pero son atrapadas por los hombres que las vuelven a traer a sus hogares para sacrificarlas.* El capitán Fitz Roy nunca pudo comprobar que los fueguinos tuvieran una creencia bien definida en la vida futura. Unas veces entierran a sus muertos en cuevas, y otras en los bosques de las montañas; no conocemos qué tipo de ceremonias realizan. Jemmy Button no quiso nunca comer aves de tierra, porque 'comen hombres muertos', y no se atreven a mencionar a sus amigos muertos. No tenemos razones para pensar que tengan alguna clase de culto religioso; aunque tal vez fuera algo así, el murmullo del viejo antes de distribuir la ballena podrida entre sus hambrientos compañeros. Cada familia o tribu tiene un hechicero o médico mago, cuyo oficio no pudimos detectar con claridad. Jemmy creía en sueños, pero, como nos dijo, no en el diablo: *no creo que nuestros fueguinos fueran más supersticiosos que algunos de los marineros, pues un viejo oficial creía firmemente que los temporales sucesivos que sufrimos en el cabo de Hornos eran causados por tener fueguinos a bordo del barco.* Lo más cercano a un sentimiento religioso que yo escuché, fue por parte de York Minster, quien, cuando el Sr. Bynoe mató a algunos patos jóvenes con su escopeta, declaró de la manera más solemne: '¡Oh, míster Bynoe, mucha lluvia, nieve, mucha niebla!'. Era, evidentemente, un castigo por haber derrochado alimento. Nos contó también, de una manera salvaje y excitada, que su hermano, un día que volvía de recoger algunos pájaros muertos que había dejado en la costa; observó algunas plumas arrastradas por el viento. Su hermano dijo (York lo imitaba): '¿Qué es esto?', y avanzando arrastrándose y mirando por encima del acantilado, vio 'al hombre salvaje' que las estaba recogiendo. Se arrastró hasta estar un poco más cerca, le arrojó una gran piedra y lo mató. York señaló que después hubo muchas tormentas por largo tiempo, y cayó mucha lluvia y nieve. Según lo que pudimos entender, él parecía considerar a los agentes naturales mismos como agentes vengadores; parece claro que de un modo natural, en razas un poco más adelantadas en su cultura, los elementos mismos fueran personificados. Quiénes fueran esos 'malos hombres salvajes' es, para mí, un gran misterio: de lo que York dijo cuando hallamos el lugar, donde un hombre solo había dormido la noche antes, yo habría creído que eran ladrones expulsados por sus tribus; pero otras expresiones ambiguas me hacen dudar de ello; varias veces he imaginado que la explicación más probable era que se trataba de dementes.

Las diversas tribus no tienen gobierno ni jefe; cada una se halla rodeada de otras tribus hostiles, que hablan diferentes dialectos, y separadas unas de otras sólo por una zona desierta o territorio neutral; los medios de subsistencia parecen ser la causa de sus guerras. El país es un conjunto de barrancos, rocas abruptas, montañas escarpadas y bosques inútiles; y todo esto envuelto en neblinas y tempestades. La parte habitable se reduce a las piedras de la playa; para buscar el alimento se ven obligados incesantemente a vagar de un sitio a otro, y tan inaccesible es la costa, que sólo pueden movilizarse en sus miserables canoas. Ellos no conocen el sentimiento de amor al hogar, y mucho menos afectos domésticos. El marido trata a la mujer como un amo brutal a un esclavo trabajador. ¿Hay hecho más horrible que el presenciado en la costa occidental por Byron, que vio a una infeliz madre recoger el cadáver ensangrentado de su hijo moribundo, a quien el marido, furioso, había arrojado contra las piedras por haber dejado caer una canasta de erizos de mar? *¡Qué poco deben utilizar las facultades más altas del espíritu: la imaginación para describir, la razón para comparar y el juicio para discernir? Arrancar mariscos de las rocas a golpes ni siquiera hace necesaria la astucia, que es la más baja de las dotes intelectuales. Su destreza para algunas cosas puede compararse al instinto de los animales, porque no se perfecciona con la experiencia: la canoa, su aparato más ingenioso, tan pobre como es, ha permanecido invariable, según sabemos por Drake, durante los últimos doscientos cincuenta años.* Al contemplar a estos salvajes uno se pregunta: ¿De dónde provienen? ¿Qué pudo haber tentado o qué cambio obligó a una tribu de hombres a dejar las hermosas regiones del Norte, bajar por la Cordillera o espinazo de América, inventar y construir canoas que no usan las tribus de Chile, Perú y el Brasil, y entrar después en una de las regiones más inhóspitas del globo? Aunque tales reflexiones asalten la mente por un momento, debemos tener por cierto que en parte son erróneas. No hay razón para creer que los fueguinos disminuyan en cantidad; por tanto, hay que suponerlos que gozan de satisfacciones, de la clase que ellas fueren, que les hacen más llevadera la vida. La Naturaleza, al otorgarle tanto poder al hábito y sus efectos hereditarios, ha adaptado a los fueguinos al clima y a los productos miserables de su país. (*Diario*, Capítulo X, 25 de diciembre de 1833).

(...) 15 de enero de 1833.- El *Beagle* ancló en Goeree Roads. El capitán Fitz Roy que había resuelto instalar a los fueguinos en Ponsonby Sound, conforme a sus deseos, equipó cuatro botes para llevarlos allí, a través del Canal del *Beagle*. Este canal, que había sido descubierto por el capitán Fitz Roy durante el último viaje, es uno de los rasgos más notables de la geografía de este país, como lo sería en cualquier otro: se lo puede comparar con el valle de Lochness [Loch-ness en el original], en Escocia, con su cadena de lagos y fiordos. (...) Es la residencia de la tribu de Jemmy Button y de su familia.

19 de enero.-Tres botes balleneros y la yola, con un grupo de 28 personas, partieron bajo el mando del capitán Fitz Roy. Por la tarde entramos en la boca oriental del canal, y poco

después hallamos un pequeño fondeadero bien abrigado y oculto por algunas islitas próximas. Aquí armamos nuestras tiendas y encendimos las hogueras. Nada podría ser más confortable que este sitio. El agua clara de la pequeña bahía, las ramas de los árboles colgando sobre la rocosa playa; los botes anclados; las tiendas sostenidas por los remos cruzados; el humo que subía en espirales a perderse en el valle arbolado, formaban un cuadro de tranquilo retiro. Al siguiente día (20) avanzamos con nuestra pequeña flota, y llegamos a una región más habitada. Pocos o ninguno de esos nativos debía haber visto a un hombre blanco; ciertamente nada podría dejarlos más atónitos que la aparición de los cuatro botes. Por todos lados se encendieron fuegos (de aquí el nombre de Tierra del Fuego), tanto para llamar nuestra atención, como para difundir las nuevas por todas partes. Algunos hombres vinieron corriendo por la costa desde varias millas de distancia. Jamás olvidaré el aspecto salvaje y bestial de uno de los grupos; de repente cuatro o cinco hombres llegaron al borde de un precipicio; estaban completamente desnudos, y sus largas cabelleras caían revueltas sobre el rostro; llevaban nudosos garrotes en sus manos, y saltando agitaban los brazos alrededor de la cabeza y proferían los alaridos más horribles.

A la hora de cenar desembarcamos entre un grupo de fueguinos. Al principio no se mostraron amigables, pues mientras el capitán ordenaba los demás botes mantuvieron los palos que llevaba en sus manos. Pronto, sin embargo, los contentamos con baratijas, tales como cintas rojas, que les atamos alrededor de la cabeza. Les gustaban nuestras galletas; pero uno de los salvajes probó con el dedo un poco de carne conservada en lata, de la que yo estaba comiendo, y sintiéndola blanda y fría, se mostró muy asqueado, como si fuera grasa podrida de ballena. Jemmy se avergonzaba de sus compatriotas, y manifestó que su tribu era completamente diferente, en lo cual estaba dolorosamente equivocado. Era tan fácil complacer a estos salvajes como difícil dejarlos satisfechos. Jóvenes y viejos, hombres y niños no paraban de repetir la palabra *yammerschooner* [ídem en el original], que significaba "dame". Después de señalar con el dedo todos los objetos, una y otra vez, hasta los botones de nuestras chaquetas, acabaron repitiendo su expresión favorita en todos los tonos posibles, hasta hacerlo mecánicamente y vacía de significado.

Después de *yammerschoonear* ["*yammerschoonering*" en el original] con insistencia por cualquier cosa y no se les daba apuntaban a sus mujeres e hijos, como diciendo: 'Ya que no me das a mí, dáselo a ellos'. Por la noche buscamos en vano algún lugar abrigado deshabitado, y finalmente tuvimos que acampar no lejos de un grupo de nativos. Eran muy inofensivos en la medida en que eran pocos; pero por la mañana (21), al unírseles otros, comenzaron a mostrarse hostiles, y creímos que nos íbamos a ver envueltos en una escaramuza. Un hombre civilizado se encuentra con una gran desventaja al tratar con salvajes como éstos, que no tienen la menor idea del poder de las armas de fuego. Al levantar el mosquete le parece, al salvaje, muy inferior al hombre armado de arco y flechas, de lanza y hasta de un simple garrote. Y no es fácil hacerles comprender la superioridad de nuestras armas excepto con un disparo fatal. Lo mismo que las bestias, tienen muy poco en cuenta la cantidad; cada individuo, si es agredido, en lugar de retirarse, intentará destrozar de una pedrada la cabeza del adversario, del mismo modo que lo haría un tigre en similares circunstancias. En una ocasión en que, por buenas razones, el capitán Fitz Roy pretendía alejar a un pequeño grupo, comenzó a blandir un florete cerca de ellos pero sólo se echaron a reír; tuvo entonces que hacer dos disparos cerca de uno de los nativos. El hombre miró asombrado y se rascó la cabeza; luego miró fijamente un rato, farfulló con sus compañeros; pero nunca dio la menor señal de querer huir. Difícilmente podamos ponernos en la posición de estos salvajes y comprender sus acciones. En el caso de este fueguino, la posibilidad de que pudiera producirse junto a su oído un estruendo como el del arma de fuego, no entraba en su mente. Quizá él, literalmente, ni siquiera distinguió si había sido un sonido o un golpe, y por eso, muy naturalmente, se rascó la cabeza. Del mismo modo, cuando un salvaje ve la marca hecha por una bala, seguramente no comprenderá cabalmente desde el primer momento cómo es que eso ha ocurrido; el hecho de un cuerpo invisible por su velocidad es para él totalmente inconcebible. Además, la extraordinaria fuerza de una bala, que penetra una substancia dura sin romperla, podría convencer al salvaje de que no existe tal fuerza. (...)

22 de enero.-Después de pasar una noche tranquila en un territorio que parecía ser neutral entre la tribu de Jemmy y la gente que vimos ayer, reiniciamos agradablemente nuestra navegación. No conozco nada que ponga mejor de manifiesto el estado de hostilidad en que viven estas tribus que lo que ocurre en estas zonas intermedias o neutrales. Aunque Jemmy Button conocía perfectamente la fuerza con que contábamos, no se mostró dispuesto a desembarcar entre las tribus enemigas próximas a la suya. Frecuentemente nos contó cómo, 'cuando la hoja enrojece' [es decir en otoño], los salvajes hombres Oens ["savage Oens men" en el original, se refiere a los indios Onas], cruzaban las montañas desde la costa oriental de Tierra del Fuego y realizaban incursiones sobre los nativos de esta parte del país. Era muy curioso observarlo cuando hablaba de esto, con los ojos chispeantes de animación y el rostro tomando una expresión salvaje. (...)

Por la noche dormimos cerca de la unión entre Ponsonby Sound y el Canal del *Beagle*. Una pequeña familia de fueguinos que vivía en el fondeadero, completamente pacíficos e inofensivos, muy pronto se nos unió alrededor de la hoguera. Nosotros estábamos bien abrigados, y aunque estábamos sentados cerca del fuego, no teníamos calor; pero los salvajes, a pesar de estar desnudos y más alejados de la hoguera, para nuestra sorpresa, les caía abundante transpiración por el cuerpo. Sin embargo, parecían estar muy complacidos y se unieron a las canciones del coro de marineros; pero la manera en que invariablemente se retrasaban en cada frase era cómica. Durante la noche la noticia de nuestra llegada se difundió; y temprano por la mañana (día 23) llegó un nuevo grupo de la tribu de Tekenika, que era la de Jemmy. Algunos de ellos habían venido corriendo tan de prisa que sangraban por la nariz, y les salía espuma por la boca al hablar rápidamente; y con sus cuerpos desnudos, pintados de negro, blanco y rojo, parecían demonios que habían estado peleando. Proseguimos viaje bajando el Ponsonby Sound (acompañados por 12 canoas, cada una de ellas con cuatro o cinco personas) hasta el sitio en que el pobre Jemmy esperaba encontrar a su madre y a sus parientes. Ya le habían dicho que su padre estaba muerto; pero como había tenido un 'sueño en su cabeza' al respecto, no pareció muy preocupado por ello, y a menudo se consolaba con una reflexión muy natural: 'Mi no poder ayudarlo' ["Me no help it" en el original]. No pudo obtener detalle alguno sobre la muerte de su padre, porque sus parientes no quisieron contarle. Jemmy estaba ahora en una zona bien conocida por él, y condujo los botes a un fondeadero abrigado llamado Woollya, rodeado de islotes, cada uno de los cuales, así como cada punta, tenía su nombre particular en lengua nativa. En este lugar hallamos a una familia de la tribu de Jemmy, pero no a sus parientes; nos hicimos amigos de ellos, y por la tarde enviaron una canoa a avisarle a la madre y a los hermanos. Alrededor del fondeadero hay algunos acres[5] de tierra cultivable, que no está cubierta (como sucede con el resto) de turba o de bosque. El capitán Fitz Roy intentó en un principio, como ya señalé, llevar a York Minster y a Fuegia a su propia tierra, en la costa occidental; pero como ellos expresaron sus deseos de permanecer allí, y siendo el lugar muy favorable, el capitán resolvió que todos permaneciéramos allí, incluso Matthews, el misionero. Tardamos cinco días en construirles tres grandes *wigwams*, desembarcar sus cosas, preparar dos jardines y sembrar semillas.

La mañana siguiente a nuestro arribo, (el día 24), empezaron a llegar los fueguinos y vinieron la madre y los hermanos de Jemmy. Éste reconoció la voz estentórea de uno de sus hermanos a gran distancia. El encuentro fue menos interesante que el de un caballo, que al volver del campo, se encuentra con sus viejos compañeros. No hubo la menor demostración de afecto; se miraron el uno al otro por un momento, y la madre se fue inmediatamente a cuidar su canoa. Supimos, sin embargo, a través de York, que la madre había estado inconsolable por la pérdida de Jemmy, y lo había buscado por todas partes, creyendo que quizá podía haber sido dejado en tierra a pesar de haberse ido con el bote. Las mujeres, en cambio, se interesaron mucho por Fuegia y fueron muy amables con ella. Ya habíamos notado que Jemmy había olvidado casi totalmente su propia lengua. A mi juicio, difícilmente pudiera hallarse un ser humano menos provisto de idioma, porque su inglés era muy imperfecto. Era cómico,

---

5 Un acre son 4840 yardas cuadradas, y equivale a aproximadamente 0,40 hectáreas.

aunque daba lástima oír hablar con sus hermanos en inglés y preguntarles luego en español ('*¿No sabe?*') [en castellano en el original] sí entendían o no.

Todo marchó pacíficamente durante los próximos tres días, mientras se preparaban los huertos y se construían los *wigwams*. Estimamos el número de nativos allí reunidos en alrededor de 120. Las mujeres trabajaban duro, mientras los hombres iban de aquí para allá todo el día, observándolas. Nos pedían todo lo que veían y robaban todo lo que podían. Les gustaron mucho nuestros bailes y nuestras canciones, y se mostraron interesados en observarnos bañar en un arroyo cercano; en cuanto a lo demás, no prestaron gran atención al resto de las cosas, ni aun a nuestros botes. De todos los objetos que vio York mientras estuvo ausente de su país, nada le asombró tanto, al parecer, como un avestruz cerca de Maldonado; jadeante y asombrado llegó corriendo a Mr. Bynoe, con quien había estado paseando, y le dijo: '¡Oh señor Bynoe! ¡Oh! *¡Pájaro todo igual que caballo!*' ["Bird all same horse" en el original]. Más que la blancura de nuestra piel, lo que sorprendió a los nativos, según refirió el señor Low, fue un negro cocinero que navegaba en un velero; el pobre se asustó tanto de los alaridos y gestos de algunos salvajes al verlo, que no quiso bajar más a la costa. Todo transcurría tan tranquilamente, que algunos de los oficiales y yo mismo dimos largos paseos por las montañas y bosques cercanos. Pero de pronto, el día 27, todas las mujeres y los niños desaparecieron. Todos estábamos intranquilos por eso, sobre todo porque ni York ni Jemmy pudieron explicarnos la causa. Algunos creyeron que se habían asustado por haber estado limpiando y disparando los mosquetes la tarde anterior; otros lo atribuyeron al enojo de un viejo fueguino, quien al decírsele que se corriera le había escupido tranquilamente en la cara, y luego había explicado mediante ademanes realizados sobre otro fueguino dormido, como si dijera que le gustaría picar en pedazos y luego comerse a nuestro hombre. El capitán Fitz Roy, deseoso de evitar cualquier encuentro que hubiera sido fatal para los salvajes, creyó conveniente que nos fuéramos a dormir a otro sitio, distante algunas millas. Matthews, con su habitual y serena fortaleza (verdaderamente notable en un hombre que en apariencia tenía un carácter poco enérgico), resolvió quedarse con los demás fueguinos, quienes no se alarmaron por eso, y así lo dejamos pasar solo su primera terrible noche. Al regresar por la mañana (el día 28) nos complació encontrar todo tranquilo y a los hombres en sus canoas pescando con arpones. (...)

Seguimos navegando hasta que oscureció, y luego plantamos nuestras tiendas junto a una abrigada caleta. El lujo más grande fue hallar para cama una playa de guijarros, porque estaban secos y se amoldaban al cuerpo. El piso turboso es húmedo; la roca, despareja y dura; la arena se mete por todos lados y estropea la carne cuando se la cocina y come en la playa; pero envueltos en nuestras mantas, en un lecho de suaves guijarros, pasamos las noches más confortables. Me tocó vigilar hasta la una de la mañana. Hay algo muy solemne en estas situaciones. Uno toma conciencia sobre el remoto rincón del mundo en que está parado. Todo contribuye: la quietud de la noche es interrumpida solamente por la profunda respiración de los marineros bajo las tiendas, de cuando en cuando por el grito de algún ave nocturna. El ladrido ocasional de un perro, oído a la distancia, le recuerda a uno que se está en tierra de salvajes. (*Diario*, Capítulo X, 22 de enero de 1834).

(...) 6 de febrero.- Arribamos a Woollya. Matthews nos habló tan mal de la conducta de los fueguinos, que el capitán Fitz Roy resolvió llevarle de nuevo al *Beagle*, y últimamente le dejó en Nueva Zelandia, donde su hermano también era misionero. Desde nuestra partida comenzó una sistemática serie de robos; nuevos grupos de indígenas se fueron acercando: York y Jemmy perdieron muchas cosas, y Matthews casi todo lo que no había ocultado bajo tierra. Según parece, todos los efectos fueron divididos en trozos y repartidos entre los naturales. Matthews relató que se había visto obligado a mantener constante vigilancia por el acoso a que fue sometido; noche y día se vio rodeado de los salvajes, que intentaron abrumarle haciendo ruido cerca de su cabeza. Un día un viejo, a quien el misionero pidió que dejara su *wigwam*, volvió con una gran piedra en la mano; otro día llegó un grupo grande armado con piedras y palos, algunos de los más jóvenes, junto con el hermano de Jemmy, gritando; Matthews los calmó con regalos. Se presentó después otro grupo, que le indicó por señas que deseaban dejarlo desnudo y arrancarle todo el pelo de su cara y cuerpo. Creo que llegamos justo a tiempo de salvarle la vida. Los parientes de Jemmy se mostraron necios y tontos al enseñar a los extranjeros lo que habían robado y la manera de hacerlo. Daba pena dejar a los tres fueguinos con sus salvajes compatriotas; pero nos tranquilizaba pensar que ellos no temían nada. York, que era hombre vigoroso y decidido, estaba seguro de pasarlo bien con su mujer, Fuegia. En cambio, el pobre Jemmy parecía algo desconsolado, y me quedó la duda de si no se hubiera alegrado de volver con nosotros. Su propio hermano le había robado cosas, y, según observó '¿Cómo hay que llamar a eso?'. Y decía de sus compatriotas 'malos hombres todos, no saben nada' [""all bad men, no sabe (know) nothing" en el original porque Jemmy hablaba una mala mezcla de inglés y español], y aunque nunca lo había escuchado proferir imprecaciones indicó que eran unos 'malditos tontos'. Nuestros tres fueguinos, aunque sólo habían estado tres años con hombres civilizados, seguramente se hubieran alegrado de conservar sus nuevas costumbres; pero esto era evidentemente imposible. Es más que dudoso que su visita les haya servido de algo.

Por la tarde, con Matthews a bordo, volvimos al barco, no por el Canal del *Beagle*, sino por la costa sur. Los botes iban muy cargados y el mar estaba agitado; así que tuvimos una navegación peligrosa. Al atardecer del 7 estábamos a bordo del *Beagle*, después de una ausencia de veinte días, durante los cuales recorrimos 300 millas en botes descubiertos. El día 11 el capitán Fitz Roy visitó en persona a los fueguinos, y halló que seguían bien, y que habían perdido muy pocas cosas más.

El último día de febrero del siguiente año (1834) el *Beagle* ancló en una hermosa caleta, en la entrada oriental del Canal del *Beagle*. El capitán Fitz Roy resolvió, con éxito, navegar contra el viento del Oeste por el mismo camino que habíamos seguido en los botes para ir a la colonia de Woollya. No vimos muchos nativos hasta que estuvimos cerca de Ponsonby Sound, donde fuimos seguidos por 10 o 12 canoas. Los nativos no comprendieron la razón de nuestras maniobras, y en lugar de salirnos al encuentro a cada cambio de rumbo se fatigaron inútilmente en seguirnos en los zigzags de nuestra marcha. Fue divertido observar el cambio en el trato con estos salvajes, producido por las superiores condiciones en que nos hallábamos respecto de ellos. Mientras estuvimos en los botes llegué a odiar el sonido de sus voces, por las molestias que ocasionaban. La primera y última palabra era *yammerschooner*. Cuando entrábamos en algún fondeadero abrigado, esperando pasar una noche tranquila, la odiosa palabra de *yammerschooner*, resonaba de pronto en algún sombrío escondite, y poco después se alzaban las espirales de humo propalando la noticia por todos lados. Al dejar algún sitio nos decíamos entre nosotros: '¡Gracias al cielo que al fin nos vamos a librar de estos desgraciados!' Pero una vez más llegaba a nuestros oídos el eco de su voz potente, que permitía distinguir, a pesar de la gran distancia, la misma palabra: *yammerschooner*. Pero ahora cuantos más fueguinos mejor, y era divertido. Ambos grupos reíamos, bromeábamos y nos asombrábamos unos de otros: nosotros, compadeciéndolos porque nos daban buena pesca y mariscos a cambio de chucherías; y ellos, ambicionando la ocasión de encontrar gente tan tonta para trocar ornamentos tan espléndidos por una buena cena. Era cómico observar la sonrisa de mal disimulada satisfacción con que una joven que llevaba el rostro pintado de negro ataba con juncos varias tiras de tela escarlata alrededor de la cabeza. Su marido, que gozaba el privilegio, generalizado en este país, de poseer dos esposas, se puso evidentemente celoso de las atenciones recibidas por su joven esposa, y, luego de una breve consulta con sus desnudas beldades, se marchó con ellas remando. Algunos de los fueguinos mostraron claramente que tenían idea de lo que era el trueque. Una vez di a uno de ellos un gran clavo (un regalo muy valioso) sin indicar que esperaba algo a cambio; pero él inmediatamente sacó dos peces y me los alcanzó con la punta de su arpón. Si algún regalo se arrojaba hacia una canoa pero caía cerca de otra, invariablemente se devolvía a sus verdaderos dueños.(…) En ese momento, como en las anteriores, nos sorprendió la poca o ninguna importancia que los salvajes otorgaban a muchas cosas cuya utilidad debía ser para ellos de lo más evidente. Circunstancias simples -como la belleza de la tela escarlata, o cuentas azules, la ausencia de mujeres, el cuidado que teníamos de lavarnos- , excitaban más su admiración que un objeto tan notable o complicado como nuestra nave. Bougainville ha notado muy bien, en lo concerniente a este pueblo, que 'tratan las obras maestras de la industria humana como las leyes de la Naturaleza y sus fenómenos'". (*Diario*, Capítulo X, 6 de febrero de 1834). (…)

El 5 de marzo anclamos en el abra de Woollya, pero no encontramos ni un alma allí. Esto nos intranquilizó, porque los indígenas de Ponsonby Sound dieron a entender por gestos que había habido una pelea, y posteriormente escuchamos que los temibles onas habían bajado de las montañas. Pronto vimos acercarse una canoa con una banderita flameando, y pudimos observar que uno de los hombres de la tripulación se lavaba la pintura del rostro. Era el pobre Jemmy, convertido nuevamente en un salvaje ojeroso, con su larga cabellera en desorden y desnudo, salvo por un retazo de manta rodeado a la cintura. No lo reconocimos hasta que estuvo muy cerca, porque se avergonzaba de sí mismo y se ubicaba de espaldas al barco. Le habíamos dejado gordo, limpio y bien vestido; nunca he visto una transformación más completa y desastrosa. Sin embargo, tan pronto como estuvo vestido y pasó su primera turbación, las cosas tomaron mejor aspecto. Él cenó con el capitán Fitz Roy, y lo hizo con la compostura de otras veces. Nos dijo que tenía alimento de sobra; que no sentía el frío; que sus parientes eran muy buenos, y que no deseaba volver a Inglaterra; por la tarde descubrimos la causa de este gran cambio en los sentimientos de Jemmy, al llegar su joven y bella esposa. Con su habitual generosidad, trajo dos hermosas pieles de nutria para dos de sus mejores amigos, y algunas flechas y puntas de arpón, hechas por sus propias manos, para el capitán. Contó que se había construido una canoa, ¡y se jactaba de hablar un poco su propia lengua! Lo más curioso es que, según parece, enseñó algo de inglés a toda su tribu, pues un viejo anunció espontáneamente: "la esposa de Jemmy Buttom" [lo hizo en inglés: "Jemmy Button's wife"]. Jemmy había perdido todas sus propiedades. Nos contó que York Minster había construido una gran canoa y con su esposa Fuegia, se había marchado a su país, hacía varios meses. La despedida fue un acto de suma maldad: convenció a Jemmy y a su madre de que le acompañaran, pero los abandonó por la noche, robándoles todas sus pertenencias.

Jemmy se fue a dormir a tierra, y a la mañana siguiente regresó, permaneció a bordo hasta que el barco levó lo cual asustó a su mujer que no cesó de gritar hasta que lo vio regresar en su canoa. Volvió cargado de valiosos objetos. Todos a bordo mostraron sincera pena al darle el último apretón de manos. No dudo que será tan feliz, más feliz quizás, que si nunca hubiera salido de su tierra. Todas esperamos que las nobles aspiraciones del capitán Fitz Roy se vean cumplidas y que los muchos y generosos sacrificios que él hizo a favor de estos fueguinos se encuentren recompensados en la protección que los descendientes de Jemmy Button y su tribu otorguen a los náufragos. Cuando Jemmy llegó a la playa encendió una hoguera, y el humo subió en espirales para brindarnos una larga despedida mientras que el barco navegaba mar adentro. *La perfecta igualdad que reina entre los individuos de las tribus fueguinas debe forzosamente retrasar por largo tiempo el desarrollo de su civilización. Así como los animales cuyo instinto los impulsa a vivir en sociedad y obedecer a un jefe son más capaces de progreso, así ocurre también con las razas humanas.* Bien sea causa, o bien consecuencia, el hecho es que los pueblos más civilizados son los que tienen gobiernos más artificiales. Por ejemplo, los habitantes de Tahití ["Otaheite" en el original], quienes, cuando fueron descubiertos, estaban gobernados por reyes hereditarios, han alcanzado un grado de civilización muy superior que la otra rama del mismo pueblo, los neozelandeses, que aunque beneficiados por haber sido impulsados a prestar su atención a la agricultura, eran republicanos, en el más absoluto sentido de la palabra. En Tierra del Fuego, hasta que surja algún jefe con poder suficiente para asegurar alguna ventaja alcanzada, tal como la cría de animales domésticos, apenas parece posible que pueda mejorar el estatus político del país. En este momento, aun el trozo de tela que se dé a un fueguino es hecho jirones y distribuido; de modo que nadie puede llegar a ser más rico que otro. Por otro lado, es difícil comprender cómo podría surgir un jefe en tanto que no se reconozca alguna clase de propiedad por la que pueda manifestar su superioridad y aumentar su poder.

Creo que en esta parte extrema de Sudamérica es donde el hombre se halla en un estado de progreso más bajo que en ninguna otra parte del mundo. Los isleños del mar del Sur, de las dos razas que habitan el Pacífico, están comparativamente civilizados. Los esquimales, en sus chozas subterráneas disfrutan de algunas comodidades de la vida, y en sus canoas completamente equipadas manifiestan gran destreza. Algunas tribus del África del Sur, recolectoras de raíces, viven ocultas en áridas y salvajes regiones y son bastante desgraciadas. Los australianos, en cuanto a la sencillez de vida son lo más cercano a los fueguinos; sin embargo, pueden enorgullecerse de su boomerang, su lanza y su garrote arrojadizo, de sus métodos para trepar a los árboles, para seguir animales, y para cazarlos. Pero aunque los australianos sean superiores en ciertos adelantos e inventos, ello no significa que lo sean también en capacidad mental; incluso, dado lo que vi de los fueguinos que estuvieron a bordo y lo que leí de los australianos, me inclinaría a pensar lo contrario". (*Diario*, Capítulo X, 5 de marzo de 1834).

Darwin escribe varias veces, a lo largo de su vida, acerca de la profunda y negativa impresión que le causaran los indios fueguinos. Los párrafos precedentes son muy claros al respecto. En el mismo sentido se expresa hacia el final de la segunda de sus grandes obras (*Descent of man, and selection in relation to sex*, de 1871):

"La principal conclusión a que llegamos en esta obra, es decir, que el hombre desciende de alguna forma inferiormente organizada, será según me temo, muy desagradable para muchos. Pero difícilmente habrá la menor duda en reconocer que descendemos de bárbaros. El asombro que experimenté en presencia de la primera partida de fueguinos que vi en mi vida en una ribera silvestre y árida, nunca lo olvidaré, por la reflexión que inmediatamente cruzó mi imaginación tales eran nuestros antecesores. Estos hombres estaban completamente desnudos y pintarrajeados, su largo cabello enmarañado, sus bocas espumosas por la excitación y su expresión era salvaje, medrosa y desconfiada. Apenas poseían arte alguno, y como los animales salvajes, vivían de lo que podían cazar: no tenían gobierno, eran implacables para todo el que no fuese de su propia reducida tribu. El que haya visto un salvaje en su país natal, no sentirá mucha vergüenza en reconocer que la sangre de alguna criatura mucho más inferior corre por sus venas. Por mi parte, preferiría descender de aquel heroico y pequeño mono que afrontaba a su temido enemigo con el fin de salvar la vida de su guardián, o de aquel viejo cinocéfalo que, descendiendo de las montañas, se llevó en triunfo sus pequeños camaradas librándoles de una manada de atónitos perros, que de un salvaje que se complace en torturar a sus enemigos, ofrece sangrientos sacrificios, practica el infanticidio sin remordimiento, trata a sus mujeres como esclavas, desconoce la decencia y es juguete de las más groseras supersticiones. (…) Debemos, sin embargo, reconocer que el hombre, según me parece, con todas sus nobles cualidades, con la simpatía que siente por los más degradados de sus semejantes, con la benevolencia que hace extensiva, no ya a los otros hombres, sino hasta a las criaturas inferiores, con su inteligencia semejante a la de Dios, con cuyo auxilio ha penetrado los movimientos y constitución del sistema solar—con todas estas exaltadas facultades—lleva en su hechura corpórea el sello indeleble de su ínfimo origen (Darwin, 1871 [1994, pág. 521])

4. Los tres fueguinos después de Darwin

No hay mucha información cierta y confiable sobre la vida de los tres indios repatriados, aunque sí algunos datos. Entre 1848 y 1851 un oficial británico retirado llamado Allen Gardiner, comprometido con la prédica religiosa en la Patagonia y que había fundado en 1844 la *South American Mission Society*, intentó reencontrar a Jemmy Button pero todos los expedicionarios, junto con Gardiner murieron en la zona del Beagle. En 1854, esta misma asociación despachó una nave grande, bautizada con el nombre de Allen Gardiner, a la zona para concretar la fallida intención de su fundador. A raíz de un temporal la nave, que se dirigía a Malvinas, tuvo que esperar en la isla Keppel donde los misioneros encontraron un buen refugio y decidieron establecerse allí. En noviembre de 1855 la Gardiner llegó a Wulaia y encontró a J. Button quien, se cuenta, se paró frente al comandante de la nave (P. Snow) y le dijo "What is your name?" lo cual sorprendió a todos. Jemmy, que en ese entonces tenía dos esposas y varios hijos, rechazó inicialmente la invitación de trasladarse a la isla Keppel, pero en 1858 accedió a hacerlo por unos días. Finalmente

Jemmy no cumplió con los deseos de los misioneros por su escasa disposición a colaborar, fue devuelto a su tierra y, en su lugar, los ingleses llevaron a nueve fueguinos que respondieron mejor a los intereses de la misión (aprender inglés y enseñar su cultura e idioma a los ingleses). Debido a la costumbre de los fueguinos de robar pequeñas cosas (al menos esa era la versión inglesa de la cuestión), al despedirlos para llevarlos de regreso a Wulaia, los revisaron, lo cual generó la indignación de los nativos. Al llegar fueron revisados nuevamente y eso enfureció aún más a los fueguinos y mientras las misioneros ayudaban a la construcción de una casa para la mision fueron atacados por unos 300 fueguinos que mataron a todos los ingleses salvo a uno (Alfred Coles) que había podido escabullirse y fue quien después acusó a Jemmy de planear la matanza, pero las autoridades inglesas y de la mision creyeron en la versión de Jemmy de que habían sido los Onas los atacantes. Finalmente, en 1864, se enteraron de que Jemmy había muerto por una epidemia y poco después uno de sus hijos viajó a Inglaterra donde dio varias charlas. En 1867, integrantes de la mision fundaron un asentamiento llamado Ushuaia donde se recibía a los fueguinos que quisieran dedicarse a tareas agrícolas y en 1873, junto con un grupo de alakalufes llegó Fuegia Basket[6]. En poco tiempo las epidemias de enfermedades exóticas acabaron prácticamente con los fueguinos.

---

6   Darwin anota que el capitán Sullivan, dedicado a la exploración y estudio de las islas Falkland, oyó decir a un cazador de focas (en 1842) que hallándose en la parte occidental del estrecho de Magallanes se admiró de que hablara inglés una mujer salvaje que fue al barco. Indudablemente era Fuegia Basket. A su vez Huxley y Kettlewel (1965) sostienen que el misionero Bridges la describió treinta años después como "una vieja despreciable".

5. Los patagones

Durante la travesía por la Patagonia, Darwin pudo conocer a los patagones, acerca de quienes realiza una descripción y evaluación diferentes:

"Durante nuestra visita anterior, en enero, tuvimos un encuentro, en cabo Gregory, con los famosos patagones, llamados gigantes, que nos brindaron una cordial recepción. Su altura parece mayor de lo que en realidad es a causa de sus grandes mantos de guanaco, su largo cabello suelto y su aspecto general; la altura promedio de estos hombres es poco más de seis pies [aproximadamente 1,8 metros], con algunos hombres más altos, y solamente unos pocos más bajos, y las mujeres también son altas. Con seguridad, es la raza más alta que hayamos visto en cualquier lado. En los rasgos generales se parecen notablemente a los indios de más al norte que yo vi con Rosas, pero tienen un aspecto más salvaje e imponente; llevan sus caras muy pintadas de rojo y negro, y uno de ellos presentaba varios puntos blancos, como los fueguinos. El capitán Fitz Roy se ofreció a recibir en el barco a tres de ellos, y todos dieron muestras de querer ser uno de esos tres. Pasó un tiempo antes de que pudiéramos despejar el bote; finalmente, volvimos a bordo con nuestros tres gigantes, que cenaron con el capitán y se comportaron como verdaderos caballeros, usando cuchillos, tenedores y cucharas; nada les gustó más que el azúcar. Esta tribu había tenido mucho trato con cazadores de focas y de ballenas, de modo tal que la mayoría podía hablar algo de inglés y español. *Están medio civilizados, y en la misma proporción, corrompidos en sus costumbres*. A la mañana siguiente un grupo grande se acercó a la playa a negociar con pieles y plumas de avestruz; como no se aceptara el cambio por armas de fuego, el tabaco fue el artículo más requerido, mucho más que las hachas o herramientas. Toda la población de los *toldos* [en castellano en el original], hombres, mujeres y niños, se ubicaron en una zona alta. La escena era muy interesante y fue imposible no simpatizar con estos gigantes tan confiados y alegres; nos pidieron que volviéramos. Parecen estar a gusto conviviendo con europeos, y la vieja María, una mujer importante dentro de la tribu, le rogó al Sr. Low en una ocasión que dejara con ellos a uno de sus marineros. Pasan aquí la mayor parte del año; pero en verano suelen cazar a lo largo del pie de la *Cordillera* [en castellano en el original]; a veces viajan hasta el río Negro, 750 millas al Norte. Están bien provistos de caballos, pues cada hombre, según el Sr. Low, posee seis o siete, y todas las mujeres y hasta los niños, tienen uno (…) Es un hecho curioso la multiplicación extraordinariamente rápida de los caballos en Sudamérica. El caballo fue desembarcado por primera vez en Buenos Aires en 1537, y al quedar abandonada la colonia por algún tiempo, el caballo se hizo cimarrón; en 1580, sólo cuarenta y tres años después, supimos que se los podía ver ¡hasta el estrecho de Magallanes! El Sr. Low me informó que una tribu vecina de indios de a pie, se está transformando en otra de indios jinetes: la tribu de Bahía Gregory les da sus caballos más trajinados y en invierno les envía a algunos de sus hombres más hábiles a cazar para ellos". (*Diario*, Capítulo XI, mayo de 1834).

6. Sobre el rescate de dos prisioneros y los viajes a Malvinas

Con fecha 1 junio de 1834 de su *Diario*, Darwin relata un episodio vivido en el llamado Puerto del Hambre con dos europeos que se hallaban perdidos, un encuentro no muy amistoso con los indios y la forma de tratarlos, entre brutal y compasiva, entre paternalista y despreciativa:

"1 de junio.- (…) Antes de llegar a Puerto del Hambre ["Port Famine" en el original] vimos a dos hombres correr a lo largo de la playa y hacer señas al barco. Se envió un bote a buscarlos. Resultó que eran dos marineros escapados de un barco foquero, y que se habían refugiado entre los patagones, quienes los habían tratado con su habitual desinteresada hospitalidad. Se separaron de ellos por un incidente y se encaminaron a Puerto del Hambre con la esperanza de hallar algún barco. Debo decir que eran dos vagabundos despreciables, nunca he visto gente de aspecto más miserable.

Habían pasado varios días comiendo sólo mejillones y bayas, y sus andrajosos vestidos estaban quemados a causa de haber dormido cerca del fuego. Habían estado expuestos noche y día, sin ningún refugio, a los incesantes ventarrones de lluvia y nieve, a pesar de lo cual gozaban de buena salud. Durante nuestra estadía en Puerto del Hambre, los fueguinos vinieron dos veces a pedirnos de todo. Como teníamos en tierra muchos instrumentos, ropas y hombres, creímos conveniente ahuyentarlos. En primer lugar se dispararon algunos cañones de gran calibre, cuando los salvajes se hallaban todavía lejos. Era gracioso ver a través del anteojo larga vista cómo los indios, apenas el disparo hacía saltar el agua, recoger piedras y, con ademanes provocativos, lanzarlas en dirección al barco, no obstante hallarse éste ¡a milla y media de distancia de ellos! Se envió un bote con la orden de hacer algunos disparos de mosquete al aire. Los fueguinos se ocultaron detrás de los árboles, y a cada disparo contestaban disparando sus flechas, sin embargo ninguna de ellas llegaba al bote; y el oficial reía al apuntarles. Esto los puso frenéticos de ira, y comenzaron a sacudir sus mantos en vana furia. Finalmente huyeron y nos dejaron en paz y tranquilidad. Durante el viaje anterior, los fueguinos molestaron mucho en este mismo lugar, y para asustarlos se disparó un cohete, por la noche, sobre sus *wig-wams*; esto tuvo un efecto sorprendente, y uno de los oficiales me contó que al clamoreo inicial, en uno o dos minutos, le siguió un profundo silencio tanto de los hombres como de los perros. A la mañana siguiente ningún fueguino fue visto en los alrededores". (*Diario*, Capítulo XI, 1 de junio de 1834).

Darwin desembarca en Malvinas dos veces, la primera de ellas en un momento muy particular, menos de dos meses después de que los ingleses arrebataran definitivamente el dominio de las islas a los enviados del gobierno argentino. Dedica prácticamente medio Capítulo IX del *Diario* a describir, con el detalle habitual, los terrenos, la fauna y flora, y a reflexionar sobre los vacunos y caballos salvajes que por allí vivían, pero no hace ninguna referencia precisa a una serie de conflictos serios que debieron enfrentar. Veamos su relato y luego algunos comentarios al mismo:

"En 1 de marzo de 1833, y otra vez en 16 de marzo de 1834, el *Beagle* ancló en Berkeley Sound, en la isla Falkland oriental. (…) Después de haberse disputado Francia, España e Inglaterra la posesión de estas miserables islas, permanecieron deshabitadas. El gobierno de Buenos Aires las vendió más tarde a un particular, que no las usó más que para un establecimiento penal, como la vieja España había hecho antes. *Inglaterra reclamó sus derechos y las ocupó*. El inglés que quedó a cargo de la bandera fue posteriormente asesinado. Se envió a continuación un oficial sin proveerle de la fuerza necesaria, y cuando arribamos le hallamos encargado de una población en la cual más de la mitad eran rebeldes y asesinos fugitivos. El teatro es digno de las escenas que en él se representan. Un país ondulante, de aspecto mísero y desolado, se muestra cubierto en todas partes por un suelo turboso y una hierba fina y dura, que presenta un color pardusco y uniforme". (*Diario*, Capítulo IX, 5 de mayo de 1834).

El 10 de junio de 1829 se había creado por decreto del Gobierno de Buenos Aires, ejercido interinamente por Martín Rodríguez, la Comandancia política y militar de las Islas. Un comerciante de Hamburgo, Luis Vernet, que desde 1817 se hallaba establecido en Buenos Aires, fue nombrado comandante político y militar, con autoridad sobre las Malvinas e islas adyacentes al Cabo de Hornos en el mar Atlántico. Se le suministraban además algunas piezas de artillería y municiones. A pocos días de su designación, Vernet embarcaba con su familia rumbo a Malvinas. Había comprado una superficie importante de tierras en Malvinas, y además de su función política y militar, gozaba de una serie de franquicias sobre la caza y pesca en la zona (seguramente a estas circunstancias se refiere Darwin cuando dice que el gobierno de Buenos Aires "las vendió a un particular). A poco de llegar advirtió a loberos y cazadores, fundamentalmente norteamericanos, sobre la prohibición de ejecutar acciones de caza y pesca en la zona. Dado que las adveretncias eran desoídas, se generaron graves incidentes que precipitaron los hechos. En julio de 1831, Vernet mandó apresar y decomisar la carga de la goleta americana Harriet y luego partió con ella a Buenos Aires, llegando el 19 de noviembre de 1831 y poniendo el navío a disposición de las autoridades para que se sustanciara el sumario correspondiente. Una fragata de guerra norteamericana llegó a Malvinas el 28 de diciembre de 1831 y el 31 arrasó y destruyó instalaciones, incendió los depósitos militares y saquearon la colonia, inclusive los cueros que se hallaban confiscados. El conflicto con Estados Unidos se agudizaba.

El 10 de septiembre de 1832, mientras Vernet[7] permanecía en Buenos Aires, el gobierno designó comandante civil y militar al Sargento Mayor José Francisco Mestivier y como vice a José Gomila. Se los trasladó en la goleta Sarandí y el 10 de octubre se hacían cargo. La disciplina que quiso imponer Mestivier fue rechazada, se produjo una sublevación, encabezada por un sargento negro y dieron muerte a Mestivier a finales de noviembre. El comandante de la Sarandí intervino con su tropa y detuvo a los culpables, que fueron trasladados a Buenos Aires y juzgados, siendo 7 de ellos condenados a muerte y ejecutados el 7 de febrero de 1833.

El 2 de enero de 1833 llega a Berkeley Sound la Fragata Clío[8], cuyo capitán intima al comandante Pinedo que se hallaba con pocos hombres, muchos de ellos no dispuestos a resistir y custodiando a los sublevados que había detenido, a que retire la bandera y elementos del gobierno de Buenos Aires, por cuanto él haría efectiva la soberanía de Su Majestad Británica. El 3 de enero, las tropas inglesas desembarcaban, arriaban la bandera argentina y enarbolaban la inglesa. Dos días después la goleta Sarandí zarpó a Buenos Aires.

---

[7] Algunos autores sostienen que Vernet, luego de la ocupación Inglesa realizó gestiones ante las autoridades británicas (en Londres) para recuperar sus tierras e intereses.

[8] Desde tiempo antes se sabía en Buenos Aires que esto ocurriría. El *British Packet* anunciaba un mes antes que esa nave partía de Rio de Janeiro hacia Malvinas y había dos versiones sobre sus objetivos: uno, tomar las islas en nombre de Su majestad Británica y el otro, reconocimiento de la situación.

Consumado el despojo, la Fragata Clío y su comandante Onslow dejan Malvinas pocos días después, quedando una población de 14 argentinos y 17 extranjeros. En esos momentos, el 1 de marzo de 1833, llega el *Beagle* con Fitz Roy y Darwin por primera vez, y permanecen hasta el 16 de marzo.

Si bien Darwin no hace comentarios al respecto, por esos días se desarrolló un episodio sangriento en las islas en el cual finalmente intervinieron el *Beagle* y su tripulación. El relato de Fitz Roy, en su versión del viaje, es que el 26 de agosto de 1833 tres gauchos y cinco indios (Antonio Rivero, J. M. Luna, M. Godoy, J. Brasido, M. Gonzales, L. Flores, F. Salazar, M. Lattore) asaltaron y asesinaron a Mr. Brisbane, a Dickson –encargado del negocio de Vernet- a Simon- el capataz- al "pobre alemán" y a otro colono, después de lo cual condujeron a los caballos y el ganado hacia el interior de las islas. Esa mañana, Mr. Low, que estaba viviendo con Brisbane, había dejado momentáneamente Port Louis junto con otros cuatro hombres y apenas el barco en que viajaban se alejó, los mencionados más arriba atacaron, en la casa de Vernet, a Brisbane, quien fuera acuchillado por Rivero. Simon se defendió desesperadamente pero fue superado y el resto fue presa fácil. El resto de los colonos (trece hombres, tres mujeres y dos niños) se quedó con los asesinos dos días, y luego escapó a una pequeña isla, donde vivieron un tiempo comiendo huevos de aves y peces, hasta que fueron rescatados en noviembre de ese año por un barco inglés. Continúa relatando Fitz Roy que poco antes de que arribara el *Beagle* a las islas, llegó la HMS Challenger al mando del capitán Seymour y de allí salió un pequeño grupo al mando del teniente Smith que capturó al principal asesino, lo llevó a un islote cercano en el cual podía ser vigilado, a Channon, un cómplice del complot aunque al parecer sin participación activa y Luna permanecieron con él. Cuando llegó el Beagle, y enterado de que la vida de Luna corría peligro, Fitz Roy decidió llevar a Rivero (según Fitz Roy un hombre sumamente peligroso), y a los otros dos a bordo del Beagle.

Rivero fue engrillado, Channon confinado al barco y Luna liberado aunque bajo vigilancia. El Sr. Low, tan nombrado por Darwin en su *Diario*, pidió sumarse como nuevo tripulante del Beagle. Rivero fue enjuiciado en Londres y, aunque se desconoce el contenido de su declaración, fue enviado a Río de Janeiro desde donde regresó al Río de la Plata y alli se pierde su rastro. La figura de Rivero es, por lo menos para algunos autores argentinos, controvertida. Se lo ha visto como un vulgar asesino (igual que Fitz Roy) o como un héroe libertador. De hecho, en 1982, durante la recuperación de Malvinas por las fuerzas armadas argentinas, hubo un intento de poner el nombre de "Puerto Antonio Rivero" a lo que los ingleses denominan "Port Stanley", pero finalmente se desistió de ello. En la actualidad la imagen de Rivero se encuentra en los billetes argentinos de $ 50 como reivindicación de su figura.

En el Apéndice del Diario escrito por Fitz Roy aparecen los antecedentes de la historia de las Malvinas, notas, cartas y comentarios del propio Fitz Roy acerca de la importancia para Gran Bretaña de las islas y recomendaciones sobre cómo proceder. Seguramente por ello, Darwin, en su *Diario*, hace solo comentarios sobre las condiciones naturales de las Malvinas y alguna que otra referencia a los gauchos que conoció allí, pero no dice nada sobre el episodio con Antonio Rivero ni hace consideraciones políticas. Sin embargo, en una carta a su hermana menor Catherine, fechada "East Falkland Island, April 6, 1834" señala que se dirigieron a las islas, "ese pequeño y miserable sitio de discordia" en el cual encontraron a los gauchos ("the Gauchos" en el original) que bajo la pretensión de realizar una revolución habían asesinado y saqueado a todos los ingleses que pudieron atrapar e incluso a algunos compatriotas. Se queja de la política exterior inglesa a la que califica de demasiado vil y muy diferente a la de la vieja España:

"Nosotros aquí, como el perro del hortelano, tomamos las islas, y dejamos para protegerlas solo la bandera inglesa; los ocupantes han sido, por supuesto, asesinados; ahora enviamos un teniente con cuatro marineros, sin autoridad ni instrucciones. (…) Las islas algún día serán un importante lugar de refugio en el mar más turbulento del mundo. Están a mitad de camino entre Australia y el Mar del Sur para Inglaterra; entre Chile, Perú, etc. y el Rio de la Plata y Rio de Janeiro".

Fitz Roy se queja, en el mismo sentido que Darwin, del poco esfuerzo que la corona británica venía realizando para mantener ocupadas y en su poder las islas, de poco o nulo valor económico, pero de gran valor comercial y militar para la corona inglesa.

∗

El viaje prosiguió hacia el norte por el Pacífico, pasando por el archipiélago de las Galápagos –un punto crucial para lo que después fue la evolución– y luego atravesando el Océano Índico y dando la vuelta por el sur de África regresaron a Inglaterra. Darwin califica inequívocamente el valor de ese viaje:

"(…) ha sido con mucho el acontecimiento más importante de mi vida y ha determinado toda mi carrera (…) le debo a esa travesía la primera educación o educación real de mi mente; me vi obligado a prestar gran atención a diversas ramas de la historia natural y gracias a eso perfeccioné mi capacidad de observación, aunque siempre había estado bastante desarrollada (…) Hoy día, lo que más vivamente me viene a la memoria es el esplendor de la vegetación de los trópicos; aunque la sensación de sublimidad que excitaron en mí los grandes desiertos de Patagonia y las montañas cubiertas de bosques de la Tierra del Fuego ha dejado una impresión indeleble en mi mente. La vista de un salvaje desnudo en su tierra natal es algo que no se puede olvidar nunca. (*Autobiografía*, págs. 91-95)

4

Darwin y los argentinos

La recepción y el conocimiento de la figura de Darwin en el Río de la Plata fue casi inmediata, como en casi todo el mundo occidental y, como no podía ser de otra manera, estuvo atravesada por discusiones y disputas locales de la (incipiente) comunidad científica y cultural local. Siguiendo a Montserrat (1991) podemos decir que la mentalidad evolucionista –en verdad una mezcla de spencerismo, darwinismo y algo de transformismo predarwiniano- se instaló con cierta envergadura polémica a partir de la década de 1870 en una élite intelectual y política, "dentro del marco genérico de una ideología, la del Progreso".

> "A mediados de la década que arranca en 1870, el recurso de Darwin comienza a ser empleado por los nuevos grupos que conforman la avanzada intelectual de la generación del ochenta. El evolucionismo –en su discreta versión darwiniana o en su radical postulación spenceriana- se convierte en elemento central de su utillaje mental e impregna de un militante progresismo biologista el estilo y el contenido de nuestro positivismo" (Montserrat, 1999, p. 30)

No hay que perder de vista, pues no es un detalle menor, que la expansión del darwinismo en el Rìo de la Plata ocurre en el marco de las disputas políticas por la conformaciòn del Estado Argentino entremezcladas con controversias entre el clero católico y grupos anticlericales convencidos de la necesidad de abandonar el dogmatismo católico para entrar en la vía del progreso (véase Di Stefano, 2012, Capítulo 5: "El país laico"). De modo que no es raro encontrar que, en las discusiones sobre la teoría biológica, la cuestión (menor en términos biológicos) de la innegable inconsistencia con el relato bíblico y la ortodoxia cristiana se encuentre excesivamente presente así como también el ya mencionado debate sobre el progreso, al cual ya nos hemos referido, de un modo genérico, en el Capítulo 1.

Montserrat señala que en discusiones acerca del evolucionismo como la que lleva adelante el escritor y educador católico José Manuel Estrada (1842-1894), en un artículo titulado *El génesis de nuestra raza. Refutación de una lección del Dr. D. Gustavo Minelli sobre la misma materia*, y publicado sólo tres años después de la aparición de *El Origen*, no hay referencias a Darwin, aunque sí a algunas ideas evolucionistas que luego empalmaron con el darwinismo. No obstante, Estrada recoge algunas de las discusiones de la época y se nota su posición monogenista[1], compatible con el creacionismo científico y obviamente, compatible con el relato cristiano. También Estrada recoge las tesis del catastrofismo de Georges Cuvier (1769-1832) (previo al uniformitarismo de Lyell, guía e inspiración del joven Darwin) y los "esfuerzos concordistas del *geologismo bíblico*" (Monserrat, 1999, p. 21) que concluía que el relato bíblico recogía desde la última gran catástrofe hacia delante, intentando hacerse consistente con la conciencia cada vez mayor de un planeta mucho más antiguo de lo que se suponía, aunque aún muy lejos de la conciencia del "tiempo profundo" (véase Nota 17

---

[1] Antes de la teoria darwiniana había dos versiones acerca del origen de la Humanidad (sobre todo de sus diferencias) y ambas eran compatibles con las justificaciones racistas: los monogenistas, que respetando literalmente el relato bíblico de la creación de Adán y Eva, sostenían el origen único de la especie humana, y justificaban las diferencias existentes en que la degeneración que se produjo luego de la caída del paraíso no fue pareja para todos. La aparición de la teoría de la evolución, y una lectura algo peculiar de ella, proporcionó un apoyo extra a los que se encontraban en esta línea. Los poligenistas, por su parte, sostenían que las razas humanas eran grupos biológicos diferentes que procedían de distinto origen y "como los negros constituían otra forma de vida, no era necesario que participasen de la "igualdad del hombre"

del Capítulo 2). Estrada arremete contra el uniformitarismo de la "escuela de Hutton y Lyell" y contra el evolucionismo lamarckiano y otros:

> "¿Creéis en las razas progresivas, creéis en el hombre preadánico?...Entonces no creéis en el alma, creéis en un bruto mortal y sin destino, en un ser sin conciencia del yo individual, sin la noción de justicia absoluta, creéis en Virey y en Lamarck, creéis en Proudhom y en Lucrecia, pero no creéis en Dios, Sois ateos." (Citado en Monserrat, 1999, p. 21)

Estrada recoge una idea que es predarwiniana aunque el darwinismo luego la refuerza con elementos de prueba contundentes: el origen común de los seres vivientes. Pero lo hace en una versión ramplona que luego sobrevivió en una vulgata errónea del darwinismo y dio origen al mito del eslabón perdido, al que ya nos hemos referido: "(…) vosotros los que queréis hacer al hombre un descendiente de una marsopla que se parte la cola, o de un mono acatarrado, que alarga la nariz" (citado en Monserrat, 1999, p. 21).

También Estrada se hace eco una creencia de la época, bastante extendida según la cual la Tierra tendría 6000 años (véase la nota 3 del capitulo 1). Más allá de lo ingenuo (y absurdo) del cálculo queda claro que es compatible con una mentalidad creacionista y a dios le sobra tiempo en 6000 años para realizar su tarea y por otra parte es claramente incompatible con un evolucionismo que necesita una Tierra enormemente más antigua para justificar los incontables y lentos cambios y con el uniformitarismo geológico.

Las lecturas (y apropiaciones) de Darwin

Antes de la década del '70 del siglo XIX, probablemente el primer lector de *El Origen* del que se tenga registro por estas tierras, haya sido William. H. Hudson (1841-1922) a sus 18 o 19 años y muy poco después de aparecida la obra en Inglaterra. De esa lectura deja expresa constancia en las últimas páginas de *Far Away and Long Ago – A History of My Early Life* (Hudson, 1918). Luego de una primera lectura que no modifica en nada la actitud y creencias del joven Hudson, en un contexto muy particular (la muerte de su madre y un cuadro de fiebre reumática que lo tenía a maltraer) y merced a la insistencia de su hermano ("léelo otra vez de la manera apropiada para ti, como un naturalista"), Hudson realiza una segunda lectura del libro de Darwin y así lo relata:

"Releí la famosa obra en la forma en que me había aconsejado y luego me rehusé a preocuparme del asunto. Estaba harto de pensar. (...) A pesar de mi resolución de olvidarme de Darwin, mi mente o subconciencia –igual que un perro que con un hueso en la boca desobedece a su amo cuando éste le ordena soltarlo- seguí revolviendo el asunto. Aquella obsesión subsistía el día entero en mí, tanto cuando recorriendo el campo sujetaba el caballo para contemplar a gusto un ser cualquiera, como cuando boca abajo observaba entre los pastos la misteriosa vida de algún insecto. Y toda existencia que caía bajo mi vista, desde el gran pájaro describiendo círculos en la vastedad del espacio, hasta el miserable bichito que se encontraba a mis pies, entraban en el argumento y reflejaban un tipo, representando un grupo, marcado por sus semejanza de familia, no solamente en su aspecto, colorido y lenguaje, sino también en personalidad, costumbres y aun en los más ligeros rasgos de carácter y gestos. Y sucesivamente así, el grupo entero, a su vez, lo relacionaba con otro grupo y todavía con otros más y más alejados, haciéndose la analogía cada vez menos notable. ¿Qué otra explicación era posible sino la comunidad de origen? Parecía increíble que no se hubiera notado, aun antes de que se descubriera que el mundo era esférico y pertenecía a un sistema planetario que giraba alrededor del Sol. Todo este conocimiento sideral carecía de importancia comparado con el de nuestro parentesco con las infinitas formas de vida que comparten la tierra con nosotros. ¡Y sin embargo, no fue hasta la segunda mitad del siglo XIX cuando la gran, casi evidente verdad, se abrió paso en el mundo!... En forma insensible e inevitable, me había convertido en evolucionista, aunque nunca del todo satisfecho con la selección natural, como la única y suficiente explicación de los cambios en la forma de vida. Y otra vez, insensiblemente, la nueva doctrina me condujo a modificaciones de las antiguas ideas religiosas y, eventualmente a una nueva y simplificada filosofía de la vida. Bastante buena en lo que se refiere a esta existencia, pero que desgraciadamente, no toma en cuenta la otra, la perdurable". (Hudson, 1918 [1938, p. 363]

El relato de Hudson[2] refleja no solo el conflicto ineludible con la creencia religiosa tradicional sino también el debate acerca de la selección natural, aspecto de la teoría de Darwin que fue parcialmente cuestionado hasta la aparición de la teoría sintética en la década del ´30 del siglo XX, mientras que la cuestión del origen común de todo lo viviente –la otra gran hipótesis de Darwin- fuera inmediatamente aceptada sin reparos.

Algunos años después, Juan. B. Alberdi (1810-1884) en su extraordinaria, aguda y desopilante novela *Peregrinación de Luz del Día. O Viaje y aventuras de la Verdad en el Nuevo Mundo,* hace un uso particular de la teoría de Darwin, a veces absurdo en términos científicos, aunque consistente con algunas lecturas corrientes del darwinismo y la evolución. Alberdi dice de su propio libro:

"Es casi una historia por lo verosímil, es casi un libro de política y de filosofía moral por lo conceptuoso, es casi un libro de política y de mundo por sus máximas y observaciones; pero, seguramente, no es más que un cuento fantástico, aunque menos fantástico que los de Hoffmann".

La Verdad, cansada de vivir en Europa donde todos viven según moldes burdos y decadentes, y de soportar los triunfos de su indigna rival, la Mentira, y para no suicidarse tan joven, decide viajar a América bajo el nombre de "Luz

---

2   Sobre la figura de Hudson véase, entre otros: Montserrat (1999, 2012); Wilson (1981), Jurado (1971).

del Día" y, dado que la Verdad no tiene sexo, adopta forma de mujer. Al llegar a destino se encuentra con todos los personajes literarios que representan los aspectos negativos de la Europa de la época: con Tartufo (personificación de la mentira), Gil Blas (el gestor político, servil y acomodaticio) y Basilio (la calumnia); con el Quijote y Sancho Panza; con el Cid y también con Pelayo y con Fígaro. A su vez, puede intuirse e identificarse, en estos personajes a los protagonistas de la política argentina como Domingo. F. Sarmiento, Bartolomé Mitre, Adolfo Alsina, Dalmacio Velez Sarsfield y otros.

En su periplo, vive numerosas aventuras y realiza diversos experimentos y estudios de "zoología moral" sobre la sociedad del nuevo continente hasta que, al final, abatida por sus experiencias en América, Luz del Día decide regresar a Europa dando previamente un discurso sobre la libertad en Sudamérica ante un esacasísismo público que, además, bosteza y se duerme, lo que la lleva a concluir que ese país nunca será de sus dominios, de la Verdad.

La figura de Darwin, y sobre todo el darwinismo, aparecen en la novela en el llamado "Episodio de Quijotania" que resultaba parte de los datos que "Fígaro suministraba a Luz del Día para prepararla a dar su conferencia sobre la libertad y el gobierno libre en Sud-América". Allí Alberdi relata el experimento que Don Quijote, a la sazón con "una ensalada en su cabeza insegura y fantástica", ensaya en América y que consistía en aplicar la teoría de Darwin a la regeneración social. El delirante proyecto del Quijote en la Patagonia no podía terminar de otra manera: con el ideólogo y su mayordomo gallego sometidos a un proceso criminal. El Quijote fue benévolamente absuelto por "demencia o monomanía" aunque hay que aclarar que no se trató en este caso de novelas de caballeros sino que había sido el libro de Darwin sobre *El Origen de las especies* lo que lo enloqueció y, por tal motivo, se le había confiscado.

Alberdi escribe su *Peregrinación de Luz del Día* entre 1870 y 1874 en que se publica. Recién en 1871 se publica *The Descent of Man*, la segunda gran obra de Darwin quien, hasta ese momento ya había publicado cinco de las seis ediciones de *El Origen*. Todavía no se había traducción al castellano (la primera es de 1877), aunque sí al alemán y al francés. Darwin ya es un personaje muy famoso, criticado despiadadamente y defendido con la misma vehemencia.

La referencia de Alberdi se encuentra más en línea con ese complejo, largo y más o menos difuso proceso que denominamos "darwinismo", básicamente la recepción y expansión cultural de la teoría de la evolución en un contexto evolucionista general y que incluye una tensión irresoluble con la teoría biológica propiamente dicha, como ya se ha explicado. Pero resultaría una imperdonable ausencia de sutileza intelectual y, sobre todo, un absurdo categorial, buscar los paralelos, discontinuidades y aun los errores de interpretación de la obra literaria, alegórica y política, con relación a la obra biológica original, pues la alusión que hace Alberdi sobre Darwin, además de metafórica, irónica y sarcástica, está en clave política y sociológica. Veamos algunos detalles comenzando por el párrafo con el que el Quijote introduce la idea de la evolución:

"(...) según las pruebas que ofrece la historia natural de la tierra, procedían originariamente de *cuatro o seis tipos* en que la vida animal y vegetal había verosímilmente hecho su primera aparición sobre la faz de nuestro globo; que una ley peculiar a la vida orgánica los había multiplicado al infinito, y que esta ley era la *selección natural,* o la perfectibilidad espontánea de que las especies son capaces por la acumulación de las *mejoras creadas por la educación* al favor de la sucesión orgánica; que según esta ley de creación natural y continua la especie humana tenía probablemente por origen otra especie *menos perfecta, la del mono,* por ejemplo"

La idea del origen común de lo viviente a partir de algunas pocas especies originales, es expresada por Darwin siempre de la misma manera en las seis ediciones de *El Origen*, refiriéndose a "cuatro o cinco" formas primeras. En el párrafo final de todas las ediciones siempre dice "unas pocas formas o incluso una sola". Alberdi se refiere repetidamente a la "selección natural", hipótesis que, como ya se dijera, fue algo resistida durante varias décadas. Nótese también la idea de "mejoras creadas por la educación" que no aparece en *El Origen* y resulta más bien la lectura evolucionista en lo social sobre lo cual ya hemos dicho suficiente.

El otro punto que se destaca en el párrafo refiere a que el "hombre desciende del mono", lo cual remite a la frase que cierra *The Descent of Man* en que Darwin asegura que el hombre "lleva en su hechura corpórea el sello indeleble de su ínfimo origen". Lo cierto es que la versión vulgarizada expandió el error teórico de "el hombre desciende del mono". El Quijote de Alberdi se apoya desde el inicio en esta figura que se constituyó en uno de los tópicos de cierta malversación del darwinismo. Las caricaturas periodísticas de Darwin con figura simiesca y otras variantes del tema proliferaron en la época. Esta vulgarización sesgada también se expone en la discusión sobre el "eslabón perdido".

Rápidamente, el Quijote señala algo que constituye un absurdo biológico pero resulta efectivo para las intenciones del autor al señalar que el carnero es el ancestro de los humanos:

"Si el hombre es pariente del mono, se dijo él, con doble razón se le debe creer *pariente más cercano del carnero*; y a fe que este parentesco hace más honor al hombre, pues *el mono es bellaco, indecente, inútil, ladrón, inmoral,* mientras que el carnero es el símbolo religioso de la mansedumbre y de la bondad: el carnero hace vivir al hombre, sin vivir del hombre, lo que de paso confirma que es el padre del hombre."

Obsérvese el comentario acerca de la calidad "moral" de los monos porque esa visión negativa de nuestros "primos" biológicos era moneda corriente. La naturaleza animal, en esa imagen progresiva de la evolución, representaba un estadio negativo y brutal. Incluso fue un recurso utilizado por el médico italiano C. Lombroso en su argumentación acerca del carácter atávico de la criminalidad nata[3]. Ese rasgo animal que estaría aletargado en el desarrollo ontogenético, en algunos individuos afloraría y lo llevaría a cometer crímenes. Pero además, las descripciones físicas de los delincuentes natos acentúan sus supuestos rasgos simiescos.

Alberdi ubica a la locura de su Quijote en la Patagonia, cerca de las Falkland, a partir de que: "Él sabía que la Patagonia había inspirado a Darwin su grande idea sobre el origen de las especies". Es bastante discutible el lugar y la ocasión de inspiración de cualquier teoría científica, al menos en el sentido heroico y fundacional que, a veces, se le quiere dar. Las cartas, la *Autobiografía* y el *Diario del Viaje* de Darwin alrededor del mundo alimentan, en alguna medida, chauvinismos cientificistas menores de argentinos, uruguayos, chilenos y ecuatorianos acerca del privilegio del lugar y momento preciso en que a Darwin le surge su *peligrosa* idea. Lo que sí se puede asegurar es que algunos hallazgos en Punta Alta, la cordillera de los Andes, la Patagonia y su relación con los indios de esta zona, ocupan un lugar destacado en el posterior rompecabezas de la evolución.

---

[3] Lombroso presenta una imagen antropomorfizada de la naturaleza y así aparecen hormigas cuya *furia asesina* las impulsa a matar y despedazar un pulgón; una cigüeña que, junto *con su amante, asesinaba a su marido*; una hormiga macho que no tiene acceso a las hembras reproductoras y *viola* a una obrera, cuyos órganos sexuales están atrofiados, provocándole la muerte en medio de atroces dolores; llega incluso a decir que cuando el insecto come determinadas plantas, *su conducta equivale a un crimen* (Citado en: Gould, 1993).

Los planes de regeneración social del Quijote incluían una propuesta anticipatoria de lo que décadas después fue el movimiento eugenésico, sobre el que volveremos en el capítulo siguiente:

"Para ello debe la ley señalar un término improrrogable a las ovejas y demás ciudadanos animales, pasado el cual todo habitante que, en vez de nacer en forma de hombre, nazca como hasta aquí en forma de carnero, será suprimido según el uso de Esparta, como ciudadano imperfecto e inútil, o como un mal tipo, según la ley de Darwin (selección natural)."

El Quijote se refiere al típico caso espartano, pero también a la eugenesia moderna como derivado de la teoría de Darwin. Aunque los trabajos de Francis Galton (1822-1911) –primo de Darwin y padre fundador del movimiento eugenésico- son posteriores a este escrito de Alberdi, Galton no hizo más que sistematizar y tratar de fundamentar una serie de creencias que también retoma Alberdi y que flotaba en el ambiente de fines del siglo XIX: se debe realizar una selección artificial de los individuos superiores de una sociedad para mejorarla. La eugenesia se encuentra, premonitoriamente, en el mandato del Alberdi de unos años antes cuando sentenciaba "gobernar es poblar", porque se trataba de una población seleccionada. Unos sesenta años después (en 1930, cuando el movimiento eugenésico está instalado en casi todo el mundo) el médico psiquiatra argentino Gonzalo Bosch recoge la tensión ya presente en el mandato alberdiano, aunque creyendo que instalaba alguna novedad: "Alberdi decía: 'gobernar es poblar', concepto muy propio de su época; nosotros, hoy diríamos: Gobernar es seleccionar".

Lucio V. Mansilla (1831-1913) en sus *Causeries*[4] (en la denominada "Los animales desconocidos") aborda la cuestión de la evolución evidenciando un conocimiento de los debates alrededor del evolucionismo al comentar un libro del "Dr. Jousset", un católico alarmado porque la ciencia moderna es anticristiana, intolerante y conduce al materialismo. Cabe destacar, del escrito de Mansilla, en primer lugar y en línea con lo que venimos diciendo, que se refiere a las "teorías evolucionistas y transformistas cuyos grandes representantes son Carlos Darwin y Herbert Spencer". Spencer es un pensador muy leído y respetado en la época. El argumento que esgrime Mansilla en defensa de Darwin, y contra la crítica católica, es la convicción del inglés de no poder dar cuenta del origen de la vida, sino solo del origen de las especies, cuestión que expresa claramente en la *Autobiografía*:

> "La dificultad es extrema, es casi una imposibilidad, cuando se trata de concebir ese inmenso y sorprendente universo, inclusive el hombre, con su facultad de mirar tan lejos en el pasado y tan lejos en el porvenir, como el resultado de una casualidad ciega o de la necesidad. Cuando reflexiono en ello, me siento obligado a considerar una causa primera, teniendo una inteligencia análoga, en cierto modo a la del hombre; y merezco el nombre de deísta".[5]

Asimismo, el solapamiento de Darwin/Spencer va de la mano del tema recurrente de la recepción del evolucionismo como progreso. Inequívocamente, dice Mansilla: "Nuestras sociedades civilizadas no son perfectas ni han llegado al último término de la civilización, ni llegarán. El progreso es indefinido y evolucionista" (Mansilla, 1889/

---

4 Se trata de relatos breves, casi todos autobiográficos, escritos en tono coloquial, publicados en el diario Sud América y conocidos como *causeries* (charlas) *de los jueves*. Fueron publicados luego en 5 volúmenes entre 1889 y 1890. Hay reedición en: Mansilla, L. V., (1963).

5 Ya hemos remarcado la forma en que Darwin se expresa en el último párrafo de *El Origen*, a propósito de esta cuestión.

1890 [1963, p. 562]) Y, por otro lado, el aspecto por el cual la teoría biológica es más rupturista con la tradición, esto es la acumulación de variaciones espontáneas o al azar, es asimilado por Mansilla con una confesión, por parte de Darwin, sobre la ignorancia de las verdaderas causas de la variación,es decir de las leyes de la herencia. En cambio la idea del origen común es rescatada:

> "(...) las conclusiones a que Darwin llega son sintetizadas: que los primeros antepasados del hombre han debido ser animales más o menos parecidos al mono, pertenecientes al gran grupo antropoideo, y aliados a los antepasados del orangután, del chimpancé y del gorila. (...) Darwin no niega, ¿y quién puede negarlo?, la acción del medio físico, la influencia de ese medio sobre los caracteres y sobre el desarrollo de las plantas y de los animales, pero no le da al ambiente una importancia superior al medio orgánico. (...) Él pone siempre la fuerza modificadora o creadora principal en los fenómenos mismos de la vida. Darwin no da un paso en su jardín, sin ver bregando las fuerzas que limitan las especies". (Mansilla, 1889/1890 [1963, p. 557]

Reforzando esta idea comenta un caso ocurrido en La Rioja sobre dos jóvenes encontrados en los montes, en estado de completo salvajismo, incluso sin poder hablar y que murieron poco después de ser rescatados y llevados a población humana. Agrega que le envió a Darwin una carta "en la que detalladamente y como una confirmación de la teoría evolucionista en el sentido del progreso y viceversa, yo le refería todo esto, desde Roma, para que la agregara a la inmensa serie de sus documentos de observación".

La instalación de la polémica

Antes de la muerte de Darwin, en 1875, Eduardo L. Holmberg (1852-1937), en ese momento un joven estudiante de medicina, publica *Dos Partidos en Lucha*, de pobre valor literario según la opinión de los críticos, pero importante por la repercusión que tuvo para avivar la discusión acerca del darwinismo y la evolución. Holmberg es, al decir de Montserrat "un heraldo singular" en la defensa de Darwin:

> "No es extraño que el darwinismo golpeara entonces las puertas de una República ávida de novedades: lo insólito reside en que la primera profesión pública del credo darwinista fuese expresada a través de una obra de ficción escrita por un estudiante de medicina de veintidós años" (Monserrat, 1993, p. 25)

La obra se presenta como un manuscrito que un tal "Sr. D. Ladislao Kaillitz (darwinista)" habría entregado, antes de irse a Europa, al propio Eduardo Ladislao Holmberg que lo da a conocer. En la obra intervienen Pascasio Grifritz (darwinista) y Francisco P. Paleolítez (rabianista, partidario de Timoteo Rabian, asociado al antitransformismo en la novela) con su ayudante, Juan Estaca. "Francisco P.", obviamente hace referencia a Moreno, "Pascasio" al mismo Moreno por su segundo nombre, "Estaca" probablemente se refiera a Ramorino o a un militar de apellido "Madera" (véase Monserrat, 2000). La disputa llega a niveles tan fuertes que llega a intervenir el propio Darwin, que llega a Buenos Aires (en la ficción) y es recibido por el presidente Sarmiento.

Cuando se crea la Sociedad Científica Argentina, en 1877, Darwin fue declarado miembro honorario, y, en ese mismo año se publica la primera edición en castellano de *El origen*. En 1878, también la Academia Nacional de Ciencias de Córdoba, pocos días antes que la *Académie des Sciences* de París, lo declara miembro honorario.

Domingo F. Sarmiento en un discurso que diera poco después de la muerte de Darwin y al que volveremos más abajo, alude a un encuentro con el Darwin joven del viaje por el mundo y luego uno inequívoca y polémica definicion sobre el valor de la Patagonia:

"Pudiera decir, señores, que me era familiar el nombre de Darwin desde hace cuarenta años, cuando embarcado en la Beagle que mandaba Fitz Roy, visitó el extremo Sur del Continente, pues conocí el buque y su tripulación y desde luego el Viaje de un Naturalista que hube de citar no pocas veces hablando del Estrecho. Recordaréis que nunca me mostré muy celoso de nuestras posesiones australes, porque no las creía dignas de quemar un barril de pólvora en su defensa (...)"

Sarmiento manifestó tempranamente cierto conocimiento de la teoría de Darwin. En 1865, es decir apenas 6 años después de la primera edición de *El Origen*, según refiere Jalif de Bertranou (2009), Sarmiento en una carta a su amiga Mary Mann (a propósito de algunas consideraciones previas sobre el ganado argentino) le dice "Este hecho, fuera de toda duda, viene en confirmación de la teoría de Darwin sobre la selección de las especies". Poco después y siendo ya presidente, el 12 de agosto de 1868, escribe en su diario de viaje de Nueva York a Buenos Aires "La teoria de Darwin es argentina y me propongo nacionalizarla por Burmeister" cosa que, evidentemente no pudo hacer por la acérrima oposición del alemán al evolucionismo, pero lo más curioso es su afirmación sobre el carácter argentino de la teoría. La figura de Sarmiento es altamente controvertida -y no es este el lugar ni la ocasión de avanzar en ello- por las diversas valoraciones que conocemos acerca de su figura sino, fundamentalmente porque reúne no solo la mentalidad de su tiempo –qué otra cosa podría ser- sino también las profundas tensiones, mucho más visibles en una lectura extemporánea. Junto con la apuesta por un progresismo positivista, basado en la educación laica universal, el desarrollo del ferrocarril y la agricultura y el rechazo por las ideas y costumbres consideradas bárbaras, Sarmiento refuerza continuamente un racismo militante y genocida.

El Círculo Médico celebró una conferencia pública en homenaje a Darwin, poco más de un mes después de su muerte, e invitó a Sarmiento como orador, en el Teatro

Nacional el 19 de Mayo de 1882 (tambien disertaron Florentino Ameghino y Eduardo Holmberg). El discurso de Sarmiento comienza con referencias a los científicos en la Argentina, señala los conocidos y exitosos resultados de las cruzas de distintas raza de ganado realizadas por estancieros:

"Los inteligentes criadores de ovejas son unos darwinistas consumados y sin rivales en el *arte de variar las especies (...)* "Me parece que hay motivo suficiente para que seamos los argentinos partidarios de la doctrina del transformismo, puesto que nosotros transformamos una variedad de oveja en otra. Hemos construido una especie: *la oveja argentífera,* porque da plata y porque es argentina además". Indica luego los resultados sociales de la teoría darwinista, para rematar con que si Darwin hizo sus investigaciones en nuestro país, por qué no habríamos de homenajearlo dado que todavía estaban frescos los rastros de "su paso por nuestro territorio, y *es uno de nuestros propios sabios."*[6]

Más allá de estas consideraciones puntuales, la adhesión de Sarmiento a un evolucionismo general era clara:

"Yo señores, adhiero a la doctrina de la evolución más generalizada como procedimiento del espíritu, porque necesito reposar sobre un principio armonioso y bello a la vez, a fin de acallar la duda, que es el tormento del alma".

Sin embargo, como venimos señalando en la recepción del evolucionismo, en una carta que Sarmiento le envió a Francisco P. Moreno, en ocasión de la publicación de *Conflictos y Armonías de las Razas en América Latina,* hay que comprender esta adhesión de un modo particular:

---

6   Debe notarse que, justamente el Capítulo 1 de *El Origen* refiere a la selección en estado doméstico, es decir el trabajo de criadores. Aunque no deja de ser algo incómoda la extensión del mecanismo de los criadores (con un pln y objetivos claros y predetrminados) al ámbito de la a selección natural.

"Aprovecharé tan buena ocasión, sin embargo, de hablar del libro, dando algunas explicaciones y complementos. Bien rastrea usted las ideas evolucionistas de Spencer que he proclamado abiertamente en materia social, dejando á usted y á Ameghino las darwinistas, si de ello los convence el andar tras de su ilustre huella. Yo no tengo ni la pretensión ni el derecho de serlo. Con Spencer me entiendo, porque andamos el mismo camino".

En la Argentina de fines del XIX, la figura de Darwin fue importante y se entrelaza con un contexto general de avance y consolidacion de las ciencias, la organización del Estado y una mentalidad positivista, no sólo en la cuestión científica, sino también en los aspectos políticos y culturales. Pedro Scalabrini, destacada figura de la también destacada Escuela Normal de Paraná (Entre Ríos) -fundada por el propio Sarmiento en 1870, cuando era presidente- publica un artículo titulado "Materialismo, darwinismo, positivismo. Diferencias y semejanzas", redactado en 1888, donde trata de incorporar el darwinismo al positivismo.

Uno de los grandes evolucionistas argentinos fue Florentino Ameghino (1854-1911), al decir de Sarmiento y en alusión a su reconocimiento en el exterior: "un paisano de Mercedes que aquí nadie conoce, pero que es admirado por los sabios del mundo entero"[7]. De gran trayectoria y prolífica producción científica, Ameghino contribuyó a la paleontología, la geología y la antropología física; adversario intelectual de Germán Burmeister (1807-1892), también como éste llegó a dirigir el Museo Argentino de Ciencias Naturales. Imbuido del espíritu positivista cientificista y progresista decimonónico, evolucionista y con un toque chauvinista defendió la idea (equivocada) según la cual el origen de la humanidad habría acontencido en sudamérica (lo que algunos llaman "autoctonismo"). En "Antigüedad del Hombre en el Plata", se refiere a restos óseos que supuso

---

7 Algunos historiadores sostienen que nació en Luján, pero otros piensan que fue en Génova (Italia) y que llegó a la Argentina de muy chico.

de gran antigüedad y consideró antecesores del hombre. Incluso arriesgó la hipótesis de que su origen databa de la época Terciaria. En una conferencia titulada "Un recuerdo a la memoria de Darwin. El transformismo considerado como ciencia exacta" señala, corrigiendo un error corriente de la vulgata evolucionista:

"Ni Darwin, ni su predecesor Lamarck, ni sus discípulos Huxley y Haeckel, ni ningún naturalista transformista ha dicho, que alguna de las razas humanas actuales descienda de alguna de las especies de monos actuales. Lo que afirman los transformistas es que los seres en general, y cada especie en particular, no han aparecido así nomás porque sí, de sopetón, de la noche a la mañana: que nada se forma de la nada, que por consiguiente todo debe tener antecesores, y concretándome particularmente a las formas superiores de la animalidad, cuya cúspide somos nosotros, lo que sostiene dicha escuela es que el hombre desciende de una forma inferior extinguida, que los monos antropomorfos actuales descienden de otro tipo también extinguido, que a su vez tuvo sin duda, por origen un tipo primitivo del cual se separaron igualmente en épocas sumamente remotas las formas precursoras del hombre. Ya veis que estamos muy lejos de la pretendida descendencia".

Y refiriéndose a la figura de Darwin afirma, curiosamente en una suerte de chauvinismo de inspiración:

"(...) puede considerarse como uno de nuestros sabios, pues el descubrimiento de su teoría está ligado a la historia de nuestro progreso científico, por ser aquí, entre nosotros, donde recogió los materiales para ella y tuvo su primera idea"

En nombre del positivismo y de la ciencia, Ameghino participaba también de las disputas con la religión católica de las últimas décadas del siglo XIX. Un curioso episodio tuvo lugar cuando publicó (1884) una carta satírica en el diario *La Crónica*, firmada con el seudónimo de Dr. Serafín Esteco "ex miembro del Club Concólico Apostacólico" en la cual, simulando una suerte de investigación policial, sostenia que la imagen de la virgen exhibida en Luján no era en realidad la que vino de Europa, sino una apócrifa fabricada con barro del lugar, "por manos poco expertas en el arte del alfarero".

El darwinismo, pero sobre todo el evolucionismo en la clave ya descripta de desarrollo y progreso, marcó toda una época hasta bien entrado el siglo XX en la Argentina. Los fundamentos y el desarrollo del movimiento eugenésico resultan un claro ejemplo que va más allá de la mera discusión teórica y atraviesa la política, la educación, y toda la cultura. Ese será el tema del próximo capítulo.

5

La eugenesia en la Argentina

1. La eugenesia. Origen, postulados y tecnologías

Así como solo se puede explicar la relación entre evolución biológica y evolución social apelando a la complejidad de la cuestión, también la explicación de la vinculación de Darwin con la eugenesia es refractaria a cualquier simplificación. La eugenesia, propuesta inicialmente por un primo de Darwin llamado Francis Galton (1869, 1883) en los '60 del siglo XIX, pero el movimiento eugenésico (en delante ME)[1] alcanzó su periodo de mayor esplendor y alcance casi universal entre 1910 y 1940 aproximadamente, cuando se convirtió en un extendido y complejo programa interdisciplinario en el cual estuvieron comprometidos importantes sectores de la comunidad científica internacional (biología, sociología, medicina, tecnologías educativas, demografía, psiquiatría, ciencias jurídicas, criminología y otras) cuyo objetivo – el mejoramiento/progreso de la raza o la especie- debería llevarse adelante mediante una selección artificial –que suplantara o ayudara a la selección natural- a través de políticas públicas destinadas a promover la reproducción de determinados individuos o grupos humanos considerados mejores y la inhibición de la reproducción de otros grupos

---

[1]   Véase: Palma (2005)

o individuos considerados inferiores o indeseables[2]. El ME fue, en su implementación práctica, un caso paradigmático de la biopolítica en sus dos sentidos principales: como una concepción del Estado, la sociedad y la política en términos, conceptos y teorías biológicas, y también como el modo en que el Estado organiza y administra la vida social de los individuos mediante la organización y administración de la vida biológica[3].

La literatura eugenésica suele distinguir entre eugenesias negativa y positiva. La primera refiere al intento de eliminar o disminuir la frecuencia de alelos que se juzgan perjudiciales o deletéreos para el ser humano o al menos para alguna población particular. La eugenesia positiva, por su lado, estará definida por la implementación de prácticas y políticas que tienen como objetivo incidir evolutivamente y se asienta sobre la promoción de la reproducción de ciertos individuos, portadores de caracteres reconocidos como deseables, bajo la intención de generar así un fenómeno de reproducción diferencial.

Puede sintetizarse el planteo eugenésico según cuatro postulados básicos. El primero es que las diferencias (y por ende las jerarquías) entre los individuos están determinadas hereditariamente y sólo en una muy pequeña medida dependen del medio. La eugenesia se enmarca en una concepción marcadamente hereditarista y determinista, según la cual la ubicación de los individuos en la estructura social, así como la mayor parte de sus conductas importantes socialmente, estarían determinadas biológicamente,

---

[2] Suelen cometerse tres errores acerca de la eugenesia. En primer lugar circunscribirla a la Alemani nazi, cuando en realidad fue un fenómeno casi universal; en segundo lugar calificarla como pseudociencia cuando en verdad la comunidad cientifica en pleno trabajó en ese programa; finalmente alertar sobre una supuesta reedición de la eugenesia merced a los desarrollos tecnológicos n la reproducción humana que permitirían cuerta capacidad de elegir embriones. He desarrollado esto con detalle en Palma (2005).

[3] Agamben (2002, 2004), Esposito (1998, 2002, 2002a), Hardt, M. y Negri, A. (2000), Hottois, G. (1999), Latour, B. (1999), Achard, P. et al (1977), buena parte de la obra de M. Foucault (véase sobre todo 2004 y 2004a).

de modo tal que lo que ocurre en la sociedad no sería más que el reflejo de lo que ocurre en lo biológico y, sobre todo habilita la tarea que se proponen de trabajar artificialmente sobre la descendencia (véase Gould, 1996). Galton había pretendido demostrar científicamente (a través de la estadística y métodos psicológicos ideados por él) algo que en la Inglaterra victoriana todos daban por sentado: que los hombres eminentes generalmente eran hijos de hombres eminentes y que los incapaces en general eran hijos de incapaces. Para Galton, las "habilidades naturales" del hombre se transmitirían hereditariamente, del mismo modo y con las mismas limitaciones que la forma y las características físicas de todo el mundo orgánico.

Pueden distinguirse claramente tres momentos en la historia de la eugenesia sin contar con los casos históricos más o menos conocidos de la antigüedad. Un primer periodo preparatorio, de desarrollo conceptual y de creciente consenso científico/médico, político e ideológico que va desde las primeras formulaciones de Galton hasta los primeros años del siglo XX. Un segundo periodo, que podría denominarse "Eugenesia Clásica" que comienza en 1911, año en que se funda en Londres la primera Sociedad Eugenésica cuyo primer presidente fue uno de los hijos de Darwin –Leonard– y que en 1912 organizó el primer Congreso Eugénico Internacional y termina alrededor de la Segunda Guerra Mundial. Se trata del periodo de apogeo en el cual prácticamente todos los países occidentales formaron instituciones eugenésicas que, a su vez constituyeron asociaciones internacionales de largas y profusas ramificaciones, que realizaron reuniones científicas en todo el mundo y adquirieron cierta capacidad de influencia en la implementación de políticas públicas. Todas las publicaciones biológicas y médicas especializadas recogían propuestas, textos, estudios y referencias a los progresos en la materia. Luego de la Segunda Guerra Mundial[4] el ME se fue debilitando, en buena medida como resultado de las atrocidades cometidas por el nazismo, y fue derivando en propuestas más restringidas a cuestiones médico/sanitarias (sobre todo profilaxis del embarazo y cuidados del bebé y del niño pequeño, condiciones higiénicas de la vivienda, etc.).

Las leyes de la herencia son desconocidas para la época de Darwin quien lo expresa repetidamente en *El Origen*[5]. Por ello resulta natural, para un espíritu tan prudente y tan acostumbrado a fundamentar sus dichos en pruebas firmes, que su opinión sea algo difusa. No obstante, en su *Autobiografía*, apunta al pasar, en ocasión de describir el carácter de sus parientes, que se inclinaba por pensar, al igual que Galton, que la "educación y el medio sólo producen ligeros efectos en la mente, y que la mayor parte de nuestras facultades son innatas".

En *El Origen del Hombre*, de 1871, Darwin se expresa también a favor de una suerte de eugenesia general:

"El hombre estudia con la más escrupulosa atención el carácter y la genealogía de sus caballos, de sus perros, de sus otros animales domésticos, antes de permitirles acoplarse; pero cuando se trata de su propio matrimonio, toma esta precaución muy raramente, tal vez nunca. (...) La selección sexual le permitiría, sin embargo, hacer algo favorable, no sólo para la constitución física de sus hijos, sino también para sus cualidades intelectuales y morales. Los dos sexos no deberían unirse en matrimonio cuando se encontrasen en un estado de inferioridad física o espiritual demasiado pronunciado; pero expresar semejantes esperanzas importa expresar una utopía, pues estas esperanzas no se realizaran siquiera

---

4   Miranda (2003), refiriéndose al caso argentino, afirma que existen dos etapas según el modo en que se manifestaba la esencia imperativa o autoritaria de la eugenesia: "de coercitividad explícita" y "de coercitividad disimulada." Véase también Soutullo (1999)

5   Darwin se puso de acuerdo con Galton para llevar adelante experimentos que confirmasen la teoría del primero acerca de la herencia, denominada "pangénesis", finalmente desechada.

en parte, mientras las leyes de la herencia no sean completamente conocidas. (…) Todos los que no puedan evitar una abyecta pobreza a sus hijos deberían abstenerse del matrimonio porque la pobreza es no tan solo un gran mal, sino que tiende a aumentarse, conduciendo a la indiferencia en el matrimonio. Por otra parte, como ha observado Galton, si las personas prudentes evitan el matrimonio, mientras que las negligentes se casan, los individuos inferiores de la sociedad tienden a suplantar a los individuos superiores. El hombre, como cualquier otro animal, ha llegado, sin duda alguna, a su condición elevada actual mediante 'la lucha por la existencia', consiguiente a su rápida multiplicación: y si ha de avanzar aún más, puede temerse que deberá seguir sujeto a una lucha rigurosa. De otra manera caería en la indolencia, y los mejor dotados no alcanzarían mayores triunfos en la lucha por la existencia que los más desprovistos. De aquí que nuestra proporción o incremento, aunque nos conduce a muchos y positivos males, no debe disminuirse en alto grado por ninguna clase de medios. Debía haber una amplia competencia para todos los hombres, y los más capaces no debían hallar trabas en las leyes ni en las costumbres para alcanzar mayor éxito y criar el mayor número de descendientes". (Darwin, 1871 [1994, pág. 521])

Sin embargo, también relativiza en parte el papel de la herencia biológica, para acentuar otros aspectos derivados de las condiciones de vida:

"A pesar de lo importante que ha sido y aún es la lucha por la existencia hay, sin embargo, en cuanto se refiere a la parte más elevada de la naturaleza humana otros agentes aún más importantes. Así, pues, las facultades morales se perfeccionan mucho más, bien directa o indirectamente, mediante los efectos del hábito, de las facultades razonadoras, la instrucción, la religión, etcétera, que mediante la selección natural; por más que puedan atribuirse con seguridad a este último agente los instintos sociales que suministran las bases para el desarrollo del sentido moral". (Darwin, 1871 [1994, pág. 521])

El ME excede ampliamente la época, teoría y convicciones de Darwin y éste a su vez no hace más que repetir (sobre todo en su Diario, pero también después) un prejuicio propio de su época como la creencia en la desigualdad racial. En todo caso, como señala S. Gould, "Darwin construyó una lógica distinta para explicar una certidumbre compartida por todos" y en ese sentido resulta más importante para la comprensión de la historia analizar por qué razones, desatinos tan potentes y perniciosos se instalaron durante tanto tiempo como una certeza indiscutida a partir de la cual se ha generado tanto sufrimiento. En suma cuáles son las razones por las cuales la diversidad llegó (y aun en la actualidad ocurre) a justificar la desigualdad.

El *segundo postulado eugenésico* indica que el progreso de las sociedades depende de la selección natural, principal mecanismo de la evolución de las especies según la teoría darwiniana. Este segundo postulado conlleva una extrapolación sesgada de la teoría darwiniana de la evolución por tres motivos: la aplicación de la misma a cuestiones sociales; considerar que los cambios evolutivos puedan tener lugar en el lapso de pocas generaciones y principalmente por la utilización algo indiscriminada e ideológica de la noción de "progreso" que la teoría darwiniana había conseguido expulsar del mundo natural, como ya se ha explicado.

El *tercer postulado* afirma que las condiciones modernas de vida (la medicina, los planes de asistencia y las "comodidades", etc.) tienden a impedir la influencia selectiva de la muerte de los menos aptos, lo cual estaría provocando la degeneración de la especie humana, degeneración y decadencia que podrían observarse, sobre todo en las ciudades, en el aumento de la delincuencia, el alcoholismo, la locura y enfermedades como la sífilis y la tuberculosis. Los eugenistas brindaban una descripción desoladora y pesimista de la sociedad. La situación de las ciudades de fines del XIX, tanto europeas como americanas, en las cuales oleadas inmigratorias abarrotaban los suburbios más humildes sin sistema sanitario ni médico, con el alcoholismo, la sífilis y la tuberculosos haciendo estragos, daban apoyatura a esas consideraciones. Sin embargo la eugenesia se presenta como una práctica que vendría a resolver y cambiar la situación, lo cual conlleva una visión optimista de la ciencia y la tecnología. En ocasiones se ha puesto el acento en el aspecto pesimista (de decadencia y degeneración)[6] y en otras en el marcado optimismo cientificista del ME, pero se ha perdido de vista que esos conceptos son dos caras de una misma moneda, que su fuerza práctica sobreviene precisamente de que operan conjuntamente. En efecto, el reclamo del ME por implementar políticas de control y administración de los cuerpos se fundamenta en la exposición de los rasgos de degeneración y decadencia, un discurso bastante corriente hacia fines del siglo XIX y sobre todo después de la Primera Guerra Mundial, el momento pesimista exacerbado y expuesto como un problema médico/biológico. Pero este primer momento no es presentado como un estadio definitivo e irresoluble sino como un momento que puede –y debe- ser superado a través de las posibilidades que la ciencia y la tecnología ofrecen, en el contexto de una fuerte naturalización de la vida social y una transferencia de poder al especialista médico: el momento optimista, más exacerbado aún. La intervención eugénica es la que vendría a resolver el pasaje de la decadencia al progreso. Decadencia/pesimismo/degeneración por un lado y progreso/optimismo/normalidad no son polos conceptuales que se aplican en la evaluación diagnóstica del estado de una sociedad en un momento dado en forma alternativa, sino más bien, los opuestos de una dialéctica que se resuelve en una apuesta político tecnocrática.

Finalmente, el *cuarto postulado*, propone una selección artificial que suplante a la selección natural que no estaría funcionando, implementando políticas públicas asociadas a la reproducción. Es en este punto donde se nota palmariamente la imbricación de ciencia, tecnología y política que se

---

6 Sobre la idea de "decadencia" en la historiografía, véase Hermann (1997)

da en el ME al proponer esta batería de tecnologías sociales y médicas: la exigencia del certificado médico prenupcial; el control diferencial de la concepción; la esterilización; el aborto eugenésico; el control y/o restricción de la inmigración de determinados grupos humanos, la fichas biotipológicas y la educación sexual. Huelga decir que el número, alcance y rigor en la aplicación de estas medidas ha sido variable entre los distintos países y épocas y, en algunos casos los reclamos de los eugenistas no se han implementado de manera efectiva.

El Certificado Médico Prenupcial (CMP) fue adoptado, poco a poco, prácticamente por todos los países de Europa y América. En algunos (por ejemplo Inglaterra) fue optativo, pero en la mayoría de ellos fue obligatorio (en la Argentina data de 1936) y la problemática del control de la descendencia a través de este mecanismo, se instaló generalizadamente y con mucha fuerza. La exigencia del CMP, que era vinculante, estaba basada en la consideración de la característica "antieugenésica" de la mayoría de los matrimonios, de modo tal que era razonable que la sociedad se preocupase por "(...) rodearlo con las mayores garantías biológicas, evitando, hasta donde sea posible hacerlo, que pueda servir de instrumento para la degeneración de la raza (...)"

En 1919, el Dr. Alberto Stucchi, un abanderado del CMP reclamó que se impidiera la unión de alcohólicos, tuberculosos o sifilíticos, y salía al cruce de las objeciones que desde algunos sectores se le hacía. Sostenía que la reducción de nacimientos que ocasionaría la prohibición de ciertos matrimonios lejos de causar un perjuicio a la economía, aumentaría la potencialidad del país medida por la calidad de sus habitantes y, además, la eliminación de taras y enfermedades congénitas haría que a mediano plazo hubiera "un superávit de vidas a pesar de la disminución del número de matrimonios"; contra las objeciones de tipo *moral* (según las cuales las restricciones al matrimonio representarían un paso hacia el *amor libre,* es decir las uniones informales o concubinatos) argumenta que, después de todo, las uniones libres han existido siempre; con respecto a las objeciones religiosas en el sentido de que el matrimonio sería un contrato natural creado por Dios, o sea un sacramento, Stucchi apela a la voz autorizada de S. Tomás de Aquino quien dice que el objetivo de Dios al crear el matrimonio fue la perpetuación de la especie humana, los intereses de la sociedad civil y los intereses de la Iglesia; con respecto a las objeciones jurídicas, que señalan que tal prohibición constituiría un atentado contra el derecho individual, afirma:

"(…) todo sentimentalismo y respeto por la personalidad humana, es un hecho que casi ha pasado a la historia. En efecto, hoy sólo se acepta como principio incontrovertible, que el interés general debe primar siempre sobre el interés individual." (Stucchi, 1919, p. 375)

La presión para legislar sobre este tema provenía desde múltiples sectores y niveles. En el Congreso de Reforma Sexual celebrado en Copenhague en 1928 se votó el siguiente acuerdo: "Que los padres sanos engendren hijos sanos y los padres incapaces de traer una prole sana, se abstengan voluntariamente de procrear". Similares recomendaciones surgen del VII Congreso Pan Americano del Niño. El Control de la Natalidad o, mejor como gustaban denominarlo, el *control científico de la concepción*, que no estaba dirigido a un control estadístico de la tasa de aumento de la población o natalidad, sino más bien a un *control diferencial de la concepción*, porque pretendía impedir o reducir la reproducción de determinados grupos o individuos. Se promovía la implementación de mecanismos anticonceptivos, bastante poco precarios e inefectivos en las primeras décadas del siglo XX, pero fundamentalmente la prédica estaba dirigida a generalizar la educación sexual, entendida siempre como educación para la reproducción saludable. En los países latinoamericanos en general y en la Argentina en particular las indicaciones anticonceptivas chocaban contra la posición de algunos sectores religiosos. La discusión de la dialéctica cantidad/calidad de población atraviesa todo el discurso eugenésico y sus prácticas[7]. Muchos eugenistas justifican y lamentan la ausencia de medidas que tiendan hacia un futuro con menos y mejores seres humanos por razones sociales y políticas:

> "Ni los empresarios ni los trabajadores se preocupan, por eso, en los factores eugenésicos. Lo que les interesa, por el contrario, es aumentar, en cualquier forma y a todo trance, el volumen numérico de la familia. La producción económica tiene, pues, desde este punto de vista, un carácter antieugenésico. (…) El Estado coadyuva, por otras razones, el incremento de la población, en actitud que no es tan desinteresada ni tan moral como pudiera suponerse. El Estado necesita soldados para su ejército y ejércitos para la eventualidad de una guerra." (Mac Lean y Estenós, 1952, p. 51)

El mismo argumento por el cual el nazismo reclamaba la depuración de la raza para la guerra, aquí es utilizado en sentido inverso, y se critica el carácter profundamente antieugenésico de la guerra ya que ella se lleva los hombres fuertes, jóvenes y sanos, es decir, los *mejores hombres*. El conocido médico y eugenista español Gregorio Marañón (1887-1960) señala en este mismo sentido:

> "Hay que pensar con repugnancia en aquellas patrióticas medidas que las naciones europeas, Francia, Alemania e Inglaterra, tomaron a principios del siglo para fomentar la natalidad. Si tuvieron alguna eficacia los esfuerzos de las pobres madres, sólo sirvieron para aumentar los blancos ante las filas de los cañones cuya fabricación fomentaban los jefes de Estado con igual empeño al de los nacimientos." (Marañón, 1940)

---

7   El Primer Congreso de la Población organizado por el Museo Social Argentino en Buenos Aires en octubre de 1940 toma como una de las condiciones más amenazantes el descenso de las tasas de crecimiento de la población, de natalidad y de inmigración (Cf. Ramacciotti, 2003).

La propuesta de esterilización (e incluso de castración) de los criminales era moneda corriente en todo el mundo hacia principios del siglo XX aunque se discutía sobre el alcance que debería concedérsele a la misma. Un argumento que se esgrimía contra las formas cruentas de restringir la reproducción, es decir contra el aborto eugenésico y la castración, aunque curiosamente no contra la anticoncepción, sostenía que se corría el riesgo de eliminar o impedir el nacimiento de un genio y se ponian ejemplos famosos como "Leopardi enfermizo y raquítico, Voltaire siempre enfermo, Helmontz (sic) hidrocéfalo, Paganini también afecto de la misma dolencia, etc. La lista podría ser interminable" (Sirlin, 1926, p. 230). El contraargumento eugenista era que, si bien estadísticamente esto era posible, la probabilidad era tan baja que no valia la pena someter a la sociedad al riesgo de tener que mantener tarados y deficientes.

"Se ha discutido mucho si estas prácticas de la esterilización eugenésica no evitarán el nacimiento de los hombres geniales, ya que es conocida la frecuencia del tipo genial entre familias taradas. La objeción no tiene peso, pues el tipo de degenerados a los que el Estado somete a la esterilización corresponde a familias de deficientes mentales y psicosis degenerativas progresivas, en las que es raro que se dé un genio. Estudiados los padres de quinientos dos niños superdotados de las escuelas de California, sólo cuatro tenían algún padre que había sufrido enfermedad mental; pero todos eran de inteligencia de nivel normal o superior. El genio puede proceder de un padre loco, pero en general no procede de padres deficientes mentalmente (imbéciles o idiotas)." (Lafora, 1931, p. 362)

La medida, en este sentido, que se ha llevado a cabo más recurrentemente, principalmente en los EE.UU. y Alemania, ha sido la esterilización de los criminales, bajo la influencia sobre todo de la escuela italiana de antropología criminal, aceptando que el factor hereditario, "es tal vez el más importante de todos en la etiología del crimen, tanto en la criminalidad de hábito como en la de ocasión" (Maxwell en *Le Crime et la Societé*, citado en Luisi, 1916, p. 442). En la Argentina hubo muchos reclamos por una legislación que propiciara la esterilización, aunque no se haya llegado a ponerla en práctica en forma sistemática.

> "(...) la medida más segura sería la esterilización. Si bien no podemos asegurar la herencia de los núcleos patológicos para justificar la misma, basta que las probabilidades sean altas."
> (Di Fonzo, 1942, p. 41)

Aunque es cierto que aún no se había desatado el horror de la Segunda Guerra Mundial, los elogios de las políticas eugenésicas alemanas —y también norteamericanas— eran moneda corriente hacia los primeros años de la década del '30, por la convicción generalizada de que se trataba del camino correcto hacia el progreso. En *La Semana Médica*, se publicó en 1935 un artículo (Stocker, 1935, p. 438) sobre los "beneficios y la sabiduría" de la ley nazi sobre esterilización, que había llevado adelante un hombre "con la suma del poder político y bien inspirado", ante la certeza de que en Alemania las familias con alguna tara tenían entre 3 y 4 hijos mientras las familias "intachables" producían sólo 1 o 2 y que el 15% de los niños eran "débiles de espíritu". Stocker apoya sus dichos en citas de *Mi Lucha* de A. Hitler y reclama que la acción alemana sea imitada en la Argentina aprovechando que varios médicos también ocupan bancas en el Congreso Nacional y podrían impulsar la legislación correspondiente.

El aborto eugenésico, la esterilización, y el control de la natalidad –la intervención sobre los cuerpos en suma– se han encontrado en muchos países, sobre todo latinoamericanos mayoritariamente católicos, con barreras muy fuertes que se originaban en el choque de estas medidas con las pautas religiosas corrientes. De este modo la Iglesia, a pesar de que generalmente en la Argentina se ha encontrado ligada a los sectores más conservadores y reaccionarios de la sociedad, operó en estos casos como límite a algunos de los excesos que las políticas eugenésicas podían generar. Sin embargo su oposición no estaba dirigida a la eugenesia en general y, de hecho, la Iglesia ejerció una fuerte coerción confesional para lograr matrimonios aptos[8].

Otra de las propuestas típicas de los eugenistas es el aborto eugenésico, diferente del aborto terapéutico (indicado por el médico para los casos en que peligra gravemente la vida o la salud de la madre) en que aquél se impone para "proteger el cuerpo o la salud social". Queda claro que los eugenistas, lejos de solicitar la despenalización del aborto voluntario sobre la base de la autonomía de la madre, acto que consideran casi unánimemente como un delito y una práctica inmoral, lo que buscan es establecer dispositivos médico/legales que, sobre la base de la primacía de los intereses de la sociedad, contribuyan a preservar a ésta de individuos *indeseables*. Más que liberalizar, lo que proponen es tipificar y controlar según criterios precisos de inclusión y exclusión. Algunos incluyen como causales, además de las "fundadas presunciones de que el niño por nacer tenga taras físicas o mentales, herencia patológica de locura, epilepsia o cretinismo", las que derivan de la situación socioeconómica de los padres. La cuestión del aborto eugenésico es el tema menos tratado en la literatura especializada en la Argentina, probablemente por la gran oposición que causaba, pero además por cuestiones técnicas, ya que sería bastante difícil hacer el control y seguimiento y aunque pudiera hacerse no tendría demasiada incidencia efectiva. En todo caso, se consideraba que era infinitamente más fácil y menos costoso económica y moralmente ejercer los otros tipos de controles preventivos.

---

8 Miranda (2003) señala el carácter profundamente ambiguo de la Encíclica Casti Connubii dictada en 1930 por el papa Pío XI, ya que, mientras manifiesta oponerse a cualquier tipo de prohibición matrimonial de tipo eugenésica, "concluye afirmando la conveniencia de 'asonsejar' que no contraigan enlace quienes a quienes se conjeturara que sólo puden engendrar 'hijos defectuosos'".

Otra práctica muy extendida relacionada con la eugenesia ha sido la tendiente a controlar o restringir la inmigración de determinados grupos humanos. Si bien, las restricciones a la inmigración se han implementado en forma diferenciada en los distintos países receptores de población (los países americanos, Australia, algunos países africanos y la Europa balcánica), puede decirse que en todos ellos la política inmigratoria ha seguido un patrón similar que incluye dos momentos. El primero, con algunas variaciones, se extendió durante la primera mitad del siglo XIX y en algunos países como la Argentina y EE.UU. bastante más, y es el periodo en el que se desarrollan políticas para favorecer la inmigración por distintos medios de promoción. En un segundo momento se comienza a limitarla, no tanto por cantidad, sino por la calidad y los eugenistas comienzan a abogar por establecer prohibiciones de ingreso para determinados grupos, razas o individuos[9], bajo la consigna de la *defensa social* que surge de la tensión entre la conciencia de la necesidad de seguir recibiendo inmigración, fiel a la consigna alberdiana de *gobernar es poblar*, y la necesidad de clasificar y seleccionar a los que vienen con el objetivo supremo de "formar una raza sana, fuerte y capaz fisiológica y psíquicamente, raza propia y netamente argentina". Por ello los eugenistas advierten sobre el riesgo de admitir el ingreso de ciertas razas, criminales convictos y ex convictos, enanos, sordomudos, inválidos, enfermos venéreos, idiotas o imbéciles, alcohólicos, etc. No obstante, el objeto de las restricciones generaba diferencias. Algunos, como por ejemplo Stach (1916) señalaban la inconveniencia de los inmigrantes españoles y también de los italianos, que

---

9   La ley de Residencia que habilitaba la expulsión de los extranjeros que alteraran el "orden público" es de 1902; la ley de Defensa Social, de 1912; decretos de 1932 y 1936 también contribuyeron a acentuar las restricciones (Cf. Novick, 1992).

aunque fueran mejores que los españoles, tampoco eran muy recomendables; pero los que se consideraban realmente indeseables eran los llamados rusos y los turcos:

"No se trata aquí sobre los rusos propiamente dicho, éstos casi no emigran de su país. Los que emigran son los judíos rusos, que en Rusia están despreciados por el resto de la población, entre los que se encuentran muchísimos elementos peligrosos, ácratas, caftens, prostitutas capaces de acciones criminales (...) la actuación judía resulta, por lo regular, de mucho perjuicio para todas las naciones entre quienes éstos viven. (...) Pero, además de las razones religiosas, económicas y morales que ya serían bastante suficientes para que no se fomente sino rechace de plano la inmigración judía, media también la razón fisiológica, pues no hay otra raza de las que viven en Europa que fuera tan degenerada como lo es la judía. Y el día de hoy en los manicomios y asilos para idiotas en la Capital tenemos un crecido numero de niños degenerados e idiotas de origen judío (...) Otra inmigración que tambíen poco conviene es la turca, sirias y otras similares." (Stach 1916, p. 386).

La inmigración recomendada era la inglesa, francesa, alemana y austriaca del norte, así como también la dinamarquesa, sueca, noruega y suiza. La propuesta apuntaba a endurecer las condiciones de ingreso, según la ley de inmigración, de:

"(...) las razas inferiores de color, chinos, japoneses, hindúes, persas, sirios, negros, inadaptables por sus costumbres, creencias y manera de vida para aclimatarse entre nosotros. También (...) los penados, los delincuentes de todas clases, las mujeres de vida licenciosa, los mendigos, los sectarios, los políticos (SIC), los ácratas, los atacados de enfermedades infecciosas, los alienados, los individuos consignados como peligrosos para el orden público." (Stach, 1916, p. 381)

Poco a poco se convierte en un tópico de las primeras décadas del siglo XX la cuestión de la inmigración *indeseable*. Una encuesta que lleva adelante el Museo Social

Argentino en el año 1918, en las postrimerías de la Primera Guerra Mundial, entre conspicuos representantes de las ciencias, la política y la jurisprudencia argentina, preguntaba: ¿Se establecerán las anteriores corrientes migratorias hacia la República Argentina?; ¿Qué factores pueden favorecer la emigración en los países actualmente en guerra?, ¿Qué factores pueden impedirla o limitarla?; ¿Cuál es la inmigración que más nos conviene y qué medidas deben adoptarse para atraerla y retenerla en el país?; *¿Cuál es la inmigración "no deseable" y cómo podría impedirse?* (resaltado mío); ¿Cuál es el número máximo de inmigrantes que el país puede recibir y retener cada año convenientemente?; ¿Qué reformas juzga Ud. necesarias en la ley de inmigración? Los resultados de la encuesta se publicaron precedidos por una artículo del Dr. Emilio Frers quien, fiel a la consigna de la necesidad de atraer inmigración hacia estas playas, se expresa de manera amplia y generosa recordando los dichos de la Constitución Nacional: la libertad de entrar al país se refiere a todos los extranjeros que vengan a dedicarse al trabajo y estén en aptitud de hacerlo; incluso se muestra contrario a tratar de impedir la entrada de terroristas y agitadores profesionales en el convencimiento de que tales medidas son ineficaces; y contrario también a todos los prejuicios de raza para constituir un tipo nacional propio o cuando menos americano, mediante la desintegración de los viejos tipos europeos y la fusión de todas las tituladas razas, pone especial acento en que, "de los prejuicios de raza, el que con más empeño y vigor se mantiene en la República Argentina es el de la raza latina". No obstante, en los resultados de la encuesta el panorama es diferente. Hay una convicción bastante generalizada de que resulta deseable propiciar la inmigración de personas que tengan habilidades para trabajar en el campo y que se arbitren las medidas para que efectivamente se dirijan a vivir al campo. El Dr. Horacio Béccar Varela señala, incluso, que los inmigrantes rusos deben ser rechazados salvo que sean campesinos, en lo posible, iletrados. Parece haber conciencia de que las ciudades se encuentran saturadas de obreros con oficios a lo que se agrega una idea bastante corriente respecto a la decadencia que ocasiona la vida en las ciudades grandes. Los encuestados prefieren en general a los que provienen de los países anglosajones, Francia, países escandinavos, Alemania, Austria, Suiza, Bélgica y algunos agregan Italia y España. Con respecto a la inmigración no deseable, las respuestas son más dispares. Mientras algunos como Estanislao Zeballos señalan simplemente como no deseable a los que no tengan habilidades agrícolas o como Augusto Bunge a los jornaleros sin calificación, otros son mucho más explícitos. Es sorprendente la coincidencia generalizada en rechazar a la inmigración de raza amarilla —chinos y japoneses— a los negros y rusos, a los que algunos agregan a los hindúes y gitanos. También resulta casi unánime la consideración de indeseable de los agitadores políticos, ácratas (es decir anarquistas), maximalistas (o bolcheviques) y enfermos como los sifilíticos y tuberculosos. El cónsul Eduardo Colombres consideraba deseable a toda inmigración europea salvo a los gitanos. Muchos señalan como una categoría indeseable a los *atorrantes*.Este vocablo de uso común en el lunfardo aparece en diversas publicaciones para designar a esta clase especial de individuos. Hay muchas versiones sobre su origen. Gobello (1963) deriva el nombre de aquellos vagabundos que dormían en los caños que se habían importado y que estaban en elPuerto de Buenos Aires destinados a derivar las aguas del río de la Plata y que tenían la inscripción del fabricante: "A. Torrent". J. Ingenieros también se refiere a los atorrantes (1919), pero diciendo que "no eran mendigos ni delincuentes" y que habían desaparecido hacia 1900 por la acción del "Servicio policial de observación de alienados" fundado por el profesor Francisco de Veyga.

En el caso argentino, además de las medidas estándar explicadas hasta aquí, hay que agregar la propuesta de implementar las "fichas biotiopológicas" y la educación sexual en las escuelas, como veremos.

2. La eugenesia argentina. Consideraciones generales

En el marco de la constitución y organización del Estado argentino[10], al tiempo que se iniciaban procesos de desarrollo, fueron apareciendo hacia la segunda mitad del siglo XIX problemas nuevos de medicina social o higiene pública que dieron lugar a disciplinas y prácticas nuevas y a una creciente intervención del Estado, esto último una constante de toda la literatura eugenista y clima de época. Era natural considerar que el Estado fuera el encargado de regular, entre otras cosas, el proceso de reproducción humana teniendo potestad para limitar la de aquellos considerados no aptos, ya sea a través de la educación, enfatizando la importancia que tiene "la condición física y mental de los padres en el momento de la concepción" para la constitución biológica de los hijos, sea a través de mecanismos más directos como las propuestas eugenésicas ya mencionadas.

En 1852 se había creado el Consejo de Higiene Pública que pasó luego a denominarse Departamento Nacional de Higiene; en 1883 se forma la Asistencia Pública de Buenos Aires; hacia la década del '80 la Comisión de Obras de Salubridad (luego Obras Sanitarias de la Nación) contribuyó a mejorar las condiciones de higiene de la ciudad. Las epidemias de fiebre amarilla de 1871 y de cólera de 1867 y 1886 mostraban la cara dramática de la carencia y marcaban la necesidad creciente de atender las cuestiones de higiene y salubridad. Hacia los primeros años del siglo XX las condiciones sanitarias habían mejorado notablemente según los informes oficiales (Cf. Zimmermann, 1994). Hacia

---

[10] En las últimas décadas han aparecido numerosos estudios sobre el movimiento eugenésico. Véase: Álvarez Peláez (1985, 1988, 1999); Farral (1979); García González y Álvarez Peláez (1999, 2007); Chorover (1979); Kevles (1995); Stepan (1991); Romeo Casabona (edit.) (1999); Glick, Th; Puig-Samper, M. y Ruiz, R. (edit) (2001); Palma (2005); Suárez y López Guazo (2005); ISEGORÍA N° 27 (2002); Miranda y Vallejo (2005, 2008, 2012); Bashford, A. y Levine, P. (edit.), (2010); Vallejo y Miranda (2008, 2010); Miranda y Girón (2009).

1914 había en Buenos Aires once hospitales municipales y varios pertenecientes a las comunidades de inmigrantes, la enorme red de la Sociedad Nacional de Beneficencia y el Ejército de Salvación que otorgaban refugio a quienes no tenían vivienda. Entonces, higiene pública, política sanitaria, defensa social y eugenesia conforman un complejo de ideas bien articulado bajo una creciente regulación estatal y centralización administrativa de las políticas. Se puede leer en los *Anales del Departamento Nacional de Higiene*, Vol. II de 1892 en el apartado "Higiene administrativa. Deberes y derechos de las autoridades sanitarias":

> "(…) la higiene no admite el principio de que un individuo sea dueño de disponer de su persona o propiedades hasta el punto de causar con ellos perjuicios a la salud pública, ni que los poderes locales procedan en materia sanitaria con independencia del poder central" (Citado en Zimmermann, 1995, p. 118).

Una serie de instituciones han constituido antecedentes de las propiamente eugenésicas: en 1921, el Dr. Alfredo Verano crea la Liga Argentina de Profilaxis Social; la Sociedad Luz (que funcionó desde 1899 a 1930), la Sociedad de Psiquiatría y Medicina Legal (fundada en 1922), la Sociedad Argentina de Profilaxis Sanitaria y Racial (fundada en 1907 por Emilio Coni), la Liga Patriótica Argentina (de 1919 a 1928), la Sociedad Argentina de Nipiología (fundada en 1922), la Sociedad de Puericultura de Buenos Aires, la Liga Argentina contra la Tuberculosis, la Liga Argentina de Higiene Mental (fundada en 1929), por citar a las más importantes.

Luego de un fallido intento de fundar una asociación eugenésica en 1918 por parte del Dr. Víctor Delfino, el periodo de apogeo del movimiento estuvo marcado por la existencia de la Asociación Argentina de Biotipología, Eugenesia y Medicina Social (en adelante, AABEMS) fundada en 1932, cuya existencia se mantiene hasta 1943 y que publicó más de 100 números de sus *Anales de la Aso-*

ciación Argentina de Biotipología, Eugenesia y Medicina Social (en adelante *Anales*). Una amplísima variedad de temas se incluían en esta publicación que durante años fue quincenal: "Medicina constitucional, endocrinología, biotipología, eugenesia, medicina social, dietética y alimentación, higiene, ingeniería sanitaria, psicología, educación pedagógica, educación física, criminología, doctrina y legislación social". Integraban el directorio de la Asociación prestigiosos psiquiatras como Gonzalo Bosch (1885-1951), Osvaldo Loudet (1889-1983) y Juan Obarrio (1873-1956), educadores de distinta filiación ideológica como Víctor Mercante (1870-1934), Ernesto Nelson (1873-1959), Rosario Vera Peñaloza (1873-1950) y Julio Picarel (1883-1949); su primer presidente fue Mariano Castex (1886-1968). En 1935 la AABEMS, cuya sede original estaba en la calle Alsina 1027, fundó el Instituto de Biotipología, que funcionaba en Corrientes y Uruguay y luego, por el ensanche de la Avenida Corrientes en 1936, se trasladó a Suipacha 1211, a un local cedido por la Municipalidad de la Ciudad de Buenos Aires; en el mismo local comenzó a funcionar la "Escuela Politécnica de Biotipología, Eugenesia y Medicina Social".

Luego de la II Guerra, en 1945, y hasta bien entrada la década del '70 fue la Sociedad Argentina de Eugenesia Integral, fundada por prolífico jurista Carlos Bernaldo de Quirós, "la encargada de difundir las pretendidas 'bases científicas' que avalarían la exclusión" (Miranda, 2003). Quirós, que denominaba a su especialidad (y la filosofía que la sustenta) "humanismo eugenésico integral" (Bernaldo de Quirós, 1972) organizó en 1957 la Facultad de Eugenesia Integral y Humanismo en la Universidad del Museo Social Argentino cuyos egresados constituían una suerte de consejero matrimonial médico/psicológico. Otorgaba títulos de Auxiliar técnico (2 años) Consejero Humanista Social (3 años) y de Licenciado en Eugenesia Integral y Humanismo (4 años). La eugenesia positiva de Bernaldo de Quirós tiene un signo algo distinto a la eugenesia clásica. Se trata de una mezcla, algo extemporánea, de romanticismo reaccionario cristiano con un ideario positivista básico y ramplón, pero al mismo tiempo con un desconocimiento bastante sorprendente de la biología de su época, expresados según una propensión a construir una jerga de neologismos tan superflua como pintoresca. No aparecen referencias a la raza y se trata más bien de una eugenesia en la cual el papel del educador es conducir y modelar las condiciones naturales de los individuos en contra de lo que llama "la degradación cosista del hombre" (Bernaldo de Quirós, 1957) reconociendo que el hombre es un ser "biosocial".

Bernaldo de Quirós había sido abogado de la AABEMS y un entusiasta promotor de la eugenesia en la Argentina. Además de dictar, como docente, el curso de Eugenesia Jurídica y Social en la Escuela de Biotipología de Buenos Aires, dictó en la Facultad de Derecho de La Plata la cátedra de Derecho Eugenésico Argentino hasta la llegada del General Juan D. Perón al poder en 1946. Hacia 1939 había abandonado su cargo en la AABEMS, sobre todo por diferencias suscitadas con su director Arturo Rossi (1880-1942), principalmente sobre el modo de implementar el programa eugenésico. Funda entonces la Sociedad Argentina de Eugenesia. Según Gómez Di Vincenzo (2013) Quirós "veía como un abuso y una irrupción sobre la libertad del individuo a la implementación de tecnologías asociadas a la eugenesia negativa, no acordaba con la impronta biologicista y hegemónica de la biotipología propia de los años treinta, ni aceptaba una determinación fuerte de lo constitucional por sobre lo aptitudinal y el orden moral. Tampoco acordaba con Rossi (director de la AABEMS) sobre el tipo más representativo de la argentinidad y consideraba necesario "rescatar al criollo y al indio" (Quirós, 1942, 1970)[11]. Quirós define su eugenismo integral como la ciencia que:

---

[11] Para las disputas internas entre Rossi y Quiros en el seno de la AABEMS y que reflejaban posturas más generales acerca de la eugenesia, vease Gómez di Vincenzo, 2013

"(…) enseña a conocer y preservar la raíz de la vida (herencia), los desarrollos físicos, mentales y espirituales en el proceso vital, evolutivo del hombre y la mujer y el cultivo orgánico (humanista) de sus facultades innatas, considerando la pareja cósmica como célula moral, sexual y social". (Quirós, 1957, p. 13)

Como decíamos más arriba se trata de un enfoque eugenésico centrado en lo individual porque

"(…) rechaza la aplicación de todo método negativo, toda medida coercitiva para reducir la capacidad reproductiva de los disgénicos y antisociales, como la esterilización, el aborto, la reclusión, o las restricciones matrimoniales, porque pueden obtenerse mejores resultados por los procedimientos positivos de prevención, terapéutica y profilaxis integral; niega, asimismo, toda filiación eugénica a los métodos eutanásicos, y se opone a cualquier clase de choque con los sentimientos de libertad, de religión, o que perjudique a la Nación, a la Paz y a la Humanidad" (Gómez Di Vincenzo, 2013, p. 132).

Por esa misma época el médico y fisiólogo G. F. Nicolai[12] (1974 – 1964), nacido en Berlín pero de extensa actuación en Chile y en la Argentina (en las universidades de Córdoba y del Litoral) publicaba en Argentina su obra *La eugenesia como gloriosa culminación de la medicina* (Nicolai, 1957), un intento de fundamentación ideológico y filosófico de la eugenesia, por momentos candoroso e ingenuo, por momentos brutal y burdo, siempre de un cientificismo aristocrático y militante, y algo extemporáneo. Allí, Nicolai, defiende la eugenesia advirtiendo que:

---

12 Nicolai, que se formó con el grupo más selecto de científicos (Ch Richet, I. Pavlov, E. Dubois, entre otros), a poco de estallar la Primera Guerra Mundial, redacta y luego firma junto con A. Einstein, O. Bük y W. Forster el "Manifiesto a los europeos", un escrito antibélico en respuesta al famoso "Manifiesto de los 93", escrito por representantes de la cultura alemana para apoyar la guerra. Poco después de finalizada la contienda, Nicolai debe abandonar Alemania.

"Desgraciadamente el solo hecho de que Hitler se haya mezclado en la eugenesia la ha desacreditado en vastos sectores de la población mundial. Aunque habrá quienes, en este *no querer seguir a un Hitler*, vean un signo de moralidad popular, en realidad el negarse a hacer algo útil porque un malvado ha hecho algo semejante, es sólo un signo de una inteligencia defectuosa (...)" (Nicolai, 1957, p. 130)

La versión local de la eugenesia, como no podía ser de otro modo, se desarrolló adoptando algunas particularidades derivadas del contexto social, cultural, poblacional y económico y de las características específicas de la comunidad científica que recogió e introdujo estas ideas. Probablemente por la convicción de los eugenistas argentinos de que el factor ambiental influía en la constitución ontogenética (a diferencia de otros eugenistas que eran principalmente hereditaristas), el reclamo por la implementación de una educación que modificara el pronóstico de los menos favorecidos. Esta intervención sobre la educación ha generado dos líneas de acción. En primer lugar el reclamo por la inclusión de la educación sexual, tanto en el sistema formal como a través de campañas dirigidas a la población en general y a las embarazadas en particular. En segundo lugar el control y tipificación de los alumnos a través de las llamadas "fichas eugénicas" o, en general "fichas biotipológicas". Las fichas escolares eran moneda corriente desde principios de siglo, cuando José María Ramos Mejía era Presidente de Consejo Nacional de Educación, y combinaban desde preguntas por datos antropométricos, conductuales, psicológicos y "morales (véase Vezzetti, 1988 y Puiggrós, 1990), pero las fichas biotipológicas que proponía la AABEMS eran complejísimas e interminables y solo llegaron a implementarse a modo de experiencias piloto.

La composición ideológica de los eugenistas argentinos era sumamente heterogénea: había fascistas y filonazis, pero también socialistas, anarquistas, liberales y conservadores (Véase Plotkin, 1996)[13]. Esta diversidad ideológico-profesional se comprende cabalmente si se considera que lo que prevalece como agenda básica es la preocupación por el perfeccionamiento de la raza/sociedad/grupos pero en medio de crecientes y reales problemas sanitarios (ausencia o insuficiente sistema de salud, de agua potable y cloacas; los llamados *venenos raciales,* el alcoholismo, la tuberculosis y la sífilis), y problemas sociales generalizados como eran el hacinamiento en las ciudades (agravado en los países receptores de masas de inmigrantes), la higiene en la industria o la vivienda obrera. Estos elementos apoyaban el diagnóstico decadentista que mencionábamos más arriba. No es de extrañar entonces que muchos socialistas hayan estado cercanos a la eugenesia en las primeras décadas del siglo, por ejemplo a través de sus luchas por disminuir el alcoholismo en la clase obrera y mejorar sus condiciones de vida. Por otra parte, en la medida en que el fenómeno de la eugenesia, además de formar parte del *clima cultural* general de la época, involucra un entramado de ideas científicas, prejuicios e intereses políticos y económicos de enorme complejidad y extensión, difícilmente podría esperarse un movimiento homogéneo y lineal.

En la década del '20 y primeros años de la siguiente se encuentran en la literatura eugenésica abundantes referencias elogiosas del fascismo italiano y del nacional socialismo alemán por los progresos en pro del mejoramiento eugenésico de la raza. En los *Anales,* incluso varios años después del inicio de la Segunda Guerra Mundial pueden leerse

---

13 También un espectro ideológico bastante amplio encontraba lugar en sus páginas. Un político socialista como Alfredo Palacios, escribió una pequeña nota en el N° 69 de 1936 en la cual señalaba: "Es reconfortante observar cómo legisladores de las más diversas tendencias se han apresurado a ponerse de acuerdo para dictar un plan de defensa contra el azote de la mortalidad infantil cuyo índice es aterrador". El ME no ha sido patrimonio exclusivo de la derecha política. Se puede consultar al respecto el excelente libro de Paul (1998), sobre todo el capítulo titulado "Eugenics and the Left". También puede consultarse la biografía de H. J. Muller escrita por E. Carlson (1981); Baker J. y Haldane J.B.S. (1946) y Farral, L. A., (1979).

artículos en esta línea. Como quiera que sea, comprender el fenómeno de la eugenesia en la Argentina implica analizar la gran diferencia entre sus partidarios que, bajo un lenguaje aparentemente unívoco, revelan posiciones muy disímiles que van desde las meras preocupaciones sanitarias bajo los preceptos de la solidaridad y el sentido humanista, hasta las más groseras formas de sectarismo, racismo y totalitarismo. Si bien en general no se han implementado en la Argentina medidas cruentas como la esterilización forzada o la castración, y la tendencia se dirigió a impedir la reproducción de los seres "enfermos, inmorales y débiles de espíritu" y a incentivar la reproducción de los progenitores sanos, morales e inteligentes, hubo intentos de diversa intensidad por llevarlas a la práctica y la labor de difusión y académica en favor de la eugenesia fue de gran importancia y amplitud.

El argumento a favor de la eugenesia como obligación del Estado se funda en que el valor máximo a preservar es la sociedad por sobre los individuos. El concepto de *defensa social*, imbricado con la consideración del *orden público* como valor esencial, resulta clave para comprender la legitimidad de la demanda por diversas acciones que el Estado debía llevar adelante. La sociedad como cuerpo debía defenderse de estos distintos tipos de flagelos y amenazas en todos los ámbitos: "la defensa higiénica, la defensa industrial, comercial y económica; la defensa ética, política y jurídica" (Stach, 1916). Preservar el orden público y la defensa social resultan aspectos primordiales que se expresan en los ideales de pureza de la raza, en medidas sanitarias específicas así como también en considerar nuevas fuentes de legitimación de las penas criminales —orientadas no sólo a la responsabilidad del individuo criminal, sino a la defensa de la sociedad—, restricciones a la inmigración considerada indeseable, pasando por la eliminación o reclusión de los locos, criminales y enfermos e incluso la formulación de una *ética sexual*.

"La suprema ley que es la salud del pueblo, se antepone a todas las conveniencias particulares, y en nombre de aquella, debe el legislador apoyar toda su autoridad para darles vías de sanción, sin reparar en las consideraciones de los teorizantes de una pretendida libertad, que fragua sigilosamente muchas cadenas." (Farré, 1919, p. 94)

Dentro de este clima general el médico posee la palabra que a su vez interpela y reclama la intervención del Estado. El médico se asume en este contexto ya no sólo como un técnico que desarrolla su labor específica de curar a los individuos, sino como factor esencial de civilización y progreso, sobredimensionando su injerencia en la política, sin contar con que muchísimos médicos han tenido importantes cargos en el Estado. Este proceso de *medicalización* reúne dos aspectos diversos y complementarios: la extensión casi ilimitada, pero siempre difusa, de los ámbitos de incumbencia de la medicina y los médicos a través de considerar como categorías de análisis básico lo normal y lo patológico[14]; acompañada por la efectiva injerencia del Estado a través de Instituciones y políticas diversas. Así, podían ser consideradas como patologías la locura, el alcoholismo, la tuberculosis, la sífilis y otras venéreas, pero también diversas inclinaciones y prácticas sexuales, la criminalidad, la agitación social, la prostitución. Esos médicos que ya no sólo curan enfermos sino al organismo social y extienden su campo de acción hacia esferas nuevas, ahora interpelan al Estado y le reclaman acciones tanto preventivas como de control y represión, conforme a los diagnósticos que ellos mismos, en tanto especialistas, elaboran. Allí convergen entonces las condiciones hereditarias con las ambientales y el Estado es el que debe proporcionar las condiciones mínimas de salubridad del medio. El objetivo era a corto y mediano plazo de asistencia, control y represión de los

---

14 Para un análisis de la historia de las categorías normal/patológico véase Canguilhem (1966).

factores que degeneraban la raza y a largo plazo la conformación de una conciencia eugénica. Hay una relación directa con el higienismo, verdadera asociación entre los ideales médicos, la ciencia, los resortes del Estado y la pureza de la raza en relación con la afirmación de la nacionalidad. La figura del médico se autoinstala como garante del bien general a partir del control de los individuos, actividad brutalmente legitimada por la repetición de epidemias hacia las últimas décadas del siglo XIX y las deficientes condiciones sanitarias de las grandes ciudades.

La medicalización de la sociedad implica una serie de mecanismos diversos que se fueron implementando paulatinamente, en general sobre la base de la "policía médica del Estado" alemana. El alcance de la medicalización quizá pueda comprenderse a través de las críticas de algunas escasas voces discordantes, como la del médico L. Sirlin

> (...) "las conquistas de la higiene social estimularon a los médicos a ensanchar los dominios de su ciencia, creando una nueva rama: la medicina social, cuyo campo de acción al principio restringido se ha ensanchado más y más debido al injerto de las doctrinas eugénicas. (...) La medicina social, como decimos hija modesta al principio de la higiene, se ha ido extendiendo cada vez más, llegando hoy a tratar de los más variados asuntos, invasión que tiende a formar una modalidad de la sociología, que bien podemos denominarla sociología médica, que pretende encarar todos los problemas de la vida social colectiva bajo el criterio médico. (...) Llevado a la práctica, todo el sistema con la organización metódica de la 'policía científica médica' que propusiera el siglo pasado Johan Peter Frank, estos tribunales médicos, verdadera inquisición científica, se convertirían en un torniquete para los humanos; tanto cuidado para defender la raza, en vez de traer la felicidad a los hombres, el celo de sus defensores se convertiría en su pesadilla o martirio. (...) todo lo ven bajo el prisma de la patología, sólo ven enfermos (...)." (Sirlin, 1926, p. 228)

3. Las jerarquías humanas: lo superior/inferior en el marco racista

Queda claro que la eugenesia asume que hay jerarquías humanas, valiosos y disvaliosos, superiores e inferiores, lo cual inmediatamente nos remite a consideraciones racistas. Sin embargo, la situación es más compleja y, más bien, habría que ubicar la discusión racista en un marco más amplio de lo superior y lo inferior. Veamos algunas consideraciones generales sobre el racismo.

El racismo en tanto manifestación de desconfianza, temor y hasta odio al extranjero o diferente es tan antigua como la Humanidad. Pero el siglo XIX inaugura un abordaje nuevo, consistente en tratar de establecer y justificar científicamente las diferencias y jerarquías entre las razas, lo que Todorov llamó "racialismo" (véase nota N° 3 del Capítulo 3).

Habitualmente se señala al conde Joseph Arthur, conde de Gobineau (1816-1882) como el iniciador del racismo moderno, a partir de su *Essai sur l'inégalité des races humaines* (1853-55) –*Ensayo sobre la desigualdad de las razas humanas*-, en el que expone una historia universal basada en las características de las razas humanas: la negroide, la amarilla y la blanca, exaltando las virtudes de esta última como mejor exponente de los valores humanos (energía, inteligencia, amor a la vida, capacidad creadora y especulativa). No obstante, según él, la mezcla de razas perjudica a la humanidad, ya que, si bien es cierto que las razas inferiores se benefician de su mestizaje con las razas superiores, éstas pierden en el cruzamiento más de lo que aquéllas ganan, de manera que el balance es negativo. En este sentido Gobineau, como buen francés, considera a los alemanes inferiores a los franceses por la gran mezcla biológica de aquéllos. Para Gobineau, pensador imbuido de una mentalidad romántica, aristocratizante y colonialista, la historia es el fruto de la hegemonía de las razas superiores, y considera que debe mantenerse la pureza de la sangre a toda costa para evitar la degeneración de la humanidad.

El racismo era un punto de vista enormemente extendido que ha marcado en las últimas décadas del siglo XIX y primeras del XX casi todos los ámbitos académicos, científicos y políticos. En un texto de gran influencia hacia fines del siglo XIX (*Les lois psychologiques de l'evolution des peuples*, publicado en 1894), G. Le Bon (1841-1931) exponía las razones por las cuales era imposible que un pueblo inferior adoptara una civilización superior, de modo tal que la "inevitable anarquía de las repúblicas hispanoamericanas" era explicada por su propia composición racial. El médico argentino L. Ayarragaray (1861-1944) sostenía en la misma línea que las deficiencias políticas de la Argentina eran debidas a *la constitución hereditaria*, y debían ser tratadas como un problema de *psicología biológica*. La composición racial del país, sostenía, dificultaba la adopción de las instituciones políticas de los países más avanzados de Occidente, dadas las *propensiones degenerativas* de la población, siendo la inmigración europea la única esperanza de mejora. De hecho la necesidad de atraer la población europea, sobre todo la anglosajona, era la especificación de la propuesta alberdiana, "gobernar es poblar".

En *Las conquistas de la higiene social,* publicado en 1910, Augusto Bunge, rescata las imágenes provistas por la literatura de H. G. Wells (1866-1946):

"(...) en las capas sociales superiores, el corrillo cínico y desdeñoso de una pequeña minoría de déspotas; y abajo, en los pisos inferiores (...), el hormiguero de una humanidad inferior irremediablemente proletarizada (...). Hombres bestializados, de pequeños cráneos y salientes quijadas, de bocas casi simiescas y enormes puños prontos a golpear, sin más ideas que la fuerza y habilidad físicas, ni otra aspiración que satisfacer los instintos primordiales" (Citado en Zimmermann, 1995, p. 112)

Las consideraciones racistas se encontraban también a la base de la formación de científicos. En una "Conferencia que responde a la segunda bolilla del programa, dada a los alumnos de 4° año de medicina" —aparecida en La Semana Médica— el Dr. Enrique Revilla (1902) señala constantemente la diferencia entre las razas inferiores —la africana— y las razas superiores —la blanca o caucásica— expresada en rasgos morfológicos como el ángulo facial y "una fuerza de expansión indefinida con un poder de cosmopolitismo tradicional, a la inversa de las inferiores, como los negros y los polinesios"; y son los negros justamente, la raza "más rebelde a la civilización y tan refractaria a las costumbres suaves como a los sentimientos de humanidad; es en su seno donde aún se encuentran tribus de antropófagos".

José Ingenieros (1877-1925), también expresa un racismo feroz y burdo. Transcribo aquí dos pasajes, el primero extraído de un trabajo en el cual recoge las impresiones de un viaje y el segundo, de un artículo en el que analiza "en qué consiste la formación de una raza argentina entendida como una variedad nueva de las razas europeas blancas inmigradas al territorio argentino" y en el cual retoma varias veces la extendida distinción entre civilización y barbarie:

"El espectáculo ya harto vulgar, de la turba de negros zambulléndose en el mar transparente para atrapar una moneda, es indigno de ser descripto. El más elemental orgullo de la especie queda mortificado al presenciar por vez primera ese ejemplo de lasitud moral ofrecido por las razas inferiores. Todos los ingenuos lirismos de la fraternidad universal se estrellan contra estas dolorosas realidades. Juzgando severamente, es fuerza confesar que la esclavitud —como función protectiva y como organización del trabajo— debió mantenerse en beneficio de estos desgraciados, de la misma manera que el derecho civil establece la tutela para todos los incapaces y con la misma generosidad con que asila en colonias a los alienados y protege a los animales. Su esclavitud sería la sanción política y legal de una realidad puramente biológica

(…). Cuanto se haga en pro de las razas inferiores es anticientífico; a lo sumo se les podría proteger para que se extingan agradablemente, facilitando la adaptación provisional de los que, por excepción, puedan hacerlo (…) sería absurdo tender a su conservación indefinida, así como favorecer la cruza de negros y blancos. La propia experiencia de los argentinos está revelando cuán nefasta ha sido la influencia del mulataje en la argamasa de nuestra población, actuando como levadura de nuestras más funestas fermentaciones de multitudes, según nos enseñan desde Sarmiento, Mitre y López, hasta Ramos Mejía, Bunge y Ayarragaray (…). El sociólogo que observa las razas humanas con el cerebro y no con el corazón, está obligado por lo menos, a pensar lo mismo que el criador en materia de razas equinas o lanares. ¿O por ventura, la raza humana nos interesa menos que ellas?" (Ingenieros, 1908 [1951, p.324])

"Hay un hecho admitido: las razas blancas han mostrado en los últimos 20 o 30 siglos una superioridad para la organización social del trabajo y la cultura, cuyas manifestaciones generales llamamos civilización, y cuyos núcleos concretos conocemos por naciones civilizadas. (…) Hay ya elementos inequívocos de juicio para apreciar este advenimiento de una raza blanca argentina —rápidamente acentuada en los últimos 10 años y destinado a producir más sensibles resultados sociales en los 20 próximos— y que pronto nos permitirá borrar el estigma de inferioridad con que han marcado siempre los europeos a los sudamericanos (…). Esa es [se refiere al ejército] la más hermosa expresión de la nacionalidad argentina: en vez de indígenas y gauchos mercenarios, son ciudadanos blancos los que custodian la dignidad de la Nación. Este deber, que los nuevos argentinos cumplimos con más conciencia que los intrépidos montoneros implica un derecho consagrado por la ley vigente, que unifica el padrón militar y el padrón electoral (…) Nacionalidad argentina implica pues, sociológicamente, raza argentina (…) Está en formación: no se han extinguido todavía los últimos restos de las razas indígenas y de la mestización colonial." (Ingenieros, 1915, p. 468 y ss.)

Como quiera que sea hay que marcar algunas particularidades acerca del racismo y su relación con la eugenesia. La primera cuestión, ya señalada más arriba pero repitámosla, es que el discurso racista no sólo establece una estructura estática de las jerarquías raciales sino que esas jerarquías se inscriben en la historia *natural* del hombre en cuanto especie biológica pero que también habría producido una historia *cultural* diferenciada del proceso civilizador que explica por qué algunas sociedades habrían realizado esa marcha hacia adelante más rápidamente y mejor que otras. Como decíamos también, esta segunda cuestión probablemente sea más importante que la primera y exprese con toda claridad la dialéctica decadencia/progreso en la cual hace hincapié el ME y que también se inscribe en clave de la metáfora evolucionista que tiñó todo el siglo XIX. Incluso la discusión entre monogenistas (véase nota N° 1 del Capítulo 4) y poligenistas son dos caras de la misma moneda, pues ninguno tenía dificultad en aceptar la inferioridad /superioridad: unos por sus repetidos y marcados retrocesos en el tiempo, otros por la marca de origen.

En segundo lugar, la dialéctica superior/inferior incluye otras escalas de menor alcance. Por ello a la forma típica, anatómico/morfológica, de distinguir entre razas (marcando la superioridad de la raza blanca y la inferioridad de negros, indios y orientales) se agregan otras formas complementarias y aun contradictorias: a veces se incluían factores biológicos, geográficos, climáticos, históricos y culturales, de clases o grupos sociales, a veces se confundía raza con nacionalidad o con población. Inferiores eran gitanos, rusos judíos, hindúes, delincuentes, prostitutas, alcohólicos, deficientes mentales, epilépticos, locos, sifilíticos, tuberculosos, agitadores políticos, ácratas (anarquistas) o maximalistas (bolcheviques).

En tercer lugar, el discurso racista del siglo XIX asume una relación causal entre dos conceptos categorialmente diversos y, principalmente, inconmensurables: diversidad y desigualdad. El argumento ha sido, básicamente, que la desigualdad social obedece a que los hombres son diversos en algún aspecto esencial y básico. En el pensamiento clásico, la desigualdad social era solo el correlato de una diversidad que debía buscarse en la misma naturaleza humana (filosófica o racionalmente detectada). Pero la Modernidad trae consigo, a través del contractualismo primero al que se agregan otras vertientes del pensamiento político después, la igualdad por naturaleza y los derechos individuales. En ese contexto, sancionada filosóficamente (y, en ocasiones incluso políticamente) la igualdad formal, el discurso sobre la desigualdad se desplaza a la órbita de las ciencias biomédicas. Comenzarán entonces a explicarse las desigualdades sociales como correlato de la diversidad biológica. El racismo del siglo XIX, devenido racialismo, se suma a ese estilo de pensamiento denominado genéricamente "determinismo biológico", definido por S. J. Gould como la creencia en que:

> "tanto las normas de conducta compartidas, como las diferencias sociales y económicas que existen entre los grupos- básicamente diferencias de raza, clase y de sexo- derivan de ciertas distinciones heredadas, innatas, y que, en este sentido, la sociedad constituye un fiel reflejo de la biología." (Gould, 1996 [2003, p. 42]).

Ello explica que en en los últimos doscientos años abundaran las formas de justificar la desigualdad social y política sobre la base de la diversidad biológica (real o supuesta): desde los racistas más básicos pasando por los viejos craneómetras y frenólogos, antropólogos criminalistas, eugenistas y biotipólogos, hasta llegar en las últimas décadas a buena parte de la sociobiología humana.

Cuarto, deben considerarse las políticas de control de la inmigración de muchos países y cómo los discursos racistas y eugenistas se articulaban en función de esas políticas. Como ya se ha señalado el proceso migratorio del siglo XIX/XX vivió dos momentos bien diferenciados: uno de recepción masiva e indiscriminada y un segundo en el cual se intentó limitarla por la calidad y los eugenistas comienzan a abogar por establecer prohibiciones de entrada para determinados grupos, razas o individuos. La cita del psiquiatra argentino Gonzalo Bosch, ya mencionada, ilustra esta cuestión: "Alberdi decía: 'gobernar es poblar', concepto muy propio de su época; nosotros, hoy diríamos 'Gobernar es seleccionar'" (Bosch, 1930, pág. 5). Además de los argumentos puramente económicos y prácticos, una constante fue la identificación inmigrante/delincuente (sobre la correlación más básica: raza- crimen) lo que incluía la criminalización de las incipientes luchas obreras. En este contexto, hay una división clara entre el discurso eugenista de algunos países expulsores de población, que rescatan y promueven la recuperación de la "pureza de la raza original" (esto es claro en la eugenesia alemana, italiana y española) para reeditar un pasado mítico glorioso y, por otro lado, el discurso en los países receptores de inmigrantes.

En los países receptores de inmigrantes que tenían una proporción importante de población descendiente de población nativa preconquista europea (como Perú, México o Bolivia), coexistían dos argumentos en conflicto: el discurso que abogaba por definir una población exótica que debía suplantar a la nativa, y el otro que, al igual que en los países expulsores de población, pretendía la recuperación de ese pasado glorioso perdido. T. Hartmann (1927, p. 365-374), por ejemplo, rescata los valores de la *raza boliviana*[15] augurando un futuro sumamente promisorio sobre la base de los valores que la caracterizan, heredados de la más pura tradición indígena. Por su parte, y en un sentido opuesto, E. Rabasa refiriéndose a la realidad mexicana, sostenía:

---

[15] Sobre la eugenesia en Bolivia, véase: Irurozqui (2001).

"Las nociones de ciencia que se enseñan en la escuela, son inútiles para el indio que continua aislado en su medio ambiente; primero porque no las entiende, y luego porque no tienen aplicación a su labor, ni uso en sus relaciones diarias." (Rabasa, 1921, p. 326)

Así, por ejemplo en México[16] también se discutieron los programas de esterilización, educación sexual y sanitaria en pos de lograr una raza mexicana de mejor calidad, siendo corriente la idea, en las primeras décadas del siglo XX, según la cual las clases media y alta controlaban su reproducción a través de los programas de control natal vigentes, pero la clase *menos deseable* o baja no lo hacía; y esto, constituía, desde el punto de vista de los eugenistas, la causa de la degeneración de la raza mexicana.

Por otro lado, en los países que habían exterminado o minimizado a los pueblos originarios, prevalecía la idea de determinar cuál sería la *mejor mezcla* de razas exóticas para conformar la raza local. La imagen de la Argentina como un *crisol de razas* refleja esto. Sin embargo, aunque había consenso sobre la idea de generar una raza de calidad, la composición étnica sumamente heterogénea (inmigrantes de diverso origen, criollos y algunas pocas poblaciones indígenas) y la vigencia de un proyecto hegemónico sobre la necesidad de construir una *nacionalidad argentina*, fueron dando características propias y diferenciales al ME con relación al problema de la raza. Obviamente el argumento de las razas *puras* chocaba contra la heterogeneidad de orígenes de la población argentina y la disputa se establecía con los que sostenían el argumento acerca de la superioridad o calidad racial que se obtendría de una buena mezcla:

---

16 Sobre la eugenesia en México, véase: Suárez y López Guazo (2001).

"El continente sudamericano será el gran crisol donde se fundirán en un porvenir próximo todas las razas, todas las nacionalidades, dando como producto definitivo el tipo perfecto, en la medida de lo relativo a qué podemos aspirar" (Revilla, 1902, p. 342)

La consigna sobre la depuración y mejoramiento de la raza era un tema que excedía el marco político y académico, constituyendo parte del clima de ideas dominante. Todos tomaban partido acerca de la cuestión:

"Ha llegado a hablarse por los pesimistas de una quiebra de la raza. ¡No tanto! Nos salvaremos gracias al fuerte aparejo —valga la expresión— que trajimos al mundo en la sangre española y en la indígena. (...) Nos nace una especie de patriotismo biológico, si se acepta la expresión, un concepto más objetivo que abstracto de raza" (Gabriela Mistral, 1931, p. 211)

Aunque había discusiones acerca de la necesidad de definir claramente la noción de "raza", como advierte en respuesta a Ingenieros, S. Debenedetti (1915, p. 417) quien diferencia claramente entre un concepto étnico y la nacionalidad que es un concepto sociológico, el marco de jerarquías raciales no se inmuta: "es cierto, como hecho admitido, la superioridad de la raza blanca"[17].

El concepto de raza era ubicuo y servía a todo tipo de justificaciones ideológicas y la convicción de que había una relación estrecha entre las condiciones biológicas y el desarrollo de las naciones era generalizada, las metáforas biológicas a la orden del día:

---

17 Solo unos pocos y en franca minoría, como por ejemplo Alicia Moreau de Justo, reclaman abandonar el uso del concepto de "raza", por ser sólo una rémora de la rigidez y carácter jerárquico de las castas (vease A. M. de Justo, 1909, p. 45)

"(…) el poder económico y la estructura psicológica de las naciones dependen de la fuerza y de la fisonomía moral de los individuos, como la fuerza y la fisonomía moral del individuo depende de la robustez psicofisiológica de sus órganos componentes." (Figueroa, 1906, p. 244)

Un tópico entre los eugenistas argentinos fue la discusión acerca de la justificación de la superioridad de la *raza latina*, bandera difundida fuertemente desde la AABEMS. En 1934 los *Anales* reproducen un mensaje radiotelefónico que enviara el presidente Agustín P. Justo en ocasión del 112° aniversario de la independencia del Brasil:

"Todos los pueblos que integran la comunidad latinoamericana sienten correr por sus venas la misma sangre y alientan el mismo ideal. Nuestra condición de la raza latina en América nos hace soldados de la misma civilización, amantes del derecho y cultores del trabajo y de la libertad. Somos de aquella misma recia estirpe romana cuya influencia se extendiera sobre Iberia, transmitiendo su dinamismo a Portugal y España para que dominaran los mares, haciendo surgir de su seno y de sus confines estas tierras, donde el ideal cristiano, para bien de la humanidad, había de tener realización definitiva y esplendorosa." (*Anales*, 1934. N° 29, p. 3)

Se trata de una idea que fue ganando adeptos en los círculos eugenésicos y uno de sus principales mentores fue el médico italiano Nicola Pende[18] (1880-1970), referente y

---

[18] Nicola Pende (1880-1970), médico e ideólogo racista de fama mundial, uno de los más importantes integrantes de la Escuela Italiana de Endocrinología y Patología constitucional. Impulsó Biotipología en Italia y luego en Argentina. Fue uno de los artífices de la fundación de la universidad Mussolini de Bari en la cual, ejerció el rol de rector. Más tarde fundó en la Universidad de Génova el Instituto de Biotipológico Ortogenético. Sus vinculaciones con el régimen fascista de Benito Mussolini lo llevaron a transformarse en uno de los principales responsables del tema racial del régimen italiano. Fue uno de los redactores del manifiesto racista de los profesores universitarios italianos en 1938. En julio de ese año en un artículo aparecido en "Il Corriere della Sera" de Milán, al referirse al aspecto colonial del problema, decía entre otras cosas: "...Son de fácil explicación los motivos de defensa que des-

autoridad científica de la AABEMS, considerado el principal exponente de la *biotipología*. Pende, funcionario fascista y militante, explica a través de la consideración de diversos rasgos biotipológicos que incluyen consideraciones antropométricas y endocrinológicas, la pureza y superioridad de la raza latina, como ya se ha señalado más arriba. Sostiene:

> "El problema de las razas en sus relaciones con las colectividades nacionales y con la biodinámica de las naciones modernas no es de competencia de los hombres políticos o de los sociólogos, sino de los biólogos que cultivan con investigaciones positivas de biología de las razas humanas vivas, aquella novísima rama de la ciencia de la cual el moderno hombre político (como Benito Mussolini nos enseña) no quiere o no puede hacer a menos: la Biología política. (...)

Y he aquí como nosotros llegamos a la conclusión de que de las cinco razas principales que viven en Europa, las tres razas brunas circum-mediterráneas, sea del lado de la robustez física como de la fecundidad, como del lado psicológico, poseen una afinidad muy notable en comparación con las dos razas rubias; y sobre todo las primeras, poseen una garantía de vitalidad y longevidad, que nos explican por qué en los siglos pasados ellas han podido siempre rechazar victoriosamente las invasiones de los rubios lejos de las costas del mediterráneo, toda vez que germanos y eslavos han tentado de acercarse al mar. (...) son precisamente estas tres razas brunas circum-mediterráneas aquellas en las cuales la latinidad ha podido florecer y prosperar, en las cuales la

---

de hoy se imponen con la adopción de medidas tendientes a evitar mezcolanzas de nuestra sangre con la de los indígenas del Imperio. Pero no menos interesante es a mi modo de ver, otra defensa; aquella contra el peligro de que se eduque, con métodos excesivamente idealistas, de esa excesiva idealidad de que, por cierto, pecamos los italianos. Bondad y humanidad, pero que no sean debilidad; escuelas, hospitales, recreatorios, todo está bien, pero "sit modus in rebus" y sobre todo, no olvidarse de las seculares enseñanzas de Roma, en su forma de colonizar a los bárbaros y de la experiencia de pueblos colonizadores más viejos que nosotros".

gran idea de Roma ha podido encontrar el buen humus bio-tipológico fecundo; mientras jamás en la historia tal idea ha conseguido implantarse en el alma nórdica y eslava, el alma de las dos razas rubias, tan diversas, por razones biológicas, de los descendientes de Roma. (...)

La historia entonces, y la Biotipología de las razas nos demuestran cuál será el verdadero destino de los pueblos circum-mediterráneos (...) Es tal civilización mediterránea reconstruida, fundada sobre la unidad espiritual mediterránea reconstruida, que Roma y su Duce quieren hoy contraponer, para la paz del mundo, al tipo de civilización de la máquina y del individualismo económico, civilización de origen nórdico, que ha conducido al mundo a la carnicería de la gran guerra y de la gran crisis material y espiritual moderna. Tal tipo de civilización por razones biológicas de raza como por razones históricas, no puede ser ulteriormente tolerado por todas aquellas naciones en cuya sangre vive y vivirá siempre el germen de la grandeza física y psíquica de Roma inmortal." (los resaltados se encuentran el original) (Pende, 1935, p. 2-4)

4. Eugenesia y educación

Comprender la vinculación de la eugenesia argentina con la educación en general y con el sistema educativo formal en particular (principalmente a través de la implementación de fichas biotipológicas y educación sexual) requiere una serie de consideraciones. En primer lugar ha quedado suficientemente claro que el planteo eugenésico es claramente hereditarista, de lo contrario no tendría sentido alguno poner tanto énfasis en el control de la reproducción. Pero una lectura apresurada y algo extemporánea, podría suponer que ante la opción acerca del origen de las características y conductas humanas, los eugenistas argentinos son demasiado heterodoxos y optarían por una versión ambientalista. De hecho, N. L. Stepan sostiene, en un texto que ha tenido cierta influencia (1991) que la eugenesia en América Latina se ha desarrollado bajo una marca fuertemente neolamarckiana y si bien es verdad que nunca se estableció una distinción tajante entre herencia biológica y ambiente, lo cual favoreció en términos de políticas sociales la implementación de una serie de reformas tendientes a controlar y mejorar ambos aspectos, lo cierto es que los eugenistas reconocen una filiación teórica mucho más desprolija en sus escasos conocimientos de genética. No sólo no hay discusiones específicas al respecto, sino que lo que se nota en las fuentes es un desconocimiento por parte de buena parte de la comunidad médica de los desarrollos de la genética de su época (Véase Stepan, 1991). A decir verdad, la propuesta inicial de Galton era perfectamente compatible con ideas acerca de la herencia que hoy sabemos erróneas, como por ejemplo la mencionada herencia de los caracteres adquiridos. Este punto de vista que habitualmente se asocia, acertadamente, con Lamarck, era, no obstante, también aceptado por Darwin en *El Origen* (Capítulo 1): "El cambio de costumbres produce un efecto hereditario, y en los animales el creciente uso y desuso de las partes tiene una influencia marcada". Lamarck nunca propuso ningún mecanismo concreto de la supuesta herencia de estos caracteres mientras que Darwin imaginó la hipótesis de la pangénesis. De modo que, un poco a contramano de la historia de la biología no habría sido Lamarck sino Darwin el que propuso algo así como la herencia de los caracteres adquiridos en términos no especulativos. Lo cierto es que los eugenistas adoptaron versiones con un sesgo en el cual la influencia del ambiente tenía un valor considerable aún en un contexto en el cual los genetistas y biólogos ya habían dejado de lado esa posibilidad. Pero no hay una recuperación de Lamarck y no hay discusiones, al menos entre los eugenistas argentinos, sobre cuestiones técnicas referidas a la reproducción o a la genética, incipiente por esos días (década del '30) en que también se consolidaba la "teoría sintética de la evolución".

Los eugenistas mencionan los aportes de Lamarck sobre la acción evolutiva del medio, pero también se sienten deudores de la doctrina de Darwin sobre la selección natural, la de Weissman sobre el "plasma germinal", la de Mendel sobre la "hibridación", la de Semon sobre el "mneme" y la de Nussbaum sobre "la identidad del protoplasma" (Cf. Kehl, 1926, p. 480).

Si bien se identificaban en general las causas de la pobreza y la desigualdad económica con las variaciones hereditarias, para muchos higienistas y expertos en medicina social latinoamericana esta relación causal era, en determinadas circunstancias, reversible. Mientras la herencia era la vía de difusión de la degeneración o regeneración, el medio era decisivo a la hora de producir cambios que luego se transmitirían por la herencia biológica. De hecho, las condiciones de vida y el medio ambiente social podían ser también fuente de declinación en la constitución biológica y, en general los eugenistas argentinos consideran que ni la "degeneración" ni la buena descendencia respetan clases sociales, sino que podían surgir en cualquier estrato. El Dr. Delfino[19] sostiene:

"Todas estas medidas, tendientes aisladamente a producir algunos resultados, a pesar de no ser aun bien conocidas las leyes de la herencia morbosa no podrán, sin embargo, en nuestro sentir, suministrar los frutos esperados, porque todas las medidas y disposiciones emanadas de la eugenia, cuando actúa en función de mejoramiento social, se resienten de atroces prejuicios sociales, cuales son los de considerar como elemento malo a la clase proletaria, porque es la clase pobre y deben ser para ella todos los rigores de los nuevos métodos. Y entonces, tal vez sin quererlo, plantea el problema de la miseria, el problema de la escasez, de la penuria y del hambre en que se desenvuelven las modernas sociedades. Y ello porque la eugenia ha tomado en cuenta el hombre individuo

---

solamente y el factor herencia, desconociendo la influencia de otros importantísimos —acaso esenciales— cuales son el ambiente físico y el social." (Delfino, 1912, p. 1176)

Como decíamos más arriba, uno de los elementos que vinculan eugenesia y educación es el reclamo por implementar la educación sexual[20]. Los eugenistas bregaban por lograr que a través de la toma de conciencia por obra de la información —básicamente sobre sífilis, alcoholismo y tuberculosis— se evitara la reproducción o se procurara cuidar que no fuera disgenésica[21]. La educación sexual propuesta siempre está referida a la reproducción cuidada, la responsabilidad con respecto a la raza y a las enfermedades venéreas y el alcoholismo, vale decir con una inclinación fuertemente biologicista o médica. El placer sexual, ausente de la propuesta, es considerado una suerte de residuo natural (y secundario) del objetivo *natural* que es la reproducción. Se trata de regular la reproducción, racionalizarla y someterla al control científico. De cualquier manera, la pelea por introducir la educación sexual ya desde los primeros años de la escuela, incluso en el sentido particular y sesgado en que la entendía el eugenismo, ha sido muy dura y extendida.

En Buenos Aires, la Liga Argentina de Profilaxis Social obtuvo en 1924 la autorización del Ministerio de Instrucción Pública para dictar conferencias sobre la materia a los alumnos de los colegios de enseñanza media y magisterio de todo el país con el fin de efectuar la *educación de*

---

[20] De hecho no era solo una iniciativa argentina. La Eugenics Education Society (fundada en 1907 y que en 1926 pasó a llamarse Eugenic Society) de Londres, tenía, entre otros objetivos, "fomentar la educación eugénica en el hogar, la escuela y en todas partes". En 1913 su presidente, el mayor Leonard Darwin, decía en un discurso: "El problema que debemos resolver, es la manera de difundir el concepto de responsabilidad ante la raza, lo cual sólo puede conseguirse inculcando el ideal eugénico mediante la educación, es decir, haciendo penetrar esta idea en los sistemas educacionales." (Citado en López, 1913, p. 317)

[21] Véase Miranda, 2011, también Ledesma Prietto, 2014.

educadores utilizando para esa tarea dos películas cinematográficas tituladas "Cómo comienza la vida" y "Madres, educad a vuestras hijas", empleadas con idénticos fines por el gobierno de los Estados Unidos de América.

El instinto sexual era considerado por los eugenistas como el único que no se había podido someter a la tarea civilizatoria y allí radicaría, justamente, una de las causas de muchas acciones disgenésicas. Por ello consideraban importante la ilustración de la población sobre los riesgos de la concepción en determinados estados o condiciones. En un trabajo publicado en *La Semana Médica*, el psiquiatra suizo Auguste Forel (1848-1931), una autoridad en la materia muy seguida en la época, sostiene que el deseo sexual no es ni moral ni inmoral, sino simplemente un instinto adaptado a la reproducción y deduce una suerte de *imperativo categórico sexual* que dice:

> "Tú debes prestar atención a tu deseo sexual en sus manifestaciones en tu conciencia y principalmente en tus actos sexuales, no debes perjudicarte a ti mismo ni a otro ni, sobre todo, a la raza humana, sino que debes empeñarte con energía para aumentar el bienestar de cada uno y de todos." (Forel, 1912, p. 662)

En esta línea, y echando mano a un argumento consecuencialista de dudosa evaluación sostiene que los deseos sexuales serán positivos si, en orden de jerarquía creciente, benefician a los individuos, a la sociedad y a la raza; y negativos si perjudican a algunos de ellos o a todos y éticamente indiferentes si no producen ni perjuicio ni beneficio. Las "perversiones" del instinto sexual como por ejemplo "el sadismo (...), el masoquismo (...), sensibles invertidos sexuales (homosexualidad), fetiquismo (sic), exhibicionismo" que no perjudicaran a nadie son éticamente indiferentes y los que los poseen "generalmente hablando no se multiplican". Forel critica a la moral religiosa que muchas veces considera como grandes pecados y crímenes a acciones, como por ejemplo la masturbación, que no serían más que el resultado de "un estado mental desequilibrado":

"La costumbre del abuso de sí propio, en extremo variable en sus orígenes, surge comúnmente como un sustituto, pero es a menudo el resultado del mal ejemplo. Puede ser también (aunque con menos frecuencia) hereditaria u originada por trastornos nerviosos, mientras que en otros casos, es producida por causas mecánicas (fimosis, gusanos, o ejercicios gimnásticos) (...) no es tan peligroso como comúnmente se sostiene" (Forel, 1912, p. 667)

Es interesante, y curiosa, la opinión de J. Ingenieros sobre la supuesta decadencia del instinto sexual que se manifiesta en el amor y la sexualidad, por obra de las costumbres que prevalecieron:

"(...) el matrimonio fue en su origen favorable a la selección sexual, asegurando la poligamia de los hombres superiores con las mejores mujeres y excluyendo de la lucha por la reproducción a los individuos despreciados de ambos sexos. Pero el progresivo predominio de la fortuna y el rango sobre las aptitudes individuales, debido a la herencia transfirió el privilegio poligámico a hombres inferiores y atenuó los beneficios selectivos de ese régimen. La generalización de la monogamia, primitivamente propia de los hombres inferiores, representó una progresiva degeneración de la selección sexual, nivelando en parte la situación de los buenos y los malos reproductores (...) Las condiciones de vida familiar y social que caracterizan al matrimonio monogámico contractual son desfavorables al mejoramiento eugénico de la especie humana (...) La reconquista del derecho de amar para ambos sexos sin las restricciones de la domesticidad restablecería la selección sexual y permitiría el advenimiento de alguna variedad humana eugénicamente superior, capaz de evolucionar hacia la constitución de una nueva especie." (Ingenieros, 1924, p. 366)

Aunque los médicos eugenistas son, en general, católicos y creen a rajatabla que la función de la sexualidad es la reproducción y aunque no faltan intentos de compatibilizar religión y eugenesia, lo cierto es que los reclamos por la educación sexual chocaron siempre con la oposición de la iglesia católica.

El otro nivel en el cual se relacionan claramente eugenesia y educación, es el constante reclamo de los eugenistas por el control y tipificación de los alumnos —y toda la población en general— a través de las llamadas "fichas eugénicas" o más específicamente "Fichas biotipológicas"[22]. La escuela, entonces, no solo era un ámbito de difusión y concientización, sino también de intervención en la medida en que el médico hiciera conocer al pedagogo "(…) diversos tipos escolares y la manera de obtener un provecho mayor del educando no pudiendo ser la acción cultural uniforme sino bajo ciertos principios que exigen la adecuada aplicación a cada caso particular" (Lozano, 1933, p. 10). El enorme esfuerzo por imponer la ficha biotipológica se funda en –y a la vez explica- la gran influencia que el médico italiano Nicola Pende tuvo sobre la AABEMS, considerado por sus discípulos argentinos (sobre todo Arturo Rossi y Octavio López) como el fundador de la biotipología.

Uno de los principales objetivos de la AABEMS en el área de la Medicina Constitucional era determinar los biotipos étnicos de la población argentina y obtener de este modo, un diagnóstico que permita a través de la Medicina Social llevar a cabo un programa eugenésico nacional. En mayo de 1934 se crea, en el seno de la AABEMS, la Escuela Politécnica de Biotipología, Eugenesia y Medicina Social, con el objetivo de formar a los maestros que actuarían como asistentes escolares en la confección y análisis de las fichas

---

[22] Las fichas escolares eran moneda corriente desde principios de siglo, cuando José María Ramos Mejía era Presidente de Consejo Nacional de Educación, y combinaban desde preguntas por datos antropométricos, conductuales, psicológicos y "morales. Véase Vezzetti (1988) y Puiggrós (1990)

biotipológicas desde la perspectiva de la Medicina Constitucional. El Dr. Mariano Castex propone la elaboración de la ficha biotipológica para el análisis constitucional, a base de la psicotécnica, "para impedir que la gran familia proletaria se invalide precozmente por la causa deletérea del trabajo". Por su parte, en los *Anales*, el Dr. Arturo Rossi propone una Ficha[23] Biotipológica Ortogenética Escolar, según señala a pedido de colegas médicos y de un modo especial de pedagogos, y que recababa información sobre infinidad de aspectos considerados relevantes y pertinentes con el objetivo de:

> "(…) implantar una más racional y científica clasificación y graduación de los alumnos, base esencial de la novísima pedagogía, y toda vez que la escuela extienda su acción a la verdadera profilaxis individual de los educandos haciendo eugenesia y dando sus nuevas normas a la Medicina Social." (Rossi, 1936, p. 3)

Para establecer esta clasificación más racional y científica de los alumnos, se pedía la respuesta sobre ¡298! cuestiones a las que se agregaban para el caso de los anormales psíquicos otras 60. Al comenzar la ficha se destaca el estudio de la herencia fisiológica y patológica del alumno, el relevamiento de los datos de consanguinidad y la evaluación de las influencias "blastoftóricas y blastoftóxicas que imprimen su sello en el genotipo y el paratipo". En el apartado titulado "somatoscopía" se analiza el biotipo constitucional del niño a través de las características morfológicas de algunas partes

---

[23] En los Anales (1934), los Dres. Rossi, Berutti y la Dra. Zurano también habían publicado una propuesta de ficha eugénica de evaluación de la fecundidad para ser usada en todos las diversas maternidades. En esas fichas dirigidas tanto al hombre como a la mujer se recababa información exhaustiva sobre datos filiatorios entre los que se encontraba "país de nacimiento", "clima", "raza", "color", y otros que pudieran dar cuenta de la "influencia de los factores ambientales" como situación y organización familiar, vivienda, etc. También se preguntaba sobre antecedentes patológicos, distintos tipos de valores antropométricos y lo "concerniente al temperamento neuroendócrino y al temperamento psíquico.

de su cuerpo. Otro de los espacios destacados en la ficha era el "Hábitus morfológico" donde se consideraban distintas medidas del cuerpo: peso, altura, mediadas craneanas, forma y medidas de la cara, del cuello, tórax, abdomen, miembros superiores e inferiores y diámetro biacromial. Se llevaba a cabo también, un relevamiento de las características raciales con las mediciones del cráneo, la forma de la nariz, se evaluaba el color de la piel, tipo y color del cabello. Se tenían en cuenta el desarrollo psico-físico, las enfermedades de la infancia y las llamadas "crisis de la pubertad" lugar en el que se consignaba las características que adquiría el sujeto en el período dados los cambios propios del desarrollo. Un lugar destacado era ocupado por el estudio del ambiente doméstico del educando. En este espacio de la ficha, se evaluaba el grado cultural, moral y la higiene familiar. Por otro lado, se llevaba a cabo un examen clínico y psicológico del alumno que incluía el estudio de la conducta, memoria, atención, formas de pensamiento. Sobre la atención, por ejemplo, se preguntaba si era espontánea o provocada, sensorial o emotiva, voluntaria, duración e intensidad y extensión del campo de la conciencia. También, se indagaba sobre la formación de las ideas, su asociación, juicio, raciocinio y patrimonio ideativo. Sobre el pensamiento, si era realista, abstracto, lógico, fantástico, imaginativo, místico o con el sentido crítico. Se indagaba sobre los sentimientos estéticos, éticos, egoístas, altruistas, afectividad, emotividad, curiosidad. Se estudiaba el carácter y se definían los tipos: tétrico, apático, hiperemotivo, estable, inestable, calidad moral relevante, etc. Por último, se clasificaba el temperamento y el tipo y grado de inteligencia.

La exagerada cantidad de preguntas de las fichas genera un problema técnico pues su llenado era de gran dificultad a menos que se contara con una enorme cantidad de personal altamente entrenado. Pensar que muchas de las respuestas, para las que se requeriría un gran conocimiento de los niños, podían ser llenadas por profesionales ajenos por completo a ellos pone de manifiesto cuando menos una exagerada autoestima y omnipotencia de los que preparaban estos formularios. Pero, además pone de manifiesto la inclinación a no dejar nada fuera del control del especialista y a generar dispositivos de control y vigilancia exhaustivos bajo la atenta mirada del médico y del inspector escolar y conferían un gran poder de discriminación:

> "(…) la formación del patrón sanitario escolar incumbe a los profesores y a los inspectores médico-escolares en estrecha colaboración. El médico escolar, ha de vigilar el complejo de influjos que pesan sobre el alumno, evitando infracciones en la redentora higiene (…) el propio funcionario es el indicado para establecer la selección de individualidades escolares, con el fin de evitar que se mezclen en abigarrado conjunto los niños sanos de cuerpo y de espíritu, con aquellos que ostentan déficit sensorial, intelectual o moral. Y después de haber conseguido trazar la línea divisoria entre los anormales inteligentes y los deficientes o maleados en sentido moral se puede llegar todavía más lejos en la precisión de diagnósticos, puesto que la cantidad y calidad morbosa puede ser tanta y tan variada que exija muy especiales procederes de enseñanza y disciplina." (Farré, 1919, p. 97)

Los requerimientos de las fichas biotipológicas, exhaustivas, generalizadas a toda la población y funcionando como una suerte de documento de identidad que se va completando a lo largo de la vida incluso desde antes del nacimiento constituían uno de los grandes anhelos de los eugenistas. En 1934, el entonces Ministro de Relaciones Exteriores, Carlos Saavedra Lamas, propuso la creación de una Dirección General de Biotipología y la realización de fichas biotipológicas para los estudiantes, los tuberculosos y los enfermos de cáncer. En un artículo aparecido en los *Anales*, el Lic. Francisco Carrasco (1937), expresando una opinión generalizada, sostiene que es necesario crear un Consejo Médico Nacional y un Sistema de Preventorios que pueda realizar una ficha de seguimiento y control desde el nacimiento del niño que continuaría en el hogar, en la escuela, en los colegios y en la universidad, e incluso en la "fábrica y en el almacén, en las oficinas y en general en todas las empresas que ocupan brazos". El Primer Congreso sobre Población celebrado en 1940 retomó la idea y sugirió: "establecer la clasificación mental de los niños durante la edad preescolar y escolar y que organicen un sistema de orientación y protección para los que hayan demostrado altas aptitudes aplicables a la industria, comercio, profesiones manuales e intelectual" (Citado en Ramacciotti, 2003).

La fuerte creencia en que la educación, como instancia que permitiría adaptar a las masas a las condiciones de producción existentes y darle cohesión a una población cuya diversidad estaba dada por la fuerte inmigración europea propia de la época, se potenciaba en los miembros de la asociación, al entender que tenían en sus manos, gracias a los aportes de la Biotipología, una excelente herramienta para dar tratamiento a la diversidad, para evitar las amenazas que representaban para estos intelectuales y políticos conservadores y nacionalistas el avance del anarquismo y el comunismo.

El esfuerzo llevado a cabo por los miembros de la asociación rindió inmediatamente sus frutos y en 1933 la Dirección General de Escuelas de la Provincia de Buenos Aires implementa de manera experimental la ficha biotipológica en la Provincia de Buenos Aires (una escuela de San Isidro y otra de La Plata. En 1935, la Municipalidad de la Capital Federal, confió a la AABEMS, la confección de la ficha biotipológica de los 3000 niños que concurrían a la colonia de vacaciones de la Quinta Presidencial de Olivos. También en 1935 más de cien niños de la ciudad de Paraná viajaron a Buenos Aires para ser fichados.

La biotipología también se consideraba una herramienta poderosa para ser usada en criminología. Más allá de las disputas sobre los rasgos atávicos que Lombroso veía en la raíz del hombre criminal, se intenta realizar estudios de todo tipo de fenómenos (morfológicos, funcionales, humorales, volitivos, afectivos, intelectuales) insertos en el patrimonio hereditario, funcionando en un ambiente y en condiciones determinadas.

> "Fácil es deducir entonces el valor de la práctica biotipológica para establecer el diagnóstico de la verdadera personalidad y en particular, del perfil psicológico del delincuente; pues del conocimiento, en tal forma adquirido, de la personalidad física, intelectual y moral de cada individuo, es perfectamente posible justipreciar apriorísticamente acerca del destino que cada uno tiene reservado, en la profesión, en las artes o los oficios, en las escuelas o universidades, en los cuarteles, en las oficinas, en las fábricas, en los talleres, en el campo y en las ciudades, en el seno de la propia familia o en las relaciones del individuo con la sociedad; en una palabra, y en general, en los más diversos segmentos sociales, que preparan, protegen o defienden a los individuos en su vida futura." (Rossi, 1942, p. 7)

El mismo Dr. Rossi en septiembre de 1939 publica un artículo en los *Anales*, en el cual expone las bondades de la relación entre antropometría y fotografía. Allí aparecen distintos tipos de aparatos para fotografiar a las personas tanto de cuerpo entero como sus cabezas, sobre fondos graduados para establecer sus medidas de manera precisa y científica, de modo tal que dichas fotografías pudieran ser incluidas en las fichas biotipológicas individuales o servir para el análisis estadístico. En 1934 los *Anales* (N° 18) publican un trabajo del médico francés Paul Desposses de la Universidad de París, con un sugestivo y significativo título: "La facultad de conocer a los hombres por su aspecto exterior: un arte que puede ser ciencia".

Ha pasado el tiempo, las propuestas eugenésicas han quedado en la historia y es difícil dar alguna precisión sobre qué elementos perduran aún de aquellas propuestas de la década del '30 en lo más profundo de nuestra cultura.

Asimismo, es innegable que ha sido un capítulo particularmente brutal y extendido de la biopolítica, es decir del intento de gestión y administración política de los cuerpos con relación a la reproducción, uno de los ejemplos más notorios de esa matriz de pensamiento que atraviesa los últimos dos siglos.

Vista en perspectiva, la eugenesia ha contribuido en cierta medida a algunas mejoras sanitarias, sobre todo referidas a la profilaxis del embarazo y a los cuidados de los primeros tiempos de vida del bebé, pero, por suerte no ha cumplido sus objetivos explícitos de modificar la composición promedio de la población eliminando a los que llamaban "inferiores". No se trató solamente de la ineficacia de las tecnologías propuestas; el planteo de la selección adolece de errores conceptuales graves[24]. Como quiera que sea, ha tenido cierto éxito político e ideológico en su momento, porque logró consenso y contribuyó a estigmatizar a vastos sectores de la población y, por tanto a legitimar y sobre todo naturalizar contextos de discriminación, marginación y explotación justificando la desigualdad a través de la diversidad, tema que ya hemos expuesto más arriba. Se trata de dos ámbitos de problemas que, si bien conceptualmente pueden solaparse en alguna medida difícil de determinar, y de hecho la confusión se ha dado históricamente, es necesario distinguir claramente. En 1952, la UNESCO se expidió al respecto, señalando: "la igualdad de oportunidades y la igualdad ante las leyes, al igual que los principios éticos, no reposan en manera alguna sobre el supuesto de que los seres humanos están de hecho igualmente dotados". Para bien o para mal, la justicia social y la redistribución de la riqueza sigue siendo (y presumo así seguirá siendo en los próximos siglos) un problema político y no biológico.

Como decíamos, es difícil saber qué parte de las actuales formas de discriminación de determinados grupos es una deriva del movimiento eugenésico. Pienso que, más

---

24 Véase Maynard Smith (1982).

bien, se trata de una matriz ideológica general y extendida que va adquiriendo múltiples determinaciones a lo largo de la historia. Sí es seguro que el movimiento eugenésico conjuga de manera inédita a la ciencia, la tecnología y la política en un proyecto tecnocrático y autoritario.

Por otro lado, no hay razón para pensar que en la actualidad a partir de algunas terapias y manipulaciones sobre la descendencia (sobre todo el llamado "diagnóstico preimplantatorio"[25]) se estaría en las puertas de una nueva eugenesia (lo que algunos llaman eugenesia liberal), al menos no en los términos en que se planteó y funcionó el movimiento eugenésico en el siglo pasado. Pero las nuevas terapias génicas se hallan legitimadas sobre la base de decisiones privadas, individuales o familiares, referidas a tratamientos terapéuticos, que se realizan con la finalidad de influir sobre la transmisión de características genéticas a la descendencia. En este sentido se están refiriendo a mi juicio, a un fenómeno cualitativa y esencialmente diferente de la eugenesia dado que se caracteriza por la *privacidad*, vale decir que se trataría de una cuestión privada de los individuos y de sus familias, como parte de su derecho a la reproducción- más allá de que se reclame la legislación e intervención del Estado; por la *voluntariedad*, es decir por ser una decisión libre y voluntaria de las personas afectadas; y por la *no discriminación*, es decir no dirigidas a grupos de población específicos, que pudieran resultar discriminados en sus derechos, sobre todo si son aplicadas de modo coactivo. Esta caracterización desnaturaliza el concepto de eugenesia tradicional, fundamentalmente porque ésta responde a pautas de *selección de grupos definidos*, se realiza a través de la *implementación de políticas públicas* y no se trata de acciones individuales voluntarias sino que se ejercen de

---

25 El Diagnóstico Preimplantatorio (cf. Testart, J. y Godin, Ch., 2001) consiste en un test genético realizado sobre embriones fecundados ante la sospecha de que sean portadores de anomalías graves. Como este análisis se realiza antes de que el embrión sea transferido al útero ofrece la posibilidad de seleccionar cuáles de ellos serán utilizados.

manera *coactiva*. El riesgo actual no es que el Estado avance sobre las libertades individuales en las formas grotescas que los cientificismos románticos y autoritarios de las primeras décadas del siglo XX propusieron. Para ello ya se han diseñado y están plenamente disponibles mecanismos mucho más sutiles y eficientes a través de los medios de comunicación. En todo caso el mayor friesgo es que el Estado se ausente en legislar y dirimir en cuestiones biomédicas y deje en manos del mercado las decisiones fundamentales.

Por último, así como los viejos deterministas biológicos –frenólogos, craneómetras, antropólogos criminales, eugenistas, etc.-, creyeron profundamente en una respuesta tecnológica (tecnocrática podríamos decir) a los más importantes problemas de la humanidad, también los nuevos deterministas, apoyados ahora en los inmensos éxitos tecnológicos de la biología molecular (y las neurociencias) de conspicua y constante presencia mediática, llevan a hacer pensar que no sólo habrá un respuesta tecnológica para algunas enfermedades genéticas graves, lo cual en alguna importante medida es cierto, sino también, ahora en clave individualista, a la configuración misma de los seres humanos. Pero ese "Mundo Feliz" no existe.

6

La "evolución" en el periodismo científico

La figura de Darwin, el evolucionismo y sobre todo algunas de sus derivaciones suelen estar muy presentes en la comunicación pública de la ciencia. El campo es muy extenso, pero en este capítulo tomaremos el tratamiento que se le da en el periodismo científico de los grandes medios gráficos (en adelante "PC").

El periodismo científico construye pero, principalmente refuerza ciertas imágenes y representaciones sobre la ciencia y la tecnología. En muchas ocasiones se trata, sin más, de un sistema de mitologías (y en algunos casos sus correspondientes contramitologías) que circulan en la cultura. Es muy probable que el PC, a fin de cuentas hijo del éxito en cuanto a la cantidad de lectores y por ser una actividad relativamente reciente, no haga más que montarse en esos dispositivos ideológicos provenientes de la cultura misma y de la enseñanza institucionalizada y los refuerce más o menos adecuadamente. Para el lector desprevenido de PC, el artículo del periódico es, en cierto modo, autónomo y único acceso posible a la cuestión tratada, porque no recurre a las fuentes originales ni, en general, posee elementos para desarrollar análisis críticos específicos sobre el mismo. Por ello el análisis, al menos en lo que aquí interesa, no está dirigido tanto a auditar errores de información científica, o a detectar malos artículos periodísticos a partir de algún trabajo científico serio; o buenos artículos periodísticos basados en trabajos científicos irrelevantes; ni

213

siquiera evaluar buenos artículos periodísticos derivados de buenos trabajos científicos. Se tratará, en cambio, de mostrar y analizar qué cosa lee el que lee.

En el caso particular que nos ocupa, se intenta demostrar que los (aparentemente) pequeños errores, la estructura de las notas y los deslices o licencias discursivas son, al menos, funcionales (es difícil probar que hay presiones y mucho más conspiraciones), con la posición de la iglesia católica en muchos casos, con la ortodoxia cristiana más general en otros.

La relación entre el cristianismo y la ciencia no ha sido muy conflictiva a lo largo de los siglos, sobre todo merced al proceso de secularización de la modernidad que separó, para tranquilidad de todos, lo sagrado de lo profano, la salvacion del alma de la descripción del mundo. Sin embargo ostenta algunos casos emblemáticos como por ejemplo Galileo[1] y Darwin. El primero ha sido retirado del Index de la Inquisicion hace poco, luego de más de 400 años; el caso Darwin es más complejo porque la iglesia no acepta la evolución de las especies, al menos en los términos en que la teoría de la evolución biológica sostiene, de modo tal que la (tardía) corrección política que se expresaba en el caso Galileo, se reemplaza, para el caso del naturalista inglés, por una agresiva distorsión ideológica y política, solapada a veces, más abierta en otras ocasiones. Buena parte del PC, como decía más arriba, abona esta distorsión, consistentemente con la capacidad de lobby de los grupos religiosos[2]. Veamos.

En un artículo de 2005[3], Clarín incluye una infografía[4] en la cual hay dos cosas para señalar. En primer lugar un error importante al afirmar que las primeras especies en

---

[1] Sobre el caso Galileo, véase Boido, 1996

[2] Los aspectos más conceptuales ya se han desarrollado en el Capítulo 1 a propósito del problema del "diseño inteligente".

[3] Clarín (23/12/2005): "Los estudios que confirman la teoría de Darwin son el éxito científico del año."

[4] Tomada de Enciclopedia Básica Visual, Editorial Océano.

nuestro planeta *"aparecen en el Cámbrico"*[5] y, en segundo lugar y lo más grueso: "La teoría de Darwin afirma que las especies no permanecen inmutables *desde la creación...".* Si bien es posible argumentar que, en alguna medida la evolución es compatible con un dios creador al inicio del sistema, como ya se ha discutido, el cristianismo es mucho más que eso doctrinariamente y ese desliz discursivo no puede permitirse en este contexto.

En 2009, a propósito de los 200 años del nacimiento de Darwin, ya desde el título, Clarín[6] instala cierta distorsión acerca del estatus y actualidad de la teoria de la evolucion: "A doscientos años de su nacimiento Darwin sigue generando polémica". Aunque es cierto que existe esa polémica ya explicada con la denominada "Teoria del diseño inteligente", el artículo no solo no deja en claro el carácter ideológico/político de la misma (lo que ameritaría, por ejemplo, que sea tratada en un pequeño recuadro o apartado), sino que el peso de la nota se encuentra en el reconocimiento de ese debate.

Página 12[7] se expresa en la misma línea al comentar la celebración de la Conferencia Internacional *"Biological Evolution Facts and Theories"* organizada por la Pontificia Universidad Gregoriana y la Universidad Notre Dame en los EEUU. El artículo trata sobre las posibilidades de conciliar evolución y cristianismo que, finalmente, es la estrategia más o menos generalizada de la Iglesia Católica. En esa línea, el autor no resiste la tentación de jugar desde el título

---

5   En el período Cámbrico, que duró unos 10 millones de años y ocurrió aproximadamente hace unos 550 millones de años, aparecieron prácticamente todos los phyla (las grandes ramas en que se clasifican organismos relacionados en el tiempo a lo largo de la evolución) de animales modernos, entre ellos los cordados (animales con una estructura dorsal llamada notocorda). Suele denominarse a este proceso "explosión del Cámbrico". En el Precámbrico existieron infinidad de formas de vida, aunque desconocidas en el presente.

6   Clarín (11-2-2009): "A doscientos años de su nacimiento Darwin sigue generando polémica."

7   Página 12 (4/3/2009): "Una evolución en la Iglesia."

con la palabra "evolución". Sin embargo allí, equívocamente, asimila "evolución" con "progreso" al sugerir que la Iglesia católica avanzaría hacia el reconocimiento de la teoría biológica. Parece suponer también que la diferencia entre ciencia y religión es sólo cuestión de cierta inercia de ésta última que la hace ser más lenta y refractaria a los cambios pero que con el tiempo podrían llegar a conciliarse. De hecho en la nota aparecen antecedentes como la declaración del Papa Juan Pablo II de 1996 en el sentido de que la evoluciósn "era más que una hipótesis" y que tenía "ciertos argumentos significativos a su favor". Y reforzando esta epistemología progresista ingenua sostiene que el episodio objeto de la nota se produce "quince años después del *primer paso* dado por Juan Pablo II". Es necesario aclarar que, en verdad, el Papa Juan Pablo II, solo abonó la estrategia de la conciliación, pero ese reconocimiento acerca de que "la teoría de la evolución es algo más que una hipótesis" es falaz, porque sostiene que hay varias teorías de la evolucion, pero aquellas "que consideran que el espíritu emerge de fuerzas de la materia viva o como un simple epifenómeno son incompatibles con la verdad sobre el hombre". Un poco más adelante:

> "El Magisterio de la Iglesia está directamente interesado en la cuestión de la evolución -subrayó-, porque ésta concierne al concepto del hombre, creado a imagen y semejanza de Dios. Pío XII subrayó este punto esencial: si se busca el origen del cuerpo humano en una materia viva y preexistente, el alma espiritual es creada directamente por Dios."

Como quiera que sea, el artículo que analizamos, cita palabras del cardenal William Levada, prefecto de la Congregación para la Doctrina de la Fe y del presidente del Pontificio Consejo de Cultura, monseñor Gianfranco Ravassi, quienes en el habitual tono cínico/conciliatorio abogan por un *acercamiento entre ciencia y fe*. Ravassi agrega en un tono provocador, que "hasta ahora, no hubo confrontación verdadera entre ciencia y religión". De hecho el encabezamiento de la nota es "Para el Vaticano, se puede creer en Dios y en Darwin al mismo tiempo", lo cual haría lugar al debate que veníamos mencionando. El autor pasa por alto lo que en verdad es el objetivo de estas reuniones y congresos en línea con la estrategia de los grupos religiosos, al citar palabras de Ravassi quien "abogó porque en el futuro inmediato el problema del diálogo entre ciencia y fe se afronte incluso en el *plano didáctico, con lo que los adolescentes de las escuelas* podrían saber qué es la teología". Huelga señalar que, efectivamente, no hay nada objetable en saber qué es la teología, como no hay nada objetable en saber cualquier otra materia, salvo cuando el objetivo es adoctrinar dogmáticamente y en oposición a los grandes logros de la razón humana.

Esta contribución de los medios a la instalación de un debate inexistente en términos teóricos no se restringe solo a los artículos de los periódicos. La "Enciclopedia Esencial de la Historia del Mundo" publicada por Clarín en forma de fascículos, dedica parte de su número 24 a Darwin. El articulo lleva como título "El origen de las especies" pero la gráfica y la estética acompañan este descentramiento ideológico del tema, pues se inicia con una enorme reproducción (media página) de la creación de Adán de Miguel Ángel, que se encuentra en el techo de la Capilla Sixtina del Vaticano y, poco más abajo, el subtítulo "Ciencia contra religión" es del mismo tamaño que el título inicial. Pero, además, aparecen expresiones como estas:

"La teoría de Darwin ha tenido gran influencia y una amplia difusión, pero el debate sobre el origen de la vida en la Tierra continua". Ya se ha señalado que la teoría de Darwin no es una teoría del origen de la vida pero aquí la cuestión es presentada subrepticiamente como una suerte de deficit. Por otro lado no se indica que hay buenas teorías y cierto consenso científico acerca del origen de lo viviente (...) La ciencia continuó sus esfuerzos para explicar el universo, mientras que el tema Del *creacionismo es aún hoy motivo de debate"*. Efectivamente, y como ya se ha señalado, hay un debate acerca del "diseño inteligente", pero no se trata de un debate científico. (...) Mucha gente aún duda de que formas de vida tan complejas como los seres humanos puedan haber sido *creadas* enteramente por un proceso natural y *prefiere la teoría alternativa del diseño inteligente"*. Aquí se sostiene que hay una "teoría alternativa" lo cual, como ya se ha explicado, no es cierto.

En la misma línea, entre la enorme cantidad de artículos periodísticos publicados durante 2009[8], no son una minoría los que ponen el acento en el problema de evolución vs. religión aunque casi nunca se destaca el carácter político e ideológico de la cuestión.

No es raro que esto suceda si se analiza una encuesta realizada por el *British Council* en varios países (Argentina, China, Egipto, India, México, Rusia, Sudáfrica, España, Gran Bretaña, y EEUU), anunciada en Londres, en la Conferencia Mundial de Periodistas Científicos, acerca de la teoría de la evolución de Darwin. Los resultados, bastante previsibles, confirman (con variaciones entre los países) que la figura de Darwin y alguna referencia a su teoría forman parte del bagaje común de información científica de gran parte de la población; que la mayoría manifiesta algún grado de comprensión de la teoría, aunque cabe dudar sobre el nivel real de esa comprensión porque un alto porcentaje manifestó estar de acuerdo en la posibilidad de compatibilizar evolución y creación. Sorprendentemente, el Dr. Fern Elsdon-Baker, director del programa "Darwin now", que hizo la encuesta sostiene que "es evidente que hay un espacio para el diálogo sobre estas complejas áreas del debate" como si el problema fuera debatible en términos de negociación democrática para llegar a consensos. Es notorio también que, en ningún caso, se considere un elemento central en la explicación darwiniana del origen de las especies como es la renuncia a todo expediente sobrenatural sobre el origen de las especies. La encuesta muestra, una

---

8 En 2009 se cumplieron 200 años del nacimiento de Darwin y 150 de la publicación de El Origen de las Especies. Véase una lista bastante completa en http://darwin-online.org.uk/press.html

vez más, no tanto por las respuestas sino por las preguntas mismas, que la teoría de la evolución se ve sometida a debates no enfrentados por ninguna otra teoría científica. Es la única teoría científica que es cuestionada desde sectores no científicos y sobre la cual se atreven a opinar los no especialistas. Es la única teoría científica que se llegó a debatir en los tribunales e incluso en la Suprema Corte de los EEUU. Y, sobre todo, es la única teoría científica sobre la cual, en pleno siglo XXI, se ejerce algún nivel permanente de censura o de autocensura en la enseñanza.

Otra variante muy común en el PC es la introducción subrepticia, subliminal o no tanto, de expresiones que remiten irremediablemente a la necesidad de un diseñador inteligente, tales como el uso del "para qué". Si los rasgos o caracteristicas están "para algo" ello implica una racionalidad que ha pensado y diseñado esa utilidad. Veamos algunos ejemplos. Un artículo de Clarín[9] señala:

> "Si la conducta reproductiva humana es complicada se debe en parte a que *está pensada para* [¿quién pensó esto?] servir a dos objetivos en conflicto (…) *Nos hemos adaptado para* escoger ciertos tipos de parejas y a cumplir los deseos del sexo opuesto. (…) La ilustración más conocida de la influencia invisible del perfume es la forma en que los ciclos menstruales de las mujeres que viven en comunidad tienden a sincronizarse. En un estado de vida salvaje, *es una excelente idea* [¿idea de quién?]). A una *tribu no le conviene* que una mujer que está ovulando monopolice la atención reproductiva de demasiados varones. (…) es porque nuestro *sistema está cableado para* que nos cueste volver atrás una vez excitados" (los resaltados son míos)

---

9   Clarín (16/3/2008): "Beso a beso."

En otra nota de Clarín[10] aparece nuevamente el recurrente error. En este caso, incluso en un investigador principal del CONICET, quien debería estar advertido de esto, señala: "Esta enzima *ha evolucionado para* reconocer a casi todos los antibióticos, hasta los de última generación". Expresiones como "nos hemos adaptado *para*" no hacen más que reforzar la errónea idea de finalidad en la evolución. Nada en la evolución es "para algo". Mucho más fuerte son las expresiones "está pensada para" o "es una excelente idea". La evolución no se rige por el pensamiento ni las ideas de nadie.

Es muy curioso el párrafo que sigue, en el cual no solo se sugiere la presencia de un diseñador, de lo contrario el hombre primitivo debería haber sabido mucho sobre profilaxis del embarazo, sino que también se da por sentada una suerte de versión economicista liberal de oferta y demanda en la vida biológica.

> "Las costumbres culturales que advierten contra el sexo en la primera cita probablemente hayan surgido de razones prácticas como evitar el embarazo o las enfermedades de transmisión sexual, pero también tienen razones tácticas. Un hombre o mujer que ofrece voluntariamente sus servicios para hacer bebés con demasiada libertad puede no estar ofreciendo genes muy valiosos"

En la misma línea, aunque en una versión bastante ridícula, Clarín[11] recoge un trabajo del "doctor William Hamilton, un teórico evolucionista de la Universidad de Oxford" que asegura haber averiguado *para qué sirven* los machos de todas las especies". El trabajo parece ser del estilo adaptacionista sociobiológico más o menos corriente. Digo parece ser porque el tono irónico y burlón en que

---

10 Clarín (19/9/2010): "Alerta por una "superbacteria" muy resistente a los antibióticos"
11 Clarín (10/1/1998) "Para qué sirven los machos de todas las especies."

está escrita la nota no deja muy claro lo sustancial. Pues bien, los machos de todas las especies sirven "para combatir los parásitos" (SIC).

Como se ve, las expresiones teleológico/religiosas son más comunes de lo que se supone. En un artículo de Clarín[12] ya citado se puede leer: "La *programación genética* de los seres humanos es tan delicada (…)". En todo caso no es ni más ni menos delicada que la de cualquier animal o planta, pero esta expresión remite, inmediatamente a un programador.

Solo un ejemplo más en esta línea. Según un artículo publicado en La Nación de Buenos Aires, "algunos genes humanos evolucionaron para proteger a ancianos de la demencia" [13]. Y no es una licencia del periodista, pues Ajit Varki, director del estudio que llevó a cabo "un equipo de la Escuela de Medicina de San Diego, en la Universidad de California, y del Centro Salk para investigación y la formación en antropogenia sostuvo que: "Esos genes posiblemente evolucionaron para preservar a abuelas sabias y otros ancianos, así como para retrasar o prevenir la aparición de individuos dependientes que pudieran desviar recursos y esfuerzos dedicados a los jóvenes", Expresiones a mitad de camino entre el supuesto de un dios programador y los genes como una suerte de homúnculo que piensa situaciones y estrategias por anticipado.

En 2011 Clarín[14] publica un trabajo con un título que recuerda inequívocamente a las cruzadas medievales: "Batallas por la verdad científica". La metáfora bélica asociada a la verdad. Allí se reitera el catálogo de argumentos estándar del DI acerca de la complejidad y señala que en EEUU hay un debate entre darwinismo y DI en medios como "USA Today, Newsweek, New York Times, Time". Lo que

---

12 Clarín (20/10/2001): "Aseguran que existe un gen del lenguaje."
13 La Nación (1/12/2015) "Algunos genes humanos evolucionaron para proteger a ancianos de la demencia"
14 *Clarín (23/02/11):* "Batallas por la verdad científica."

no explicita es que en ningún caso se trata de publicaciones científicas donde tal debate no existe. Finalmente se sostiene que en un país científica y tecnológicamente desarrollado como los EEUU, se dan discusiones de avanzada que los países subdesarrollados como el nuestro tardarían cierto tiempo en adoptar o incluso serían incapaces de hacerlo. A este respecto cabe señalar que EEUU cuenta con una enorme cantidad de grupos fundamentalistas con gran poder y peso político y las encuestas que se han hecho sobre percepción pública de la ciencia muestran la enorme cantidad de gente que cree en EEUU en el relato literal de la Biblia.

En esta línea, de la avanzada religiosa sobre el campo de la opinión pública, vale la pena comentar un artículo que no es periodístico, pero que resulta relevante porque ha sido escrito por el, en ese entonces, Procurador General de la Ciudad de Buenos Aires[15]. El artículo reúne una colección increíblemente completa de falacias y errores conceptuales, metodológicos y epistemológicos para un escrito tan breve. De hecho ni siquiera valdría la pena tomarlo en consideración si no hubiera sido escrito por un funcionario de muy alto rango de la justicia. Básicamente intenta mostrar que habría una refutación fatal para la teoría de la evolución a partir del reclamo de algunos grupos por otorgar derechos a algunos animales en tanto personas no humanas y alegar contra la despenalización del aborto. Abona la idea de la evolucion biológica con progreso; confunde naturaleza con derecho dado que la ciencia no puede decir nada acerca del concepto de "persona"; y sostiene sin ningún pudor que "el orden natural se arraiga en el orden sobrenatural, como un principio elemental de la ciencia y de los saberes en general, que trasciende los tiempos".

---

15 La Nacion (25/8/205): "Darwin ha muerto"

Otros errores comunes, aunque con menos carga ideológica, refieren a la secuencia, tiempos y ritmos de la evolución. Clarín[16] anuncia que "el cerebro puede estar todavía evolucionando" lo cual sería toda una novedad porque "hasta ahora se creía que este órgano había detenido su desarrollo hace 50.000 años. Descubrieron que dos genes que determinan su tamaño siguieron modificándose". A esto habría que señalar al menos tres cosas. Los seres vivientes (incluido el hombre) están sujetos a la evolución en forma permanente por lo cual pensar que la evolución se había detenido resulta, al menos, muy cuestionable, más allá de que alguna especie u órgano no presente cambios a lo largo de mucho tiempo; porque evolución no significa cambio permanente, ni mucho menos cambio rápido en términos de la temporalidad humana. En segundo lugar, nótese que identifican evolución del cerebro con crecimiento continuo de su tamaño, cosa que en algún momento del proceso de hominización parece haber ocurrido, pero no es razonable pensar que tal evolución pueda ser constante e interminable. En tercer lugar, revive la fantasía de la relación entre inteligencia y tamaño del cerebro. Es obvio que esa correlación funciona si se toman el cerebro humano y, por ejemplo el de una rata, pero en el siglo XIX la medicion del volumen cerebral abonó la discriminación de mujeres, razas y grupos[17].

Clarín[18] se pregunta en tono desafiante ¿se acelera la evolución humana?, a partir de un estudio de dudosa factura y credibilidad de "un equipo de científicos de cuatro universidades y una empresa de los EEUU". No se entiende en qué consistió tal estudio, pero fue realizado en ¡296 personas! y sacaron como conclusión que se acelera la evolución humana. No faltan algunos equívocos como

---

16 Clarín (9/10/2005): "Afirman que el cerebro puede estar todavía evolucionando."
17 Véase Gould, 1996.
18 Clarín (13/12/2007): "¿Se acelera la evolución humana?"

por ejemplo usar el concepto de "adaptación" aplicado a los individuos, cuando ese concepto debe aplicarse a las poblaciones o especies.

En el ya citado artículo de 2005[19], Clarín anuncia que los estudios que confirman la teoría de Darwin son el éxito científico del año. Es curioso, porque la teoría de la evolución ha sido confirmada en innumerables ocasiones antes de ahora. De hecho el mismo diario Clarín[20] unos cuantos años antes había anunciado que "los genes le dieron la razón a Darwin" a propósito de un estudio publicado en la revista de la Academia Nacional de Ciencias de los EEUU, según el cual los pinzones de las Galápagos descienden de una única especie ancestral. El artículo termina diciendo que los biólogos "confirmaron que, como Darwin supuso, la evolución es un proceso continuo y sin fin". No se dice cómo se confirma semejante apreciación acerca de la historia completa de la vida en la Tierra a partir del dato precedente sobre los pinzones.

La Nación[21], en un artículo donde se comenta el hallazgo de un ecosistema aislado por noventa millones de años, indica que esa zona es comparable "con las islas Galápagos pues, al igual que en estas, sus criaturas se han mantenido al margen de la evolución que afectó al resto de seres". Nuevamente el error de creer que hay especies que pueden mantenerse al margen de la evolución y pensar que la estabilidad de algunas especies (de hecho hay muchas que no han variado en muchísimo tiempo) es una señal de esa suspensión de la evolución. Las islas Galápagos no se han mantenido al margen de la evolución, sino que mantenían algunas condiciones particulares de aislamiento geográfico lo cual resulta un ambiente propicio para que la evolucion siga derroteros particulares, pero de ningún modo para suprimirla.

---

19   Clarín (23/12/2005): "Los estudios que confirman la teoría de Darwin son el éxito científico del año."
20   Clarín (3/8/99): "Los genes le dieron la razón a Darwin."
21   La Nación (15(/3/2008): "Especies vivas de hace 90 millones de años."

Quizá un caso extremo de errores groseros acerca de la evolución sea un artículo aparecido en la WEB[22]. Ya desde el título se dice que los "seres humanos siguen evolucionando" lo cual, como decíamos, es una trivialidad. Pero no solo eso, sino que han podido prever que "las mujeres serán más bajas y regordetas". Uno se pregunta cómo habrán hecho, teniendo en cuenta que, justamente, uno de las características fundamentales de la teoría de la evolución por selección natural es la imposibilidad de predicciones relevantes. Pero lo más interesante es que estos "investigadores de la Universidad de Yale, en EEUU analizaron los efectos de la selección natural en *dos generaciones de mujeres* contemporáneas. Sí, *dos* generaciones! Un verdadero disparate.

Ya hemos desarrollado más arriba la cuestión del "eslabón perdido", que aun sigue ejerciendo cierta fascinación. En mayo de 2009 una gran puesta en escena mediática fue cubierta por los suplementos científicos en todos lados. Clarín[23] juega en el título ("Un primate de 47 millones de años, cerca de la idea del "eslabón perdido") con dos errores, uno por la equívoca expresión "eslabón perdido" y el otro porque señala que "ayudaría a explicar la teoría de Darwin". De cualquier manera tanto en este artículo de Clarín como en una nota similar aparecida en La Nación en la misma oportunidad se reproducen testimonios, no en cuanto a lo significativo del hallazgo (un fósil casi completo y en buen estado de conservación) sino en cuanto a su ubicación en la línea del linaje de los primates y humanos. Quizá un recuadro aparecido en la cobertura que hace La Nación, tomado del *The New York Times* aclare el punto:

"NUEVA YORK (The New York Times).- La presentación del fósil de 47 millones de años de antigüedad es la primera escala en un lanzamiento mediático comercial orquestado

---

22 YAHOO (4/11/2009): "Los seres humanos siguen evolucionando: las mujeres serán más bajas y regordetas."
23 Clarín (20/05/2009): "Un primate de 47 millones de años, cerca de la idea del "eslabón perdido"."

por científicos y el History Channel. Incluye una película con los detalles de los dos años de estudio, que se mantuvieron en secreto, la presentación de un libro y acuerdos de exclusividad con el canal ABC News y un sitio en Internet. "Cualquier banda de rock hace lo mismo. Tenemos que empezar a pensar igual en la ciencia", afirmó Jorn Hurum, el científico de la Universidad de Oslo que adquirió el fósil y reunió el equipo que lo estudió".

———

Mucho se ha escrito sobre Darwin, seguramente sea el científico sobre quien más se ha escrito en los últimos ciento cincuenta años. Este libro solo pretendió ser un aporte sobre facetas biográficas del naturalista británico no tan exploradas y algunas derivaciones particularmente interesantes para los argentinos. Espero haber cumplido.

Referencias bibliográficas

Achard, P. *et al* (1977), *Discours biologique et ordre social*, París, Editions du Seuil.

Agamben, G., (2002), *L'aperto. L'uomo e l'animale*, Bollati Boringhieri, Torino.

Agamben, G., (2004), *Stato di eccezione. Homo sacer II*, Bollati Boringhieri, Torino.

Alberdi, J. B. (1871), *Peregrinación de Luz del Día*, Edción Crítico-genética/Estudio Preliminar de Elida Lois, San Martín, UNSAMedita.

Álvarez Peláez, R. (1985), *Sir Francis Galton, padre de la eugenesia*, Madrid, C.S.I.C.

Álvarez Peláez, R., (1988), *Herencia y Eugenesia. Francis Galton*. Madrid, Alianza Editorial.

Alvargonzalez, D. (1996), "El darwinismo visto desde el materialismo filosófico", en El Basilisco, N° 20, 3-46.

Babini, J. (1986), *Historia de la ciencia en la Argentina*, Bs. As., Solar.

Bashford, A. y Levine, P. (edit.), (2010) *The Oxford Handbook of the History of Eugenics*, Oxford University Press, Nueva York.

Báez, C.; Mason, P. (2006) "Zoológicos humanos. Fotografías de fueguinos y mapuches en el "Jardín de Aclimatación de París", siglo XIX". Pehuén Editores, Santiago, Chile.

Behe, M. (1996), *Darwin's Black Box: The Biochemical Challenge to Evolution*, Free Press.

Bernal, J.D., (1954), *Science in History*, London, Watts and Co.. Versión en castellano: *Historia social de la ciencia*, Barcelona, ed. Península, 1967.

Bernaldo de Quirós, Carlos, (1957), *La degradación cosista del hombre*, Buenos Aires.

Biagini, H. (compilador) (1985). *El movimiento positivista argentino*, Buenos Aires, Editorial Universidad de Belgrano.

Blancel, N. et al (2002), *Zoos humains*, Paris, La Découverte.

Boido, G., (1996), *Noticias del planeta Tierra. Galileo Galilei y la revolución científica*, Buenos Aires, AZ Editora.

Bosch, G. (1916), "Los propósitos de la Liga Argentina de Higiene Mental", *Revista de la Liga Argentina de Higiene Mental*, Buenos Aires, Año 1, N° 1, pp. 4-10, 1930.

Boulenger.

Browne, J. (2007). *La historia de* El origen de las especies *de Charles Darwin*. Trad. de Eduardo GARCÍA PÉREZ. Buenos Aires, Debate.

Castrodeza, C., (1989), *Ortodoxia darwiniana y progreso biológico*, Madrid, Alianza.

Chapman, A. (2009), *Darwin en Tierra del Fuego*, Buenos Aires, Emecé.

Chorover, S. L., (1979), *From Génesis to genocide*, NY, MIT.

Cubí y Soler, M. (1852), *Lecciones de frenolojía*, Barcelona, Imprenta Hispana de Vicente Castaños.

Darwin, Ch., (1859), *On the Origin of Species by Means of natural Selection or the Preservation of the favored Races in the Struggle for Life*, Londres, J. Murray. Versión en castellano: *El Origen de las especies*, Madrid, Editorial EDAF, 2004.

Darwin, Ch., (1871), *Descent of man, and selection in relation to sex*, Londres, J. Murray. Versión en castellano: *El origen del hombre*, Madrid, Edaf, 1994.

Darwin, C. (1839), *Journal of Researches into the Geology and Natural History of the Various Countries Visited by H.M.S. Beagle from 1832-1836*, London, Henry Colburn.

Darwin, F. (ed.), (1892), *The Autobiography of Charles Darwin and Selected Letters*, Londres, J. Murray. Versión en castellano: *Autobiografía y cartas escogidas*, Madrid, Alianza, 1997.

Dawkins, R. (1986), *The Blind Watchmaker*, Londres, W. W. Norton.

Delfino, V., (1912), "La eugenia o eugenia. Una nueva ciencia. El congreso de Londres", *La Semana Médica*, Buenos Aires, Año XIX, N° 49, pp. 1174-1176.

Di Stefano, R. (2012), *Ovejas negras, historia de los anticlericales argentinos*, Buenos Aires, Sudamericana.

Dobzhansky, Th., (1973), *Genetic Diversity and Human Equality*, Th. Dobzhansky.

Dupré, J. (2003), *Darwin`s Legacy: What Evolution Means Today*, Cambridge, Oxford University Press. Versión en castellano: *El legado de Darwin*, Buenos Aires, Katz Editores, 2006.

Esposito, R. (1998), *Communitas, Origine e destino della comunità*, Einaudi, Torino.

Esposito, R. (2002), *Immunitas. Protezione e negazione della vita*, Einaudi, Torino.

Esposito, R. (2002a) *Bíos. Biopolitica e fisolofia*, Einaudi, Torino.

Estrada, J. (1862) "El génesis de nuestra raza. Refutación de una lección del Dr. D. Gustavo Minelli sobre la misma materia" ,Buenos Aires, Imprenta de La Bolsa.

Farré, M., (1919), "Degeneración y regeneración de la raza", *La Semana Médica*, Buenos Aires, Año XXVI, N° 30, p. 77-99.

Ferreira, B., (1934), "Nuestra filial en Mendoza", *Anales de Biotipología, Eugenesia y Medicina Social*, Buenos Aires, Año 1, N° 22, p. 5.

Foucault, M. (2004), *Sécurité, territoire, population. Cours au Collège de France (1977-1978)*, París, Seuil/Gallimard.

Foucault, M. (2004a), *Naissance de la biopolitique. Cours au Collège de France (1978-1979)*, París, Seuil/Gallimard.

Fox Keller, E., (1995), *Refiguring Life Metaphors of Twentieth-Century Biology*, Nueva York, Columbia University Press.

Galton, F., (1869), *Hereditary genius*, London, Macmillan.

Galton, F., (1883), *Inquiries into Human Faculty and Its Development, London, Macmillan*

García González, A. y Álvarez Peláez, R. (1999), *En busca de la raza perfecta. Eugenesia e higiene en Cuba (1998-1958)*, Madrid, CSIC.

Girón Sierra, A. (2005), "Darwinismo, darwinismo social e izquierda política (1859-1914). Reflexiones de carácter general", en Miranda y Vallejo, *Darwinismo social y eugenesia en el mundo latino*, Buenos Aires, Siglo XXI.

Glick, Th; Puig-Samper, M. y Ruiz, R. (edit), (2001), *The Reception of Darwinism in the Iberian World. Spain, Spanish America and Brazil*, Dordrecht, Kluwer Academic Publishers.

Gómez, L. (ed.) (2008). *La piedra del escándalo. Darwin en Argentina (1845-1909)*. Buenos Aires, Simurg.

Gómez Di Vincenzo, J. A. (2013), *"Biotipificar al soberano". Biotipología, psicotecnia, educación y prescripción de roles sociales en Argentina (1930-1943).*Buenos Aires: Rhesis, 2013.

Gould, S. (1983), *Hens's Teeth and Horses's Toes*, W. W Norton Company, New York. Versión en castellano: *Dientes de gallina y dedos de caballo*, Crítica, Barcelona, 2004.

Gould, S. (1987), *Time's Arrow. Time's Cycle. Myth and Metaphor in the Discovery of Geological Time*, The President and Felloes of Harvard College. Versión en castellano: *La flecha del tiempo*, Madrid, Alianza Editorial, 1992.

Gould, S. (2007), *Ciencia versus religion: un falso conflicto*, Madrid, Crítica.

Gould, S. J., (1996), *The Mismeasure of man* (Edición aumentada y revisada), Nueva York, W.W. Norton Company.

Greenace, P. (1963), *The Quest for the Father: A Study of the Darwin-Butler Controversy as a Contribution to the Understanding of the Creative Individual*, Nueva York, International Universities Press.

Grüber, H., (1974), *Darwin on Man. A Psychological Study of Scientific Creativity, Gruber y Barret*. Versión en castellano: Darwin *sobre el hombre. Un estudio psicológico de la creatividad*, Madrid, Alianza, 1984.

Hardt, M. y Negri, A. (2000) *Empire,* Harvard University *Press,* Cambridge.

Hazlewood, N. (2000), *Savage. The life and times of Jemmy Button*, Hodder & Stoughton, Londres.

Herman, A. (1997), *The Idea of Decline in Western History*, New York, The Free Press.

Holmberg, E. (1875), *Dos partidos en lucha. Fantasía científica*, Buenos Aires, Imprenta de El Argentino. Versión con Introducción y selección de Apéndices de Sandra Gasparini: Buenos Aires, Ediciones Corregidor, 2005.

Hottois, G. (1999) *Essai de philosophie bioéthique et biopolitique,* Paris, Vrin.

Hudson, W.H. (1918), *Far Away and Long Ago – A History of My Early Life*. Versión en castellano: *Allá lejos y hace tiempo*. Buenos Aires, Emecé, 1999.

Hudson, W.H., (1975), *Días de ocio en la Patagonia,* Buenos Aires, Ediciones Marymar.

Hume, D. (1779), *Dialogues Concerning Natural Religion*, Versión en castellano: *Diálogos sobre la religión natural*, Alianza, Madrid, 1999.

Huxley, J., y Kettlewel, H., (1965), *Darwin and his World*, Londres, Thames and Hudson. Versión en castellano: *Darwin*, Barcelona, Salvat, 1984.

Irurozqui, M., (2001), "Desvío al Paraiso': Citizenship and Social Darwinism in Bolivia", en Glick, Th; Puig-Samper, M. y Ruiz, R. (edit), 2001.

Jacob, F., (1970), *La logique du vivant. Une histoire de l'heredité*, París, Editions Gallimard. Versión en castellano: *La Lógica de lo viviente*, Barcelona, Laia, 1977.

Jalif de Bertranou, C. (2009), "Charles Darwin: un navegante de los tiempos en el pensar argentino decimonónico" en Cuyo vol.26 Mendoza ene./dic. 2009.

Jofre Barroso, H. M. (1972). *Genio y figura de Guillermo Enrique Hudson*, Buenos Aires, Eudeba.

Jurado, A., (1971), *Vida y obra de W. H.Hudson*, Buenos Aires, Fondo Nacional de las Artes, pp. 51-2.

Moreau de Justo, A., (1909), "La pretendida degeneración de las razas", *Revista socialista internacional*, Buenos Aires, Tomo 2, N° 3.

Kevles, D. J., (1995), *In the name of eugenics*, Cambridge, Harvard University Press.

Kitcher, P., (1993), *The advancement of science*, Nueva York, Oxford University Press.

Lapido, G. y Spota de lapieza Elli, B. (1975), *The British Packet. De Rivadavia a Rosas I (1826-1832)*, Buenos Aires, Solar Hachette.

Latour, B. (1999), *Politique de la nature*, Paris, La découverte.

Ledesma Prietto, N. (2014), *Eugenesia y revolucion sexual. El discurso médico anarquista sobre el control de la natalidad, la maternidad y el placer sexual. Argentina, 1931-1951* Tesis doctoral: http://sedici.unlp.edu.ar/handle/10915/43345.

López Torres, L. (2012), *"Isómeros* de hombre a bordo del Beagle. inclusión, rapto y alteridad en *Jemmy Buttom* de Benjamín Subercaseaux, en Palma, H. (edit.) 2012.

Blancel, N.; Blanchard, P.; Boetsch, G.; Deroo, E. & Lemaire, S. (2002), *Zoos humains*, Paris, La Découverte.

López, E., (1913), "Obras e instituciones", *Boletín del Museo Social Argentino*, Buenos Aires, N° 21, p. 313-323.

Mansilla, L. V., (1963), *Entre Nos (Causeries de los Jueves)*, Bs. As., Hachette.

Marks, R. L., (1994), *Tres hombres a bordo del Beagle*, Jaime Vergara Editor, Buenos Aires.

Maynard Smith, J., (1982), "Eugenesia y utopía", en Frank Manuel, *Utopías y pensamiento utópico*, Madrid, Espasa Calpe, 1982.

Mayr, E. (1991), *One Long Argument: Charles Darwin and the Genesis of Modern Evolutionary Thought*. Harvard University Press, Cambridge, Massachusetts.

Mayr, Ernst, (2004), *What Makes Biologie Unique? Considerations on the Autonomy of a Scientifique Discipline*, Cambridge, Press Syndicate of the Universitiy of Cambridge. Versión en castellano: *Por qué es única la biología*, Bs. As., Katz Editores (2006).

McEwan, C., L. A. Borrero, y A. Prieto, eds., (1997), *Patagonia: natural history, prehistory and ethnography at the uttermost end of the earth*, British Museum Press, Londres.

Miranda, M., (2003), "La antorcha de Cupido: eugenesia, biotipología y eugamia en Argentina, 1930-1970", *Asclepio*, Vol. LV, Fasccículo 2, pp. 231-255.

Miranda, M. y Girón A. (eds.) (2009). *Cuerpo, biopolítica y control social: América Latina y Europa en los siglos XIX y XX*. Buenos Aires: Siglo XXI.

Miranda, M. y Vallejo, G. (eds.). (2005). *Darwinismo social y eugenesia en el mundo latino*. Buenos Aires: Siglo XXI Argentina-España.

Miranda, M. y Vallejo, G. (eds.). (2008). *Políticas del cuerpo. Estrategias modernas de normalización del individuo y la sociedad*. Buenos Aires/Madrid: Siglo XXI Argentina-España.

Miranda, M. (2011), *Controlar lo incontrolable. Una historia de la sexualidad en la Argentina*, Buenos Aires. Biblos.

Miranda, M. y Vallejo, G. (ed.) (2012), *Una historia de la Eugenesia. Argentina y las redes biopolíticas internacionales (1912-1945)*, Biblos, Buenos Aires.

Monod, J., (1970), *Le Hasard et la nécessité*, París, Ediciones du Seuil. Versión en castellano: *El azar y la necesidad*,Barcelona, Tusquets, 1993.

Monserrat, M. (2012) "La primera lectura del origen en la argentina el caso de William Henry Hudson, en Palma, H. (2012) (editor) Darwin y el darwinismo. Ciento cincuenta años después, San Martín, UNSAMedita.

Montserrat, M. (1974), "Holmberg y el darwinismo en Argentina", *Criterio* (Buenos Aires), a. XLVII, 24 de octubre 1974, n° 1702, p. 591-598.

Montserrat, M. (1993), "La presencia evolucionista en el positivismo argentino", en su libro *Ciencia, historia y sociedad en la Argentina del siglo XIX*, Buenos Aires, Centro Editor de América Latina, pp. 77 y 55.

Montserrat, M. (1996) "El viaje iniciático de Sarmiento", en Montserrat, M., *Usos de la memoria. Razón, ideología e imaginación histórica*, Buenos Aires, Ed. Sudamericana/ Universidad San Andrés, pp. 138-144.

Montserrat, M. (1999), "La mentalidad evolucionista en la Argentina: una ideología del progreso", en Glick, T., Ruiz R. Y Puig-Samper, M.A., (ED.) (1999).

Mooorehead, A., (1969), *Darwin and the Beagle*, Penguin Books. Version en castellano: *Darwin. La expedicion en el Beagle (1831-1836)*, Barcelona, Edic. Del Serbal (1980).

Morgan, L. H. (1877), *Ancient Society, or Researches on the Lines of Human Progress from Savagery through Brabarism and Civilisation*, H. Holt, Nueva York.

Muñiz, F. J. (1994), *Páginas científicas y literarias.* Buenos Aires, Secretaría de Cultura de la Nación y Marymar Ediciones.

Nisbet, R., (1976), *Social Change and History*, Nueva York, Oxford University Press. Versión en castellano: *Cambio Social e Historia*, Barcelona, Editorial Hispano Europea, 1985.

Oldani,K. et al (2011), "Las muertes invisibilizadas en el Museo de La Plata", en Archivos virtuales de la alteridad americana, Vol. 1, N° 1, 1er semestre 2011.

Orione, J. y Rocchi, F. (1986), "El darwinismo en la Argentina", *Todo es Historia*, 228.

Paley, W. (1802), *Natural Theology, or Evidences of the Existence and Attributes of the Deity collected from the Appearances of Nature*, Londres, R. Faulder.

Palma, H. (2005), *"Gobernar es seleccionar". Historia y reflexiones sobre el mejoramiento genético en seres humanos*, Buenos Aires, J. Baudino ediciones.

Palma, H. (edit.) (2012), *Darwin y el darwinismo, ciento cincuenta años después*, San Martín, UnSAMedita.

Pende, N., (1935), "Biología de las razas y unidad espiritual mediterránea", *Anales de Biotipología, Eugenesia y Medicina Social*, Buenos Aires, Año 3, N°41, pp. 12-18.

Pró, D. F. (1957) "Manifestaciones filosóficas de la generación del 80: la metafísica de Ameghino", *CUYO. Anuario de Historia del Pensamiento Argentino*. Mendoza, Universidad Nacional de Cuyo, Facultad de Filosofía y Letras, Instituto de Filosofía, t. X-XI, año 1974-1978, p. 37-63.

Radl, E.M., (1909), *Historia de las teorías biológicas*, ed. esp. Madrid, Alianza, 1988, 2 vols

Randall, J., (1940), *The Making of the Modern Mind*, Boston, Houghton Mifflin.

Romeo Casabona, C. M., (edit.) (1999), *La eugenesia hoy*, Bilbao-Granada.

Rosenberg & Mc Shea (2008), *Philosophy of Biology. A Contemporary Introduction*, Routledge.

Santos Gómez, S. (1983), *Bibliografía de viajeros a la Argentina*, Buenos Aires, Fundación para la Educación, la Ciencia y la Cultura/Instituto de Antropología e Historia Latinoamericana.

Sarmiento, D. F. (1900), *Obras*, Buenos Aires, /Ed. A. Belín Sarmiento), vol. XXXVII, pp. 322-3.

Scalabrini, P. (1888), "Materialismo, darwinismo, positivismo. Diferencias y semejanzas". Edición preparada y anotada por Arturo Andrés Roig en *Anuario de Historia del Pensamiento Argentino*. Mendoza, Argentina, Universidad Nacional de Cuyo, Instituto de Filosofía (1967), t. III, p. 171-236.

Sober, E., (1993), *Philosophy of Biology*, Westview Press. Versión en castellano: *Filosofía de la biología*, Madrid, Alianza,1996.

Solari, H. (2007). "Guillermo E. Hudson: viajes, naturaleza y civilización", ponencia, VIII Corredor de las Ideas del Cono Sur, 3 al 5 de enero 2007, Universidad de Talca, Chile.

Stepan, N. L., (1991), *The hour of eugenics: race, gender and nation in Latin American*, Ithaca, Cornell University Press.

Stone, I. (1980), *The Origine: A Biographical Novel of Charles Darwin*, New York, New York, U.S.A. Doubleday & Company. Versión en castellano: *El origen*, Buenos Aires, Emecé editores, 1981.

Stucchi, A., (1919), "La inhabilitación para contraer matrimonio", *La Semana Médica*, Buenos Aires, Año XXXI, N° 39, pp. 368-376.

Suárez y López Guazo, L. (2001), "The Mexican Eugenics Society: Racial Selection and Improvement", en Glick, Th; Puig-Samper, M. y Ruiz, R. (edit), 2001.

Suárez y López Guazo, L. (2005), *Eugenesia y racismo en México*, México, Universidad Autónoma de México.

Tau Anzoátegui, V. (coord.) (2007), *Antología del pensamiento jurídico argentino (1901-1945)*. T. I, Buenos Aires, Instituto de Investigaciones de Historia del Derecho.

Terán, O. (2000), *Vida intelectual en el Buenos Aires de fin-de-siglo (1880-1910). Derivas de la cultura científica*, Buenos Aires, FCE.

Testart, J. y Godin, Ch., (2001), *Au bazar du vivant*, Éditions du Seuil. Versión en castellano: *El racismo del gen. Biología, medicina y bioética bajo la férula liberal*, Buenos Aires, Fondo de Cultura Económica, 2002.

Thornhill, R. y Ussery, D. (2000), "A Classification of Possible Routes of Darwinian Evolution", en *The journal of theoretical biology*, 203, 111-116.

Timasheff, N., (1955), *Sociological Theory. Its Nature and Growth*, N.Y., Random House. Versión en castellano: *La teoría sociológica*, México, FCE, 1977.

Todorov, T., (1989), *Nous et les autres. La réflexion française sur la diversité humaine*, Éditions du Seuil. Versión en castellano: *Nosotros y los otros*, México, Siglo XXI, 1991.

Trocchio, F. di (1993), *Le bugie della scienza. Perché e come gli scienziati imbrogliano*, Milano, A. Mondadori editore. Versión en castellano: *Las mentiras de la ciencia*, Madrid, Alianza, 1995.

Vallejo, G. y Miranda, M. (2004), "Evolución y revolución: explicaciones biológicas de utopías sociales", en Biagini, H. y Roig, A. (directores), *El pensamiento alternativo en la Argentina. Tomo I. Identidad, utopía, integración (1900-1930)*, Buenos Aires, Biblos, p. 403-417.

Vallejo, G. y Miranda, M. (comp.) (2008) *Políticas del cuerpo. Estrategias modernas de normalización del individuo y la sociedad*, Bs. As./Madrid, Siglo XXI Argentina-España.

Vallejo y Miranda (2010) (comp.), *Derivas de Darwin. Cultura y política en clave biológica*, Buenos Aires, Siglo XXI.

Velázquez, L. H. (1952), *Hudson vuelve. Sentido de nostalgia y soledad*, La Plata, Ediciones Llanura.

Waddington, C.H. (1957), *The strategy of the genes*, Allen & Unwin.

Walter, Juan Carlos (1973), *La conquista del desierto* (Segunda Edición), Buenos Aires, Eudeba.

Weinberg, G. (1998), *La ciencia y la idea de progreso en América Latina, 1860-1930*. 2ª ed. revisada. Buenos Aires, FCE.

Wilson, J. (1981), *W. H. Hudson: the Colonial's Revenge (A reading of his fiction and his relationship with Charles Darwin)*, University of London, Institute of Latin American Studies.